맥루언을 읽는다

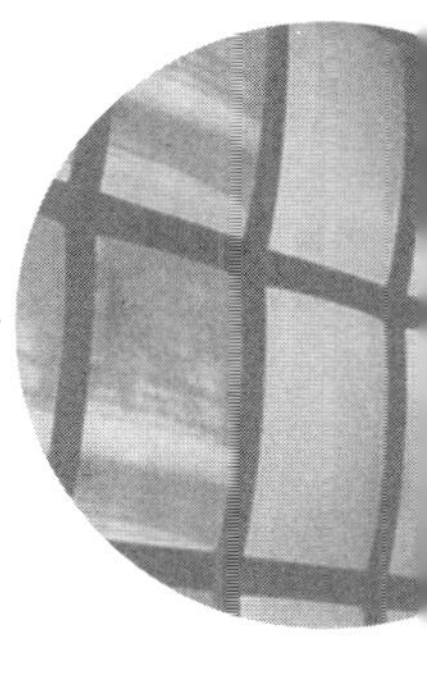

맥루언을 읽는다

마셜 맥루언의 생애와 사상

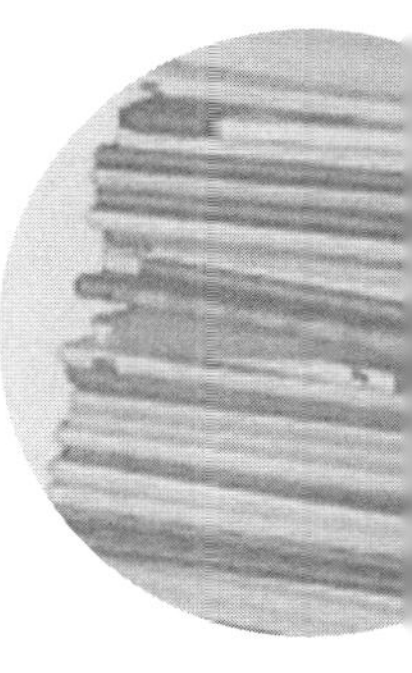

김균 | 정연교 지음

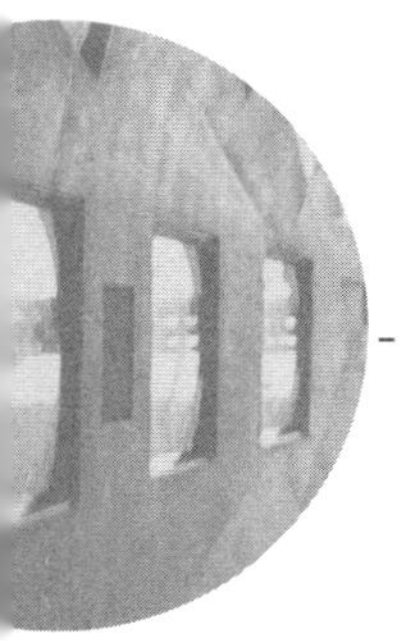

궁리
KungRee

1997년 계간 《현대사상》은 〈맥루언 르네상스〉를 창간호 특집으로 다루었다. 당시 이 책의 필자 중 한 사람이 창간호에 글을 실었고 그 글을 준비하면서 평소부터 교류가 있었던 이 글의 다른 필자와 맥루언에 대해 자주 얘기를 나누었다. 그리고 이것이 계기가 되어 두 사람은 한국학술진흥재단에 '맥루언 커뮤니케이션 이론의 철학적 함의'라는 주제로 공동연구를 신청해 채택되었다.

과제를 신청할 당시 필자들은 맥루언에 깊이 매료되었다. 번뜩이는 통찰, 재치있는 유머, 학제무변의 박학다식 등 맥루언은 언뜻 보기에도 매력덩어리였다. 시작하기도 전에 연구결과를 짐작할 수 있는 학자가 아니었다. 그래서 그에 대한 순수한 학문적 관심과 흥미에 이끌려 연구를 시작하게 되었다. 그러나 과제 수행의 관점에서 보면 흥미롭다는 것이 큰 장애일 수도 있다.

특히 맥루언은 학술적인 접근이 쉽지 않은 학자로 유명하다. 그의 매력인 박학다식함과 은유적인 어법이 학술적 연구에는 장애일 수밖에 없기 때문이다. 실제로 맥루언은 문학, 역사, 예술, 심리, 철학, 광고 등 수많은 영역을 자유자재로 넘나들며 읽고 썼기 때문에 주로 자신의 전공 분야에만 매진하는 요즘 학자들로서는 매우 따라잡기 힘든 사람이다. 산만하고 애매모호한 글쓰기 스타일 역시 요약하고 정리하기 어렵게 만드는 것이 사실이다.

필자들 역시 멋모르는 상태에서 맥루언에 관심을 가진 '죗값'을 치러야 했다. 필자들은 각자 맥루언의 주요 저작인 『구텐베르크 은하계』와 『미디어의 이해』에 더해 주요 저작의 발췌 수록집인 『Essential McLuhan』 등을 강독하며 맥루언에 대해 이해를 넓혀가기 시작했다. 서강대학교 신문방송학과와 경희대학교 철학과 공동으로 대학원 세미나 과목을 개설하기도 했다. 세미나에는 성균관대학교 철학과의 원만희 박사가 참여하여 많은 도움을 주었다. 특히 이 글의 2장 〈매체와 지각〉 중 감각론에 관한 논의는 원 박사의 연구에 힘입은 바 크다. 그러나 맥루언은 읽으면 읽을수록 명쾌해지기보다는 더 오리무중이라는 느낌을 주었고, 학생들 역시 한 학기를 보내고서도 학기 초에 비해 크게 이해가 깊어지는 것 같지 않았다. 맥루언이 무슨 얘기를 하고자 하는지는 대부분 비교적 쉽게 이해하는 듯했으나 왜 그가 그러한 방식으로 얘기하는지, 그리고 과연 그 얘기가 믿을 만한지에 대해서는 난감해했다. 예를 들어 '미디어가 메시지'라는 말에는 쉽게 공감하면서도, 막상 '감각의 자기절단'이나 '핫/쿨미디어'의 구분 그리고 TV나 라디오 같은 매체의 사회적 영향에 대한 논의를 할 때는 고개를 갸우뚱거리곤 했다. 처음에는 신선한 느낌을 주었던 재담이나 비유도 혼란스러움을 더할 뿐이었다. 이 같은 반응은 단지 학생들에 국한되는 문제가 아니었다. 한 학기 세미나를 마치고도 그 다음에 무엇을 어떻게 연구해야 할지 막막했던 것도 사실이다. 1998년부터 시작한 일을 이제야 겨우 매듭지을 수 있게 된 것도 이러한 과정을 반복했기 때문이다.

이 책에서 우리는 그 동안 화두처럼 늘 고심했던 두 가지 문제에 초점을 맞추고자 했다. 그 하나는 맥루언의 텍스트 자체가 지닌 타당성 여부이다. 다시 말해 "과연 맥루언은 옳은가?"라는 물음에 답하기 위해서는 맥루언의 텍스트를 명료화하는 작업이 필요하다. 일례로 그가 '매체', '메시지', '감각', '지구촌' 등을 통해 말하고 싶었던 것을 다각도에서 검토해야 한다. 물론 과연 그의 얘기가 타당한지도 따져야 한다.

그래서 이 책의 1, 2, 3장은 맥루언의 주요 논지를 해설하고 그의 얘기가 지닌 타당성을 가늠하고 있다. 우선 1장에서는 매체 또는 기술에 대한 맥루언의 조망을 포괄적으로 설명하고, 그것이 지닌 철학적 함의를 다양한 각도에서 검토했다. 2장에서는 맥루언의 지각론, 특히 매체가 감각이나 지각에 미치는 영향에 대해 그가 주장한 이론을 개관하고 그것이 어떻게 핫/쿨로 대변되는 매체의 유형 구분으로 이어지는지 해명하고자 했다. 3장에서는 맥루언의 역사관에 대해 살펴보고자 했다. 특히 역사를 구어시대―필사시대―인쇄시대―전자시대로 구분한 맥루언의 사관이 갖는 특징과 의미에 대해 생각하고자 했다. 이들 세 개의 장이 다루는 주제는 대략 맥루언의 기술관, 인식론 및 역사관을 포괄한다. 따라서 맥루언의 타당성을 논하기 위해서는 반드시 짚고 넘어가야 할 것들이다.

필자들이 고심했던 또 다른 문제는 맥루언식 글쓰기의 동기를 밝히는 것이었다. 맥루언은 '미디어의 총아'로 각광받았던 전성기에도 '사기꾼'이라는 비난에 시달리곤 했다. 그의 글쓰기 스타일은 오늘날의 기준으로 보아도 파격적이다. 왜 맥루언은 이토록 독특한 글쓰기를 고집했을까? 텍스트와 달리 스타일을 이해하기 위해서는 글쓴이의 입장을 이해할 수 있어야 한다. 특히 지적인 성장배경에 대해 아는 것이 중요하다. 이 책의 후반부를 이루는 두 개의 장은 이 같은 노력의 산물이다.

4장은 맥루언의 사상적 뿌리를 트리비움과 신비평에서 찾는다. 특히 학위논문의 주제였던 트리비움에 대한 생각과 그의 스승이었던 리처즈(I. A. Richards) 등으로부터 배운 신비평적 관점이 이후 그의 글쓰기 스타일에 어떤 영향을 미쳤는지 밝히고자 하였다. 5장에서는 맥루언의 생애에 대한 필립 머천드(Philip Marchand)의 전기를 축약해서 정리하였다. 어떻게 보면 맥루언은 글보다는 말과 행동으로 더 많은 것을 얘기했던 사람이기에 맥루언에 익숙하지 않은 독자들에게 맥루언의 생애에 대한 이야기는 그를 이해하는 데 도움이 될 수 있을 것이다.

이 책을 집필하는 가운데 우리는 맥루언에 관해, 특히 앞에서 언급한 두 개의 질문에 대해 나름의 답을 얻을 수 있었다. 물론 여전히 해석이나 평가에 이견이 없는 것은 아니다. 하지만 맥루언은 분명 남다른 시각을 가지고 대부분이 간과하던 테크놀로지와 매체의 중요성을 환기시켜주었다. 그러나 동시에 그의 글에는 과학적인 입증이 불가능해 보이는 과장이나 비유, 직관도 적지 않다. 한 비평가의 말처럼,

그가 한 얘기의 반은 천재적이고 반은 허튼소리에 가깝다. 그래도 판정을 해야 한다면 어느 쪽에 무게를 두어야 할까? 우리는 그를 긍정적으로 평가하는 쪽에 가깝다. 그가 처한 상황과 그의 취지와 목적을 감안할 때, 그만한 업적을 이루기 어렵다고 보았기 때문이다.

국내는 물론이고, 해외에도 맥루언의 명성에 비하면, 맥루언에 대한 연구서가 많지 않다. 국내에는 『구텐베르크 은하계』와 『미디어의 이해』,『미디어는 맛사지다』 등의 번역서만이 있을 뿐, 맥루언을 직접 다룬 연구서는 거의 보이지 않았다. 그렇기에 필자들은 이 책이 맥루언 연구의 끝이라기보다는 시작이라고 생각한다. 많은 단점에도 불구하고 이 책이 맥루언에 관심이 있는 동료와 후배들에게 작은 보탬이 되기를 기대한다.

I

주요 개념들

매체, 콘텐츠, 메시지

맥루언은 설명하고 논증하기보다는 은유적 표현과 경구 사용을 통해 자기 생각을 설파했다. 그가 '근대과학적' 탐구방법, 즉 개념을 엄밀하게 정의한 후 구체적인 증거를 체계적으로 제시함으로써 입증하는 방법을 채택할 수 없었던 이유는 그가 하고 싶었던 이야기가 철학적인 것이었기 때문이다. 알다시피 철학적 조망은 세계 전체에 대한 포괄적이고 입체적인 이해, 즉 세계관(Weltanschaung)의 구축을 동반한다. 그렇기에 철학적 이야기는 종종 과학적 검증이나 논리적인 분석을 통해서 입증할 수도, 반증할 수도 없다. 맥루언이 마치 "여러분이 어떻게 생각하든, 나는 이렇게 생각한다"는 듯이 말했던 것도 나름대로 피치 못할 이유가 있었던 셈이다.

철학적 조망은 과학적인 검증이나 설명이 아니라 예측이나 공감을 통해 관심과 이해를 호소하기 마련이다. 맥루언의 경우도 크게 다르지 않다. 사람들이 그의 말에 귀 기울이게 되는 가장 큰 이유는 그의 말이 현실과 맞아떨어졌기 대문이다. 일례로 '정보사회', '지구촌', '탈전문화', '노마드', '즉각적이며 총체적인 인식' 등 그가 사용하기 이전에는 생소했던 용어들이 어느새 정보사회와 지식기반사회를 설명하는 데 없어서는 안 될 상용어가 되었다. 더구나 정보화가 진행되면 될수록 그가 했던 이야기들이 현실로 다가오는 듯한 느낌을 주는 것도 사실이다.

그럼에도 거창한 철학을 이야기하는 사람들이 으레 그렇듯이, 맥루언 역시 진지한 연구의 대상이기보다는 사람들이 자기 편한 대로 아무렇게나 원용하는 인물 중 하나였다. 일례로 서로 상반되는 입장을 가진 사람이 제각기 맥루언을 마치 자기 편인양 인용하는 것을 어렵지 않게 볼 수 있다. 어느 정도는 맥루언의 탓으로 돌릴 수 있다. 무엇보다 그 스스로 애매모호한 입장을 보였으며,[1] 경구적이고 은유적인 표현에 따르기 마련인 다양한 해석 가능성 역시 사람들이 견강부회하는 것을 도왔다.[2] 그렇다 하더라도 맥루언이 말하고 싶었던 핵심적인 논지가 없다고는 볼 수 없다. 비록 정답이 하나가 아니라고 해도, 모든 것이 옳은 것은 아니기 때문이다.

한 가지 분명한 사실은 맥루언의 탐구방법이 곧 맥루언을 연구하는 방법은 아니라는 것이다. 탐구방법은 탐구대상에 따라 달라야 한다. 맥루언은 사람들이 생각하고, 표현하고, 행동하는 양식을 매체를 매개로 삼아 포괄적으로 조망했다. 그러나 맥루언을 연구하는 사람의 탐구대상은 세계나 '매체현상' 그 자체가 아니라 그것에 대한 일종의 철학적 조망, 즉 매체에 토대를 둔 세계관이다. 따라서 맥루언 연구자가 취해야 하는 방법도 철학적 조망을 연구하는 데 적합한 탐구방법일 수밖에 없다.

누군가의 철학적 조망을 이해하고 나아가 나름대로 가늠하는 가장 기본적인 방법은 우선 그가 탐구의 대상으로 삼았던 것, 즉 그가 거론하는 현상의 외연적 총체(extensional whole)를 파악하는 것이다. 맥루언의 경우, 그것은 그가 '매체'나 '기술'이라는 단어하에 망라했던 모든 것을 지칭한다. 그리고 이어서 그가 외연적 총체에 속하는 모든 것이 공유한다고 보는 본질적 속성(essential characteristics)을 파악해야 한다. 맥루언의 경우, 모든 매체나 기술이 공통적으로 가지고 있는 본질적 기능은 '메시징(messaging)'이다.

순수하게 학문적인 관점에서 보자면, 외연과 내포를 정확하게 파악하게 되면, 더 이상 논구할 것이 없다. 외연과 내포가 정해지면 현상을 설명/이해할 수 있으며, 개념에 대한 명확한 정의(definition)도 가능해지기 때문이다. 그러나 이해를 돕는다는 교육적인 관점에서 보면, 부수적인 설명도 마다할 이유가 없다. 이러한 목적을 위해 가장 흔히 사용하는 방법이 대비이다. 특히 본질적인 속성/기능과 부수적인 속성/기능을 서로 비교하여 구별하는 방법이 사용된다. 맥루언 역시 이 방법을 차용한 듯하다. '콘텐츠'와 '메시지'의 대비를 대표적인 예로 생각할 수 있다.

이제 맥루언의 매체철학에서 외연, 내포 및 부수적 속성을 지칭하는 '매체', '메시지' 그리고 '콘텐츠' 세 개의 핵심적 개념을 중심으로 매체현상에 대한 그의 철학적 견해에 접근해보자.

1 매체

맥루언에게는 매체를 어떻게 사용하든지, 콘텐츠의 내용을 어떻게 이해하든지 그다지 중요하지 않다. 중요한 것은 오히려 매체 그 자체이다. "매체가 곧 메시지"라는 경구를 통해 그가 설파하고자 했던 것도 바로 이 말이다. 그는 왜 콘텐츠보다 매체가 더 중요하다고 생각했을까? 그가 근거로 제시한 대표적인 경우 몇 가지만 살펴보자.

맥루언에 의하면, 표음문자는 서구문명을 대표하는 선형적 · 분석적 · 기계적인 사고를 배태했을 뿐만 아니라 도로와 군대와 제국을 낳았다.[3] 반면 구텐베르크의 인쇄술은 표음문자를 '세계화' 하였고, 그 결과 기독교가 세계적인 종교로 자리잡을 수 있도록 만들었다.[4] 산업화와 시장경제체제는 물론이고 우리에게 익숙한 현대적인 시와 음악과 교육방법 역시 크게 보면 표음문자와 인쇄술로 말미암았다.[5] 반면 인쇄술 이후 사회적 변화를 이끈 가장 대표적인 매체는 전신과 더불어 시작된 전기 테크놀로지이다.[6] 맥루언은 전기매체가 표음문자 발명 이래 수천 년 동안 지속되어 온 문명의 틀을 송두리째 흔들어놓았다고 호언한다.[7]

맥루언의 주장이 그럴듯하다면 매체에 주목하는 것은 당연하다. 만약 정치, 경제, 사회, 문화 등의 모든 영역이 특정 매체, 예를 들어 표음문자와 인쇄술의 결과였고 이제 전기 테크놀로지가 다시 모든 것을 송두리째 변화시키고 있다면, 세계를 이해하는 데 이보다 더 중요한 것은 없어 보인다. 그러나 과연 그가 옳은 것일까? 표음문자, 인쇄술, 전신 등이 그가 말하는 것처럼 그토록 막대한 영향을 미쳤는가? 만약 그렇다면 매체는 도대체 어떤 방식으로 우리의 생각과 말과 행동에 영향을 미치는가? 다시 '매체'라는 개념으로 돌아가서 생각해 보자.

매체는 콘텐츠와 불가분의 관계를 맺고 있는 듯하다. 그러나 개념적으로 분리하기 어려운 것은 아니다. 언뜻 생각하기에도 매체는 '그릇'처럼, 콘텐츠는 '내용물'처럼 이해할 수 있다. 물론 헷갈리는 경우도 많다. 예를 들어, 누군가 글은 콘텐츠이고 문법은 매체라고 말한다면 금방 이해하기 어려울 것이다. 맥루언이 매체와 콘텐츠의 기능에 대해 이해하는 방식은 다음과 같다. 콘텐츠는 우리에게 필요한 정보와 지식을 제공하지만 매체는 어떤 것이 콘텐츠가 될 수 있는지 그 자격을 결정해준다. 그가 매체가 콘텐츠보다 이론적으로 우선할 뿐만 아니라 현실에 있어서도 더 큰 영향을 미친다고 보는 것도 결국은 이렇게 이해하고 있기 때문이다. 과연 그렇게 보는 것이 타당한가?

사람들은 매일매일 정치에 대해 그리고 드라마와 영화에 대해 얘기한다. 그러나 좀처럼 자유민주주의 같은 정치체제나 드라마의 장르 그리고 영화제 같은 제도에 대해 생각하지 않는다. 보통 사람들은 신문, 영화, TV와 같은 매체가 우리의 말과 생각과 행동에 어떤 영향을 미치는지에 대해서 의식조차 하지 않는다. 물론 추상적이고 개념적인 것보다는 구체적이고 현실적인 것이 훨씬 더 친숙하고 중요한 것처럼 느낄 수 있다. 그러나 과연 무엇이 추상적이고 무엇이 구체적인지, 무엇이 개념적이고 무엇이 현실적인지 반문할 수도 있다. 하루가 멀다 하고 일어나는 정치적 스캔들이 우리가 매일 아침 신문을 받아본다는 사실보다 더 현실적인가? 전혀 일어날 법하지 않은 가상세계에 기초한 영화가 매년 영화산업을 쥐락펴락하고 있는 영화제보다 더 구체적인가? 아니면 역사 속의 에피소드를 재현한 드라마가 TV보다 더 친숙한가? 어쩌면 우리가 '현실적'이거나 '구체적'이라고 여기는 것과 정말로 그러한 것은 무관할지도 모른다. 그렇다면 정작 중요한 것은 무엇일까?

맥루언은 우리의 생각과 행동을 추동하는 가장 중요한 원리가 메신저, 즉 매체라고 말한다. 다만 우리가 그 존재에 대해 제대로 의식하지 못하고 있을 뿐이다. 여기에서 흥미로운 사실은 매체의 존재와 그 영향력을 감지할 수 없도록 하는 것이 다름 아닌 매체라는 점이다. 매체는 무엇이 합리적인지, 무엇이 객관적인지 그리고 무엇이 타당한지 부지불식간에 규정함으로써 우리가 가지고 있는 의식과 행동을 암묵적인 방식으로 통제하고 제어한다. 맥루언의 용어를 빌리면, "모든 매체는 인위적인 지각과 자의적인 가치를 부여한다."[8] 과연 매체의 존재가 그렇게 대단한가? 아무래도 '매체'의 외연에 대한 정확한 이해가 필요할 듯하다.

맥루언이 '매체'라는 용어를 사용하는 방식은 매우 독특하다. 그는 '매체'를 가지고 우리가 접하는 거의 모든 것을 지칭한다. 그가 『미디어의 이해』 2부에서 다루는 매체의 목록에는 옷과 집, 자동차와 철도, 심지어는 숫자와 자동화(automation)까지 포함되어 있다.[9] 후기 저작인 『매체의 법칙』에서는 과학과 철학 사상, 질병과 치료법 그리고 시와 회화까지 첨가되어 있다.[10] 인공물(human artefact)치고 매체 아닌 것이 없는 셈이다.[11]

만약 우리 주변에 있는 거의 모든 인공물이 매체라면, '매체'를 그것이 지칭하는 대상의 집합, 즉 외연만 보고 금방 파악할 가능성은 없어 보인다. 분별없이 많은 정보는 아무것도 알려주지 않는다. 따라서 매체를 이해하기 위해서는 무엇보다 '매체'라는 말이 지칭하는 외연의 총체가 공유하는 본질적인 속성, 즉 내포를 찾아야 한다. 매체의 본질적 속성은 무엇일까?

'매체' 하면 우선적으로 떠오르는 것이 대중매체이다. 우리 대다수가 늘 대중매체에 둘러싸여 살고 있으며, 커뮤니케이션 학자들의 상당수가 TV, 라디오, 신문, 영화와 같은 매체의 속성, 기능 및 영향에 대한 연구에 주력하고 있다. 그러나 대중매체를 맥루언이 말하는 매체의 외연과 동일시하기는 어렵다. '매스컴'이라는 말을 확대 해석하면 불가능하지 않을지 몰라도, 자전거와 게임과 자동화를 포괄할 만큼 확장하게 되면, 그 말은 본래 가진 뜻을 보존하기 어려워진다.

좀더 폭을 넓혀 매체를 커뮤니케이션 테크놀로지 일반, 즉 일반적인 의사소통수단으로 이해하면 어떨까? 여기에는 대중매체에 더해 전신, 전화, 편지 등 개인적인 의사소통을 가능하게 하는 테크놀로지가 모두 포함될 수 있다. 내포를 축소하면, 즉 일반화하면, 외연이 커질 수밖에 없기 때문에, 이 정의는 앞선 정의보다 더 포괄적이다. 그러나 이 또한 모든 인공물을 포괄하기에는 충분해 보이지 않는다. 이미 언급했듯이 맥루언의 매체 개념은 옷과 집, 시계와 돈, 자동차와 비행기 등도 포함한다. 물론 커뮤니케이션이라는 말은 이들 모두를 매개체로 포괄할 수 있을 만큼 충분히 다의적이며 경계 또한 모호하다. 적절히 확장하면 그렇게 이해해도 무방한 것이 사실이다. 그 가능성을 타진하기 위해 먼저 일반적인 커뮤니케이션 모델을 생각해보자.

　　커뮤니케이션의 기본 구도는 정보나 의미 그리고 그것을 주고받는 전달자와 피전달자의 삼각관계를 상정한다. 커뮤니케이션의 양상이 아무리 다양해도 그것은 본질적으로 두 개의 인식 주체와 하나의 의미체(정보)를 전제하지 않을 수 없다. 물론 이때 주체가 반드시 사람이거나 개별적 사물일 필요는 없다. 한 사람의 머릿속에서 이루어지는 대화도 두 개의 자아(주체)가 설정되어 있다면 충분히 가능한 일이다. 의미체 또한 다양한 콘텐츠에 의해 표현 가능하다. 이 같은 모델에서 매체는 어디에 위치해 있는가?

　　전통적인 커뮤니케이션 모델에서 매체는 전달자와 피전달자 사이에 위치한다. 매체는 전달자가 피전달자에게 정보를 실어 보내는 일종의 기구나 도구로 이해된다. 그렇다면, 옷과 집, 시계와 돈, 자동차와 비행기는 어떤 정보를 어떤 방식으로 실어 나르는가? 아마도 이들은 소유자나 사용자의 사회적 지위, 취향, 성벽 따위를 타인에게 느낌이나 인상(impression)의 형태로 전달한다고 볼 수 있을 것이다. 예컨대 정장 차림은 옷을 통해 자신이 속한 계층을 표시하고, 자신의 취향을 드러내며, 자신과 타인의 관계를 조정한다. 그러나 이렇게 이해할 때 전통적인 커뮤니케이션 모델의 수정, 보완은 불가피하다.

　　전통적인 모델에서 정보는 화자가 청자에게, 전달자가 피전달자에게, 보내는 자가 받는 자에게 보낸 의미, 의향, 의도 등이다. 다시 말해, 전통적인 모델에서는 정보를 보내고자 하는 사람과 받으려는 사람이 있어야 한다. 이에 더해 오가는 정보의 의미도 미리 정해져 있어야 한다. 커뮤니케이션은 주고받으려는 의도 없이 이루어질 수 없으며 막연한 짐작이나 느낌의 소통일 수도 없다.

전통적인 모델에서 화자와 청자, 전달자와 피전달자는 조건반사에 의해 좌우되는 로봇이 아니라 독립적인 의지와 의향을 지닌 정신적 실체이다. 정신과 물질의 실체이원론이 커뮤니케이션 모델에도 굳건히 적용되어왔다. 정보에 대한 해석 역시 다분히 실재론적이다. 모든 정보는 세계를 표상할 때만 의미를 가지며 그 진위는 세계와의 대응관계에 의해 결정된다. 이 모델에서 참된 정보는 아리스토텔레스의 말처럼, "있는 것은 있다고 말하고, 없는 것은 없다고 말하는 것"이다. 참된 정보는 누가 보거나 듣는다고 해서, 또는 누가 부인하거나 강변한다고 해서 그 진위가 바뀔 수 있는 것이 아니다. 그러나 근래 들어 이 같은 실재론적 세계관이 더 이상 당연한 것으로 여겨지지 않게 되었다.

20세기 들어 심리철학계를 지배해온 물리주의(physicalism)에 따르면, 정신은 형이상학적으로 존재하지 않을 뿐만 아니라, 심리적 속성은 물리적 속성을 수반하는 데 지나지 않는다. 영국의 철학자 길버트 라일이 1900년대 초 정신에 대한 상식적 견해를 '기계 속의 유령 (Ghost in the Machine)'으로 희화한 이래 정신이나 마음의 형이상학적 실체를 인정하는 학자는 소수가 되었다.[12] 정보 역시 비슷한 운명에 처해 있다. 반실재론적 의미론, 해체주의 그리고 포스트모더니즘 등은 이미 맥락으로부터 독립적인 '객관적 의미'에 대한 논의를 학문적인 미숙 탓으로 돌린 지 오래이다. 만약 독립적 실체로서의 정신이나 객관적 의미체로서의 정보가 존재하지 않는다면, 전통적인 커뮤니케이션 모델은 더이상 당연시될 수 없다. 맥루언 역시 20세기를 풍미해 온 이 같은 탈근대적 형이상학을 상당 부분 수용했던 것으로 보인다. 다만 영문학도였기에, 이 책의 4장 〈맥루언의 뿌리:트리비움과 신비평〉에서 볼 수 있듯이, 철학을 통해서가 아니라 문화사와 문학비평 이론을 통해서 유사한 결론에 이르렀을 뿐이다.

우리는 전통적인 커뮤니케이션 모델이 실재론적 형이상학과 의미론에 토대를 두고 있음을 부각하고 그 문제점을 지적했다. 설사 정신과 객관적 의미의 존재를 인정한다고 해도, 매체를 의사소통수단으로만 설명하기에는 무리가 있어 보인다. 비록 전달자와 피전달자가 정신적 실체로서 존재하고 이들 사이를 오가는 정보를 매체가 매개한다고 해도, 매체가 화자와 청자는 물론 정보의 의미 자체에 심각한 영향을 미친다면 그것은 더 이상 '수단'에 그친다고 볼 수 없기 때문이다. 특히 매체가 중립적인 운반 도구에 그치지 않고 누가 전달자나 피전달자가 될 수 있는지 그리고 어떤 것이 정보가 될 수 있는지 그 자격을 규정한다면, 매체를 의사소통의 수단이나 도구로만 이해하는 것은 체(體)와 용(用), 본(本)과 말(末)을 잘못 이해하는 것이다.

물론 우리의 의식과 의미에 영향을 미치는 요인은 이루 나열할 수 없을 만큼 많다. 어떤 환경에서 어떻게 자라고, 무엇을 듣고 배웠는지에 따라 사람의 생각과 말과 행동이 달라진다. 따라서 지위, 명예, 재산, 교육, 이념, 천성 등 수없이 다양한 것들이 변인으로 작용할 수 있다. 정보 역시 어느 시대, 어느 문화에서 논의되는가에 따라 다양한 의미를 가질 가능성이 크다. 한 시대의 논리가 다른 시대의 비유일 수 있으며, 한 문화의 전범이 다른 문화의 야만일 수 있다. 그렇다면 의식과 의미에 영향을 미치는 수많은 환경적 · 시대적 · 문화적 요인 중 매체가 지닌 영향력은 어느 정도인가? 먼저 논의의 기본 틀을 정리한 후 맥루언의 입장에 대해 생각해보자.

학자들은 고래로 인식이나 의미와 관련해서 '선천-후천' 논쟁을 벌여왔다. 항상 주도권은 후천적 영향을 강조하는 사람들이 쥐고 있었지만 논쟁이 종식될 만큼 결정적인 승리를 거둔 적은 없었다. 특히 최근에 들어서는 '선천-후천' 논쟁이 진화론과 유전학, 특히 생명공학과 진화생물학의 비약적인 발달로 인해 보다 다채로운 방식으로 제기되고 있다. 일부 생물학자에 따르면, 심리적 기제 역시 다른 신체적 특징처럼 상당 부분 DNA에 각인되어 있다. 완전히 결정되어 있는 것은 아니지만, 어느 정도 파라메타를 고정시킬 수 있다면, 통계적 확실성을 확보하는 데 무리가 없을 정도로 규정 가능하다고 주장한다. 그만큼 태생적 요소가 중요하다는 것이다. 물론 후천주의자는, 태생적 차이가 없지는 않으나, 무시할 수 있을 정도로 미미하다고 주장한다. 중요한 변인은 여전히 문화라는 입장이다.

후천성을 강조하는 경우에도 다양한 입장 차이가 존재한다. 어떤 이는 정신의 존재 및 독립성에 무한한 가능성을 부여한다. 누구나 "마음만 먹으면 부처가 될 수 있다"고 본다. 그러나 대부분은 그 정도로 낙관적이지 않다. 이들은 문화적 환경의 중요성을 강조한다. 그렇기에 후천성을 강조하는 사람들의 과제 중 하나는 문화적 환경 즈성의 원인을 밝히는 일이다. 프로이트는 유아기의 성적 경험을 강즈했고 마르크스는 생산관계에 초점을 맞추었다. 이데올로기가 중요하다고 생각한 사람이 있었는가 하면, 그보다 미묘한 '헤게모니'가 주요 원인이라고 보는 사람도 있다.

맥루언 역시 후천주의자에 속한다. 그가 문화사적으로 가장 영향력 있는 변수로 지목한 것은 물론 '테크놀로지'이다.[13] 특히 구어, 표음문자, 인쇄술, 전신, TV 등의 테크놀로지이다. 그렇다고 굳이 생산관계나 이데올로기가 원인이 아니라고 말하는 것은 아니다. 헤게모니의 역할 역시 부정할 이유가 없다. 다만 테크놀로지가 이 모든 것의 궁극적 원인이라고 주장할 뿐이다. 예컨대, 의식을 바꾸는 근인(proximate cause)으로 생산관계를 상정할 수 있다. 그러나 자본주의적 생산관계는 맥루언에 따르면 인쇄술의 산물이다. 이렇게 보면, 산업 혁명도 결국 구텐베르크의 책임인 셈이다. 동서 냉전 역시 근시안적인 논의에서는 이데올로기 탓이지만, 자본주의와 사회주의가 이데올로기일 수 있는 것도 따지고 보면 표음문자 때문이다. 표음문자가 아니었다면, 이념도 존재하지 않았을 것이기 때문이다. 맥루언의 주장이 얼마나 그럴듯한지는 두고두고 생각할 일이다. 우선은 맥루언의 매체개념을 이해하기 위해서라도, 그 같은 발상이 어디에서 비롯되었는지 알아보는 것이 더 중요할듯하다.

영문학자였던 맥루언이 매체와 테크놀로지에 관심을 가지게 된 연유는 복잡하다. 케임브리지 유학 시절 접한 신비평으로 인해 일찍이 광고에 관심을 가졌고, 졸업한 후에는 테크놀로지와 문명의 관계에 대한 루이스 멈포드(Lewis Mumford)의 이론으로부터 많은 영향을 받았다.[14] 그러나 아마 맥루언에게 가장 큰 영향을 준 학자는 토론토 대학의 교수 해럴드 이니스(Harold Adams Innis)일 것이다. 이니스는 고대로부터 현대에 이르기까지 커뮤니케이션 방식이 제국의 형성에 미친 영향에 대해 고찰했고, 지식의 성격과 커뮤니케이션 매체가 맺고 있는 관계를 밝히고자 노력했다.[15]

이니스의 연구로부터 영감을 얻은 후, 맥루언은 먼저 커뮤니케이션 매체 중 표음문자, 인쇄술, TV 등과 같이 영향력이 큰 매체에 대해 주목했고, 이 후에는 도시, 기업, 회화 등 거의 모든 형태의 테크놀로지에 대해 연구했다. 그러나 어떤 것이든지 맥루언이 도달한 결론은 대동소이했다. 매체는 콘텐츠보다 중요하고 우선한다는 사실이 그것이다.

맥루언에 따르면, 매체는 종종 누구에게 정보를 전달할 것인지, 어떤 종류의 정보를 전달할 것인지, 그리고 과연 전달할지 말지를 결정한다. 더구나 이러한 매체의 특징은 이미 우리 삶 구석구석에까지 편재함으로써 부지불식간에 의사소통의 전 과정에 관여하여 의사소통 자체의 성격을 변화시킨다.

모든 기술은 마치 미다스의 손길처럼 신기한 재주를 가지고 있다.… 한 사회에 새로운 기술이 침투하면 기술은 그 사회 곳곳에 스며들게 된다. 이런 점에서 새로운 기술은 대변혁의 주도자인 셈이다.[16]

예컨대 글의 사용은 피전달자를 글을 읽고 쓸 수 있는 사람으로 한정시킨다. 그리고 전화사용은 전화기를 가지지 못한 사람을 의사소통의 집단에서 배제시킨다. 물론 글 또한 문법에 맞는 표현과 그러한 형식에 걸맞는 내용만을 전달한다. 문어가 구어가 지닌 묘한 뉘앙스를 갖지 못하는 대신 비교적 고착된 의미를 정확하게 전달할 수 있는 이유도 이 때문이다.

그러나 생각해보면 TV나 글이 아니라 말이야말로 그 자체로 가장 엄청난 매체이다. 정보를 실어나르는 가장 일반적이고 중요한 매체가 말이기 때문이다.

언어도 통화와 마찬가지로 지각의 축적이면서 동시에 지각과 경험을 한 사람에게서 다른 사람에게로 혹은 한 세대에서 다음 세대로 전해주는 역할을 한다. 경험의 변환자이자 저장소로서의 언어는 그러면서도 경험의 축소자이자 왜곡자이기도 하다.[17]

언어가 전달자인 동시에 왜곡자인 것은 모국어가, 넓은 의미에서의, 지각을 형성하기 때문이다. 예를 들어, 우리가 만약 중국인으로 태어났다면 듣고, 맡고, 만지는 감각이 지금과 달라졌을 것이다. 그런데도 우리는 언어 자체에 대해서는 별다른 관심을 보이지 않았다. 어떻게 하면 영어를 잘할까 하고 고민했지, 영어의 사용이 어떤 영향을 미칠지에 대해서는 생각하지 않았던 것이다.

말과 글 그리고 책과 TV가 가진 이러한 성질은 당연히, 정도의 차이는 있으나, 모든 인공물이 공유하는 속성이다. 모든 매체는 결코 전통적인 커뮤니케이션 모델에서 설정하고 있듯이 '순진무구한' 중립적 도구가 아니다. 이제 어느 정도 맥루언이 온갖 인공물을 매체의 범주에 귀속시킨 이유를 이해할 수 있다. 그리고 그가 왜 매체를 의사소통의 수단으로 정의하지 않았는지도 짐작할 수 있다. 굳이 매체를 정의해야 한다면, 맥루언의 관점에서 보면, 매체는 의사소통을 위한 수단이 아니라 의사소통을 가능하게 하는 조건이다. 같은 맥락에서 정보의 담지자가 콘텐츠라면, 매체는 콘텐츠의 자격을 규정하는 조건이다.

여기에서 한 가지 짚고 넘어가야 할 문제가 있다. '매체' 라는 용어의 화용적 성격에 대한 문제이다. 맥루언에게 '매체' 는 정의되어야 할 일련의 대상을 지칭하기보다는 특정한 속성을 설명하는 술어로 사용되고 있다. 앞의 논의에서 볼 수 있듯이, 매체는 의사소통을 가능하게 하는 조건 또는 보다 넓은 의미에서, 우리가 세계를 지각하는 조건이다. 다시 말해, 매체는 매체적 속성을 가진 모든 것을 지칭하며, 그 의미는 바로 그러한 기능에 의해 결정된다. 따라서 매체는 정의되어야 하는 피정의항(definiendum)이 아니라 정의적 속성을 기술하는 정의항(definens)으로 보아야 한다. 그렇다면 정의되어야 하는 대상은 무엇인가?

물론 테크놀로지이다. 그 중에서도 말, 글, 인쇄술, 전신, TV 등이 중요하다. 맥루언은 모든 테크놀로지가 매체적 속성을 가지고 있으니 유의하라고 경고하고 있다. 그렇다면 맥루언은 왜 "테크놀로지가 메시지이다"라고 말하지 않고 "매체가 메시지이다"고 말했는가? 아마 무익하다고 생각했기 때문일 것이다. 개념의 정의는 그것이 이미 잘 정착된 패러다임과 조화를 이루는 경우에만 효과적이다. 그러나 맥루언의 입장은, 전통적인 커뮤니케이션 모델에 대한 반성적 논의를 통해 보았듯이, 기존의 형이상학적 조망에 일대 수정을 요구한다. 말하자면 새로운 인식의 틀, 즉 패러다임의 전환을 요구한다.

맥루언은 자신의 처지를 페니실린을 발견한 파스퇴르에 비유한다.[18] 박테리아가 무엇인지 감조차 갖지 못한 사람들에게 보이지도 않고 만질 수도 없는 박테리아와 그 치료법을 설명한다는 것은 어려운 일이다. 어차피 보이지 않는다면, 이론적인 필요성을 통해 설명할 수밖에 없는데, 그 이론이라는 것이 이미 박테리아의 존재를 상정하지 않을 수 없기 때문이다. 이는 마치 뉴턴역학을 고집하는 사람에게 양자역학의 파동개념을 설명할 때 겪는 어려움과 유사하다. 그래서 맥루언의 매체개념은 차라리 경구이며, 은유이며, 퍼즐이다.

2 콘텐츠

맥루언에 따르면, 콘텐츠의 운명은 매체에 의해 좌우된다. 특히 책, 신문, 방송 등과 같은 대중매체의 경우, 무엇이 콘텐츠가 될 수 있을지, 콘텐츠가 어떤 요소로 채워질지를 결정하는 인식공동체(epistemic community) 형성에 가장 큰 영향력을 행사하는 것이 매체이다. 그렇다면 콘텐츠의 역할은 무엇인가? 맥루언은 매체가 콘텐츠의 자격을 결정하는 반면, 콘텐츠는 정보를 전달하고 기존의 인식 틀, 즉 인식공동체의 개념체계를 유지, 보존한다고 보았다. 콘텐츠는 말하자면 기존의 매체환경을 존속시키기 위해 존재한다.

먼저 콘텐츠의 의미를 분명히 하는 것이 중요하다. 경우에 따라서는 콘텐츠를 매체와 구분하는 것이 쉽지 않기 때문이다. 사실 외연적으로 전광을 제외하고는 모든 매체가 동시에 콘텐츠일 수 있다. 맥루언이 "모든 매체의 내용은 항상 또 다른 매체"라고 말한 것도 이 때문이다.[19] 그렇기에, 콘텐츠나 매체는 서로 배타적인 방식으로 존재하는 부류를 지칭하기보다는 TV, 라디오, 영화 등이 지닌 양상(modes) 혹은 속성(properties)을 드러내기 위한 범주적 개념이라 볼 수 있다. 매체나 콘텐츠나 각각 어떤 한 관점에서 바라볼 때 드러나는 속성을 지칭하기 때문이다. 다시 말해 '매체'나 '콘텐츠'는 실재하는 것에 대한 객관적 기술이라기보다는 우리의 관심이나 평가 정도를 나타내는 개념이다. 일례로 매체는 맥루언이 영화를 볼 때 갖는 관점인 반면, 콘텐츠는 보통 사람들이 영화를 볼 때 갖는 관점이다. 따라서 콘텐츠의 의미는 매체적 관점과 대칭을 이루며 다른 한쪽에 대한 이해 없이 파악하기 어렵다.

매체와 콘텐츠의 관계를 설명하기 위해 맥루언이 후기에 도입한 개념적 도구 중 하나는 '형태(figure)'와 '배경(ground)'의 개념 쌍이다.[20] 맥루언에 따르면, 형태는 우리가 일상적으로 지각하는 관심의 대상을 일컫는다. 반면 배경은 형태에 가려 그 모습이 인식되지 않지만 형태가 가능하도록 하는 조건이다. 예컨대 우리가 그림을 볼 때 그 그림을 하나의 개별적인 그림으로 인식하도록 하는 주된 모양이나 주제, 혹은 색조가 형태이다. 반면 그 모양이나 주제가 인식될 수 있도록 '뒤에서 받쳐주는' 것이 배경이다. 그렇기에 매체는 배경이며, 콘텐츠는 형태이다.

형태는 우리의 관심을 유도하고 주의를 한정시키는 요소이지만, 결코 전체적인 맥락이나 구성을 드러내어 보여줄 수 없다. 오직 형태와 함께 배경을 동시에 인식할 경우에만 형태의 '제자리'를 자리매김할 수 있다. 예를 들어, '자동차'를 단지 자동차, 즉 차체로만 인식하는 사람은 자동차가 현대문명에 가져온 문화사회적이고 정치경제적인 변화를 읽어낼 수 없다. 온전한 의미에서의 '자동차', 즉 자동차의 형태와 배경은 단지 차체만이 아니라 주유소, 고속도로, 주차장 및 대기오염, 백화점, 대도시와 모두 유기적으로 연결되어 있다. 따라서 자동차라는 테크놀로지를 제대로 이해하기 위해서는 이러한 배경적 지식을 자동차의 형태와 함께 인식해야만 한다.

『미디어의 이해』에서 맥루언은 콘텐츠의 매체적 성격을, 전광(electric light)을 예로 삼아 보여준다.[21] 실제로 전광은 매체적 관점을 가장 잘 보여주는 테크놀로지다. 전광은 다른 매체와 달리 비교적 콘텐츠로부터 자유로우며, 딱히 고정된 형태의 콘텐츠를 갖지 않기 때문이다. 예컨대, 전광은 간판을 콘텐츠로 가질 수도 있지만 동시에 야구경기를 콘텐츠로 가질 수도 있다. 그래서 갑자기 한밤에 불이 들어와 야구경기를 할 수 있게 되거나 간판으로 눈이 어지러워지면, 우리는 금방 전광의 존재에 대해 지각한다. "참으로 편리한 세상이 되었구나!" 그러나 전광은 동시에 호롱불 옆에서 도란도란 얘기하던 시절에 대한 그리움과 다람쥐 쳇바퀴 돌듯 정신없이 살아가는 현대를 되돌아보게도 한다. 이같이 어떤 다른 매체보다도 쉽게, 테크놀로지가 야기한 변화, 즉 문화사회적이고 정치경제적인 변화에 대해 자각할 수 있게 만들기에 전광은 가장 '매체적인 테크놀로지'이다.

콘텐츠는 적어도 일반적으로는, 그저 매체에 담겨 있는 내용물로 이해된다. 맥루언이 말했듯이, 전보의 콘텐츠는 인쇄물이고, 인쇄물의 콘텐츠는 문자이며, 또 문자의 콘텐츠는 말이고 말의 콘텐츠는 사유과정이다.[22] 다른 곳에서 맥루언은, 신문의 콘텐츠는 문어이고, 책의 콘텐츠는 구어이고, 영화의 콘텐츠는 소설이라고 말한다.[23] 그러나 자세히 보면, 아무 것이나 콘텐츠가 될 수 있는 것은 아니다. 일례로 인쇄물(print)이나 쓰인 글(written words)은 매체 속에 들어가 있는 물리적인 것을 지칭하는 반면 말이나 사유과정은 정신적인 것 혹은 비물리적인 어떤 것을 지칭한다. 왜 문자의 콘텐츠가 '잉크자국'이 아니고 '말'이어야 하는가? 왜 뉴스와 책의 콘텐츠가 인쇄물이 아니고, 영화의 콘텐츠가 필름이나 이미지가 아닌가? 그것은 콘텐츠가 되기 위해서는 매체를 물리적으로 채우는 것을 넘어 독자적으로 '의미'를 가질 수 있어야 하기 때문이다. 어떤 것이 콘텐츠가 되기 위해서는 무엇보다 고정적 의미의 담지자(cognitive carrier)일 수 있어야 한다는 것이다. 그래서 콘텐츠는 단순히 '내용'이 아니라 '내용 있는 것'이다.

콘텐츠가 독자적인 의미체라는 생각은 '콘텐츠'라는 말의 일상적 용례에서도 고스란히 드러난다.[24] 예를 들어, 춘향전은 소설로 만들어질 수도 있고, 영화로 각색될 수도 있고, 뮤지컬로 연출될 수도 있다. 어떤 방식으로 표현되든지 춘향전은 사랑과 의리의 숭고함에 대해 얘기하고 있다. 설사 매체에 따라 춘향전이 달라진다고 해도, 그것은 단지 효과의 측면에서 그러하지, 의미나 교훈에 있어서까지 그러한 것은 아니다. 만약 소설 춘향전과 영화 춘향전과 뮤지컬 버전이 그 내용 면에서 각기 다르다면, 어떻게 이들을 모두 '춘향전'이라고 부를 수 있겠는가? 이 말에는 스타일이나 효과에 있어서는 차이를 보일지 몰라도, 분명 매체와 무관하게 독자적인 의미를 담고 있는 콘텐츠가 있을 수밖에 없다는 생각이 반영되어 있다.

만약 콘텐츠를 독자적인 의미의 담지자로 이해한다면, 아무리 다른 그릇에 담는다고 해도, 즉 매체를 바꾸어도 그 의미가 달라질 수 없다. 또 아무리 다른 매체에 의해 각색되고 연출된다고 해도 여전히 춘향전은 춘향전일 것이다. 콘텐츠가 의미의 궁극적인 단위로 존재하는 한, 모든 매체는, 마치 러시아 인형을 담은 상자처럼, 상자 밖의 상자, 포장 위의 포장에 지나지 않는다. 맥루언이 콘텐츠 중심적 담론이 필연적으로 매체에 대한 무관심과 무지를 수반할 수밖에 없다고 보는 이유도 여기에 있다.[25] 이는 또한 기존의 매체연구가 거의 필연적으로 콘텐츠의 의미 분석에 치우칠 수밖에 없음을 함의하기도 한다.[26] 그러나 앞절에서 보았듯이, 콘텐츠는 매체 중립적으로 존재할 수 없다.

모든 콘텐츠는 매체 의존적이다. 단지 콘텐츠가 매체 없이 존재할 수 없기 때문이 아니다. 오히려 매체가 아무나 원하는 때 이리저리 옮겨 탈 수 있는 기구가 아니기 때문이다. 영화와 TV를 예로 들어보자. 엄밀한 의미에서 TV에서 방영되는 영화는 영화가 아니다. 그것은 TV 환경에 맞추어 재단된 영상이미지에 불과하다. 또한 같은 말이라도 시끄럽고 산만한 곳에서 하는 것과 조용하고 어두운 방에서 하는 것이 다르다.[27] 물론 다르다는 사실만으로는 아무 것도 해결되지 않는다. 콘텐츠의 독자성을 주장하는 사람도 매체에 따라 스타일이나 효과가 다를 수 있다고 인정하고 있기 때문이다. 문제는 "무엇이 얼마나 다른가?" 하는 것이다.

맥루언은 매체에 따라 콘텐츠의 의미가 변한다고 말한다. 스타일이나 효과만 바뀌는 것이 아니라 의미 자체가 변한다는 것이다. 매체에 의해 콘텐츠가 변했기 때문이다.

각각의 수송형태는 무언가를 운반할 뿐만 아니라 보내는 사람, 받는 사람, 메시지 이 모두의 위치와 형태를 바꾼다. 어떤 종류의 미디어든, 즉 어떤 종류의 인간의 확장물이든 사용하면 우리 감각들 사이의 비율이 바뀌듯이 사람들 간의 상호 의존의 패턴들도 바뀐다.[28]

그러나 엄밀한 의미에서, "콘텐츠의 의미가 변한다"는 말과 "콘텐츠가 변해서 의미가 바뀐다"는 말은 다르다. 전자는 오해의 소지가 많다. 애초부터 매체 없이 존재하는 콘텐츠는 있을 수 없기 때문에, 불변하는 고정적인 콘텐츠가 매체에 따라 이리저리 변하는 것처럼 말하는 것은 잘못이다. 만약 무엇인가 변했다면, 그것은 매체와 콘텐츠의 혼합물이다. 예를 들어, 영화 춘향전과 뮤지컬 춘향전은 소설 춘향전의 콘텐츠를 그대로 이어받아 스타일만 바꾼 것이 아니라 소설의 콘텐츠 C1과, 유사하지만 상당히 다른 의미를 갖는 콘텐츠 C2와 C3을 각각 나름의 방식으로 창출해낸 것이다. C1, C2, C3은 비트겐슈타인적 '가족유사성'을 가질 뿐 반드시 어떤 '핵심이나 공통 부분'을 나누어 가져야 하는 것은 아니다. 가령 영화 춘향전은 시청각적 효과를 중시하는 매체의 특성 때문에, 춘향이와 이도령의 관계를 매우 육감적인 것으로 그림으로써, 춘향이의 절개에 성적 도취(infatuation)적 색깔을 부여할 수 있다. 반면 뮤지컬 춘향전은 커다란 무대와 극적인 사건을 강조하는 매체적 특성으로 인해, 이도령과 춘향이의 사랑보다는 변학도와 춘향이의 관계에 주목함으로써, 사랑이나 의리보다는 남녀 간의 삼각관계를 주요 테마로 부각시킬 수 있다. 이 밖에도 TV, 라디오, 마당극 등 어떤 매체를 취하는가에 따라 춘향전은 우리가 전혀 상상조차 못하는 '의미'를 담고 있는 작품이 될 수도 있다.

이제 더 이상 매체를 떠나 춘향전에 대해 얘기할 수 없음이 분명해진 듯하다. 그러나 한 가지 짚고 넘어가야 할 문제가 있다. 객관적 평가 가능성이 그것이다. 만약 매체에 따라 의미가 변한다면, 춘향전이 주는 교훈에 대해서 그리고 춘향전의 작품성에 대해서 어떻게 평가할 수 있는가? 콘텐츠가 매체로부터 독립적인 의미를 가질 수 없다면, 콘텐츠가 객관적 의미를 가질 수 없지 않겠는가? 그러나 그렇지 않다. 매체 독립적인 콘텐츠가 존재하지 않는다고 해도, 매체 의존적인 콘텐츠는 여전히 존재하며, 그것의 의미와 가치에 대한 객관적 논의는 얼마든지 가능하기 때문이다. 콘텐츠가 고정되지 않는다고 해서 객관적 의미가 사라지는 것은 아니다. 특히 동일한 매체에 의해 동일한 방식으로 '각색된' 콘텐츠는 동일한 의미를 가질 수밖에 없다. 따라서 모든 형태의 춘향전이 주는 교훈에 대해 일괄적으로 얘기할 수는 없을지 몰라도 (그러한 춘향전은 존재한 적이 없기 때문에), 영화 춘향전의 교훈에 대해 얘기할 수 있으며, 춘향전 일반이 지닌 작품성에 대해서 말할 수는 없어도, 이고본(李古本) 춘향전의 작품성에 대해서는 말할 수 있다.

맥루언에 의하면, 객관성에 대한 기우와 이에 상응하는 콘텐츠 중심적 담론은 수천 년에 걸쳐 토착화된 서구의 문자문화로부터 비롯되었다. 콘텐츠의 매체 독립성을 가정하는 이유가 모든 것을 획일화, 단순화, 범주화해야 직성이 풀리는 서구적 합리성 때문이라는 말이다.

무한히 세분화되고 또 반복 가능하다는 이러한 마술은 비대칭인 것, 휘어진 것, 울퉁불퉁한 것과 같은 비시각적인 것 모두를 시각적으로 평탄하고 직선적이며 획일적인 것으로 만들었다. 같은 식으로, 음성 알파벳은 그보다 수세기 전에 야만인들의 불연속적인 문화에 침투하여, 그들의 꾸불꾸불하고 뭉툭한 특성을 서구세계의 시각적 문화가 이끄는 획일성으로 바꾸어놓았다. 바로 이 획일적이고 연속적이며 시각적인 질서가 아직도 우리의 '합리적' 생활을 이끄는 규범인 것이다.[29]

맥루언에 따르면, 표음문자의 사용으로 인해 단선적·연속적·순차적·논리적 사고에 물든 문자문화적 인간의 사고에서 가장 근본적인 가정은 매체나 인식 주관으로부터 자유로울 수 있는 객관적 의미의 세계이다.[30] 플라톤의 이데아가 아주 최근까지 서구적 사고의 전범일 수밖에 없었던 것도 이 때문이다. 이 밖에도 서구적 합리성이 표방하는 모든 것, 예를 들면, 사실과의 대응성, 논리적 정합성, 도덕적 경건성, 미적 숭고함 등이 모두 객관적 의미의 세계를 전제한다.

그러나 서구적 사고는 여전히 서구적인 것, 즉 다양한 사고방식 중 하나일 뿐이다.[31] 마치 게임의 법칙처럼 일단 참여하면 누구나 지켜야 하는 법칙이지만, 누구도 반드시 그 게임에 참여해야 하는 필연적 이유가 없기에 궁극적으로는 작위적이다.

흔히 합리적인 것으로 생각되곤 하는 서로 연관된 순차적인 사유는 사실은 시각적인 것일 뿐이다. 그러나 시각적인 것이 곧 이성적인 것이라고 생각해서는 곤란하다. 왜냐하면 이성은 어떤 단일한 지평이나 연속적이고 연관된 방식으로 발생하지 않기 때문이다.[32]

그러나 모든 것이 작위적일 수밖에 없다면, 작위적이라고 해서 흠될 것도 없다. 그래서 맥루언은 서구합리주의의 문제를 작위성이 아니라 그것의 편협성에서 찾는다.

맥루언은 서구적 합리성의 특징이 단선적 사고에 있다고 보고 그것을 대표하는 입장으로 전문가주의를 꼽는다. 상호 연관된 유기체를 분석의 칼을 앞세워 자르고 나누어 각각을 마치 독립적으로 탐구할 수 있는 것처럼 다루는 것이 전문가주의이다. 그렇기에 전문가는, 맥루언의 표현을 빌리면, 자기가 하는 일에는 결코 실수하는 법이 없지만, 결국에는 파국으로 치닫는 사람들이다.[33] 전문가주의에 내재하는 편협성을 가장 잘 드러내는 예로 의식의 수량화 작업을 들 수 있다. 이미 우리에게 친숙해진 온갖 지수들, 예컨대 IQ, EQ, MQ 등은 모두 의식작용 중 일부를 분리하여 수량화한 예이다.

우리가 잘못된 표준들의 엄청난 홍수를 만들어낸 것은 바로 'IQ 테스트'에서이다. 검사자들은 우리 활자문화의 문화적 편견들에는 주목하지 못한 채 획일적이고 연속적인 습관이 지능의 표시라고 전제하고, 귀의 인간, 촉각의 인간은 배제한다.[34]

콘텐츠의 의미분석은 결코 콘텐츠만의 문제가 아니다. 분석 그 자체가 함축하는 보다 큰 인식의 틀, 즉 서구의 합리주의가 콘텐츠 분석에 의해 매번 강화되고 있기 때문이다. 예를 들어, 콘텐츠의 의미 분석은 어떤 콘텐츠가 '좋은' 것이고 어떤 것이 '나쁜' 것인지 구별하는데 도움을 준다. 그 덕에 우리는 좋은 뉴스와 나쁜 뉴스, 작품성 있는 영화와 없는 영화, 감동적인 드라마와 그렇지 못한 드라마를 구분할 수 있다. 더구나 전문가의 의견을 빌어, 좋은 것은 왜 좋고, 나쁜 것은 왜 나쁜지 '합리적 근거'를 들어가며 설명할 수도 있다. 그러나 이 모든 것이 시사하는 바는 단지 한 가지, 서구합리주의 게임의 자기증식적 메커니즘뿐이다. 그렇기에 맥루언의 관점에서, 콘텐츠의 의미를 둘러싼 논쟁은, 좋게 보아도, 장기 두는 사람들이 수를 놓고 옥신각신 하는 것과 다를 바 없고, 나쁘게 보면, 모든 것을 단일한 기준, 단일한 지평하에서 평가하려는 제국주의적 태도를 공고히 하는 작태에 불과하다. 만약 콘텐츠 중심의 담론이 지나치게 미시적이거나 잘못된 세계관을 공고히 하는 기제라면, 대안은 무엇인가? 물론 매체 중심적 담론이다.

3 메시지

매체 중심적 담론은 콘텐츠의 의미가 아니라 매체의 메시지를 판독하는 데 주력한다. 이때 메시지란 "매체의 심리적 · 사회적 영향(the psychic and social effects of media)"[35]이다. 보다 구체적으로, 메시지는 "어떤 매체나 테크놀로지가 인간사에 도입하는 규모, 속도 혹은 패턴의 변화"이다.[36] 예를 들어, 영화의 메시지는 각각의 영화가 담고 있는 스토리가 아니라 영화라는 매체가 우리의 삶에 가져온 변화이다. 그리고 그것은 매사를 단선적인 계기의 연속으로 이해하던 것으로부터 전체적인 지형에 대한 총체적 이해로 나아가는 변화이다.[37] 예를 들어, 입체파의 그림은 매체가 메시지임을 알려준다. 입체파의 그림은 이차원적 평면에 안과 밖, 위와 아래, 앞과 뒤를 동시에 보여줌으로써 전체를 순간적으로 파악하도록 한다. 그리고 그렇게 함으로써 그림이 환상, 즉 사람이 만들어낸 구성물이며 단지 색이 칠해진 캔버스에 지나지 않음을 보여준다. 으레 정답처럼 보였던 화가의 관점이 이제 관점에 지나지 않는 것으로 파악된다.[38]

맥루언이 "어떤 매체나 테크놀로지가 인간사에 도입하는 규모, 속도 혹은 패턴의 변화"를 '메시지'라는 말로 표현한 데는 나름의 이유가 있다. 메시지는, 콘텐츠가 '담겨 있는 것'이나 '발견되는 것'이라는 고착적인 의미를 내포하는데 비해 그 어원이 보냄과 받음의 운동성과 변화가능성을 함축하기 때문이다.[39] 특히 매체가 촉매(catalyst)의 역할을 할 경우, 메시지의 '의미'는 전체의 형태나 윤곽을 인식(total, configurational awareness)함으로써 이해 가능할 수밖에 없기 때문에 더욱 그러하다.[40] 그러면 매체는 어떻게 메시지를 창출하는가?

맥루언은 일평생 매체의 메시지 창출 메커니즘을 설명하려 노력했다. 의식의 변화는 감각경험의 변화에 수반한다고 믿었기 때문이다. 그래서 그는 매체가 감각경험에 미치는 영향에 대해 논구함으로써 메시지 창출 메커니즘을 밝히려고 했다. 매체와 경험의 관계에 대한 맥루언의 설명은 『미디어의 이해』의 부제인 '인간의 확장(the extension of man)'에서 알 수 있듯이 '인간 신체와 감각의 확장'이라는 화두에서 출발한다. 여기에서 신체와 감각은 테크놀로지와 경험의 관련성을 상징하고 있으며 '확장'은 테크놀로지의 편향성을 드러내고 있다.

맥루언에 따르면, 매체가 감각비율에 영향을 미쳐 경험의 성격을 변화시킬 수 있는 것은 매체가 가진 물리적 성질 때문이다. 물론 'extend'는, 비유적으로 사용할 경우, 활동범위나 세력, 의미 등의 강화를 뜻하기도 하지만, 본질적으로 길이나 너비, 시간 등을 물리적으로 늘림을 뜻한다. 그렇다면 테크놀로지가 사람의 무엇을 어떻게 확장한다는 말인가? 맥루언은 "인간의 신체와 감각"이라고 답한다.[41] 신체와 감각의 확장은 곧 경험의 확장이다. 즉 외부 세계를 지각하고, 느끼고, 통찰하는 신체의 온갖 기능을 확장하는 테크놀로지가 매체라는 것이다. 여기에서 경험은 단순한 지각을 넘어, 지식의 습득과 전달까지 포함하며, 외부 세계 역시 물질계뿐만 아니라 본인과 타인 모두를 포함한다.

맥루언은 옷이 피부의 확장이라고 말한다. 옷은 피부의 기능인 열-통제 메커니즘인 동시에 사회적 자아를 정의하는 수단이기 때문이다.[42] 같은 이유에서 집과 도시 역시 피부의 확장이다.[43] 집은 가족이나 소집단의 피부를, 도시는 대집단의 피부기능을 확장시키기 때문이다.[44] 사람은, 비록 의도적으로 그러는 것은 아니지만, 피부를 통해 신체 내, 외부의 열을 '지각'하여 적절한 체온을 보존한다. 이러한 의미에서 피부는 외부 세계를 지각하는 경험 기관 중 하나이고, 옷은 피부의 기능을 증폭시키는 테크놀로지의 일종이다. 피부는 또한, 적어도 모두가 벗고 지내던 시기에는, 자신을 타인과 구별해주는 기능을 수행했다. 맥루언은 피부의 원초적 기능 중 하나가 '사회적 자아의 정의'라고 보았다. 피부를 통해 타인으로부터 자신을 구별 가능하도록 만들었다면 이는 분명 중요한 경험기제 중 하나다. 경험이란 수동적인 지각뿐 아니라 능동적인 관여를 포함하기 때문이다. 이 같은 의미라면, 옷을 통해 자신을 드러내고 타인과 스스로를 구별하는 행위는 분명 피부의 경험기능을 증폭시킨 것이라 이해할 수도 있을 것이다.

피부의 예에서 볼 수 있듯이, 맥루언의 '인간의 확장' 개념은 상당히 이해하기 어려운 개념이다. 무엇보다 각각의 신체부위에 고유한 기능이 무엇인지 그리고 그러한 기능을 증폭시키고 확장시키는 테크놀로지가 무엇인지 분명하게 다가오지 않기 때문이다. 예를 들어, 맥루언은 활은 손과 팔의 확장인 반면, 총은 눈과 이의 확장이라고 말한다.[45] 그런가 하면 무기는 손과 손톱 그리고 이빨의 확장이라고 말하기도 한다.[46] 또 돈은 내적인 욕구와 동기의 확장인 반면 숫자는 촉각의 확장이라고 주장한다.[47] 어쩌면 그는 테크놀로지를 체계적으로 신체 기능과 짝짓는 일에 관심이 없었을지도 모른다. 사실 그의 신체 개념은 의식 혹은 의식의 기관인 중추신경계까지 포함하는 포괄적인 것이며,[48] 감각 또한 오관을 통해 느끼는 것은 물론 내적인 희구나 동기까지 포함하는 복합적인 것이라 보아야 한다. 만약 맥루언의 주장에 따라, 매체를 "인간의 신체와 감각을 확장하는 테크놀로지"라고 이해한다면, 매체는 매우 포괄적인 의미에서 경험에 관련된 모든 기능을 확장하는 것으로 이해해야 마땅하다. 사실 경험을 하는 것은 오직 하나, 즉 총체적인 의미에서의 신체뿐이다. 경험은 또한 다양한 감관이 함께 유기적으로 작동하는 총체적 경험이다.[49] 따라서 테크놀로지가 인간의 확장이라면 총체적 경험의 확장일 것이다. 다만 우리가 그 사실을 모르고 있을 뿐이다.

한마디로 미디어가 모든 감각비율에 영향을 주고 스며들며 또한 이것을 틀 지우고 변형시킨다는 사실을 전혀 모르고 있다.[50]

여기에서 유의해야 할 사항 중 하나는 인간과 테크놀로지의 관계이다. 만약 콘텐츠가 메시지가 아니라면, 메시지는 매체뿐만 아니라 우리 자신일 수도 있다. 왜 우리는 메시지일 수 없는가? 감각의 확장에 대한 맥루언의 설명은 우리의 판단이, 시대를 주도하는 테크놀로지에 의해 크게 영향받을 수밖에 없음을 함축한다. 매체에 대한 논의에서 언급되었지만, 어떤 것을 의미 있는 것으로 파악하기 위해서는 이미 그것에 의미를 두어야만 한다. 문제는 우리의 관점이 우리가 마음대로 취할 수 있는 것이 아니라는 데 있다. 우리가 무엇에 의미를 두고, 무엇에 관심을 갖는가는 테크놀로지에 의해 결정된다. 결국 모든 메시지는 우리 자신에 의해 영향받는 것이 사실이나 우리의 사고방식 자체가 이미 테크놀로지 환경에 의해 '세뇌'된 결과이기 때문에, 실질적인 의미에서, 수용자의 역할은 미미하다고 볼 수밖에 없다.[51] 그렇기에 테크놀로지는 우리가 통제하거나 제어할 수 있는 것이 아니라 우리의 삶과 세계, 그 자체를 형성하는 우리 자신의 일부이다.[52]

맥루언은 사람이 테크놀로지의 '생식기'와 같다고 말한다. 꽃이 마치 번식을 위해 꿀벌을 '이용' 하는 것처럼, 테크놀로지도 증식하고, 보다 나은 형태로 진화하기 위해 사람을 '사용' 한다고 볼 수도 있다. 다만 식물이나 테크놀로지가 의도나 목적을 가지고 벌이나 사람과 관계하는 것은 아니기에 사전적인 의미에서 '이용' 이나 '사용' 이라는 말을 쓰는 것이 어색할 뿐이다. 물론 사람 역시 자신의 편리를 위해 테크놀로지를 사용하고 발명한다. 테크놀로지의 발명이 전적으로 의도된 것이라고는 말할 수 없어도, 완전히 발명가의 의사와 무관한 것도 아니다. 따라서, 테크놀로지와 사람의 관계는 서로가 서로를 위해 이용하는 공조관계라 볼 수 있다.[53]

여하튼 맥루언에 따르면, 인류가 언제부터 존재해왔든지 간에 인류의 역사는 동시에 테크놀로지의 역사이다. 그것이 막대기든지 언어든지 인류가 테크놀로지 없이 존재한 적은 없다.[54] 테크놀로지는 경험 그 자체, 즉 주체와 외부 세계를 변화시키는 제1원인이다. 그렇기에 맥루언은 어떤 테크놀로지든 그것은 우리의 경험을 '왜곡' 시킬 수밖에 없다고 본다.[55] 그렇다고 새로운 테크놀로지가 나오기 이전 상태에는 '순수' 경험이 가능했다는 말은 아니다. 그러한 경험은 존재하지 않는다. 테크놀로지는 언제나 존재했고 앞으로도 존재할 수밖에 없다. 테크놀로지는 환경, 경험, 심지어는 우리 자신의 일부이다. 따라서 모든 경험은 편향적일 수밖에 없다.

테크놀로지의 편향성을 예증하기 위해 맥루언은 타자기가 말과 문학에 초래한 변화를 얘기한다. 타자기는 "시인이 시를 쓸 때 호흡, 간격, 중단(음절의 중단까지 포함), 배치(구절의 배치도 포함)를 자신의 의도에 따라 명확하게 표현하도록 도와준다." 그리하여 음악가들처럼 시인들도 악보의 오선과 소절을 나누는 선과 같은 것을 갖게 된다.[56] 또한 타자기는 종이 오른쪽을 어느 정도 비워두게 함으로써 시 속에 구어적인 극적 억양을 되찾아준 자유시(vers libre)의 발전에 공헌했다.[57]

문제는 우리가 이같이 상존하며 우리의 삶에 막대한 영향을 끼치고 있는 테크놀로지의 존재나 영향에 대해 전혀 의식하지 못하고 있다는 점이다. 맥루언은 그러한 상태를 몽유병자의 처지에 비유한다.[58] 그러나 우리의 무지는 한편 너무도 당연하다. 그만큼 테크놀로지의 영향력이 크고 강력하며 전면적이기 때문이다. 테크놀로지는 마치 미다스의 손길처럼 모든 것을 변화시킨다. 가령 우리는 언어가 우리의 의식과 경험을 구성하는 기본 틀이지만 다분히 편향적인 성격을 가진 테크놀로지라고 생각하지 않는다. 그래서 맥루언은 언어가 이념보다도 더 강력한 세뇌수단인 '선동(propaganda)'이라고 말한다.[59] 만약 맥루언의 진단이 옳다면, 그래서 테크놀로지가 우리의 삶을 조건지우는 경험과 불가분의 관계에 있다면, 이러한 사실을 인식하는 것은 우리 자신과 세계를 이해하는 데 가장 중요한 일 중 하나일 수밖에 없다.

매체의 메시지를 읽는 일은 테크놀로지의 어마어마한 매체적 영향력을 인식하는 것이다. 물론 막강한 만큼 테크놀로지의 영향력을 인식한다고 해도 우리가 할 수 있는 일은 많지 않을지도 모른다. 어쩌면 고작해야 테크놀로지의 자기 증식 메커니즘을 이해하는 일에 그칠지도 모른다. 그러나 아는 것만으로도 위안이 될 수 있다. 특히 테크놀로지의 격변기를 살아가고 있는 사람들에게 정확한 인식은 불필요한 걱정을 없애고 미래를 대비하는 데 필수불가결하다.[60] 그렇기에 모든 테크놀로지가 그러할 수밖에 없음에도, 테크놀로지가 어떻게 우리

의 경험을 '왜곡' 시켜왔는지 이해하고 이를 토대로 전기테크놀로지
가 우리의 미래를 어떻게 바꾸어놓을지 전망하는 것은, 적어도 인식
의 전환이라는 목적을 위해서는, 우리가 할 수 있는 최선의 방책이다.

맥루언은 미디어가 메시지임을 읽어냄으로써 얻을 수 있는 유용
함을 파킨슨의 법칙을 예로 들어 설명한다.

> 파킨슨은 모든 비즈니스 또는 관료제의 조직은 '이루어져야 하
> 는 일'과 관계없이 그 자체의 원리로 기능한다는 사실을 발견하
> 였다. 직원의 수와 '일의 질과는 서로 전혀 관계가 없다'. 어느
> 조직에서도 직원 수의 증가율은 이루어진 일의 양과는 관계가
> 없고, 직원간의 상호 커뮤니케이션 자체와 관련되고 있다. (다시
> 말하면, 미디어는 메시지다.)[61]

만약 파킨슨의 법칙이 우리가 늘 접하는 현상임에도 불구하고 그
실상을 인식하지 못했던 것을 보여준 것이라면, 분명 테크놀로지의
실체를 이해하는 일은 파킨슨의 법칙이 갖는 사회과학적 함의만큼이
나 중요한 의미가 있다. 그것은 맥루언의 비유에 따르면, 적어도 핵먼
지처럼 곳곳에서 떨어져 내리는 미디어의 파편으로부터 피해를 최소
화하기 위해 민방위 훈련에 참여하는 만큼의 효과를 가질 것이다.[62]

4 매체연구방법

맥루언은 미디어와 테크놀로지의 영향력을 이해하는 일을 지형도를 그리는 것에 비유한다.[63] 기존의 지도에 새로 생긴 건물이나 교량을 표시하는 것이 아니라 전체적인 지형을 한눈에 파악할 수 있는 포괄적인 조감도가 필요하기 때문이다. 이 같은 지형도를 그리기 우해서는 우선 자기 도취로부터 빠져나와 새로운 테크놀로지의 영향력을 감지해야 한다.[64] 그렇지 못한 상태에서 미디어의 영향력을 간과하고, 미디어를 어떻게 사용할 것인가만 걱정하는 것은 우물안 개구리와 같다.[65] 그저 걱정만 하고 있다고 해서 미디어의 영향력이 사라지는 것은 아니며, 미디어에 대한 이해는 이미 그 자체가 절반의 성공이기 때문이다. 그러나 미디어의 메시지를 파악하는 데 미리 정해진 순서나 절차가 있는 것은 아니다.

맥루언은 자신의 매체연구방법을 '금고를 터는 일'에 비유한다.[66] 마치 도둑이 금고를 털기 위해 이리저리 모색하고 궁리하는 것처럼 미디어를 연구하기 위해서는 우선은 여기저기를 살펴보고 만져보며 탐침하고 일반적으로 금고가 어떤 성격을 지녔는지 가늠해야 한다. 그리고는 대체로 어떤 방식으로 접근해야 금고를 열 수 있을지 추측해야 한다.[67]

물론 미디어를 연구할 때 고려해야 하는 참고사항을 한두 가지 열거할 수는 있다. 맥루언은 우선 미디어를 객관적으로 관찰하기 위해서는 일단 자신으로부터 걸어질 수 있어야 한다고 말한다.

전력의 배치를 연구하고 이해하기 위해서는 자신을 전투 너머에 위치시켜야 한다. 도도하고 오만한 태도를 갖는 것이 중요하다. 한구석에서 헤매고 있거나 미디어의 효과에 대해 불평을 늘어놓는 게 아니라 주도권을 잡고 상대방을 밀어붙이듯 해야 한다. 우리가 이해하려는 대상은 이런 단호한 태도에 정말 기분 좋게 반응한다. 그래서 하인이 아니라 주인이 된다. 하지만 이런 분리적인 개입 없이는 미디어를 객관적으로 관찰할 수 없다.[68]

또한 미디어가 다른 미디어에 미치는 영향에 대해 연구하라고 권하기도 한다. 예를 들어 TV가 스포츠에 미친 영향에 대해 연구하다 보면, TV가 지닌 본질적 성격에 대해 이해할 수 있다. 마찬가지로 TV가 정치, 광고, 영화 등에 대해 미친 영향을 연구하는 것도 좋은 방법이다.[69] 물론 TV의 영향력은 그저 추측할 수 있는 것이 아니라 경험 과학적으로 연구되어야 하는 것이다. 예를 들어, TV가 지난 12년간 사람들의 행태, 특히 프로그램에 대한 취향, 의상, 사회적 관습에 미친 영향에 대해 모두 조사해야 한다.

맥루언이 권고한 세 번째 탐구 방법은 미디어나 테크놀로지가 사라진 상태를 상상하는 것이다. 이는 장애인의 삶을 이해하기 위해 눈과 귀를 가리고, 휠체어를 탄 채, 다른 사람의 도움을 받아가며 일상사를 경험해보는 것과 같다. 우리에게 익숙한 TV, 라디오, 인터넷 등의 효과를 감지하는 유력한 방법은 그것이 없는 상태에서 사는 것이 어떤 것인지 직접 체험하거나 그러한 상태를 상상하는 것이다.

여하튼 맥루언이 미디어 연구를 통해 추구하는 목적은 분명하다.

그것은 일종의 방어체제 구축이다. 미디어를 이해함으로써만 미디어를 통제할 수 있기 때문이다.

내 작업의 핵심적 목적은 바로 이 메시지를 전하는 것이다. 미디어가 인간을 확장할 때 우리가 그것을 이해하면 미디어에 대한 통제수단을 확보할 수 있다는 바로 그 이야기이다. 그리고 이것은 매우 중요한 과제이다.… 아무도 이 같은 환경적 대공세를 피할 수 없다. 한마디로 숨을 곳이 없기 때문이다. 하지만 우리에게 무엇이 일어나는지 진단만 할 수 있으면 난폭한 변화의 바람을 누그러뜨릴 수 있고, 시각적 문화의 우수한 요소들이 전환기 동안 새로운 재부족화 사회와 평화롭게 공존할 수 있게 할 수도 있다.[70]

물론 이때 통제란 실질적인 곤리나 조절의 의미라기보다는 테크놀로지의 작동방식을 이해함으로써 그것을 보듬어 안는 것이다.[71] 테크놀로지가 유입한 변화에 대처하는 유일한 방법은 사회 전체가 유기적으로 함께 그것을 인식하는 것뿐이기 때문이다.

나는 변화의 징후들만 인식하는 것으로 충분하지 않다는 것을 곧 알았다. 그 변화의 원인을 알아야 하는 것이다. 원인을 알지 못하고는 새로운 기술의 사회적이고 정신적인 효과에 대응하거나 영향을 줄 수 없기 때문이다. 하지만 한 개인이 이와 같은 효과에 대한 자기 방어적 조정을 해낼 수 없다는 점도 깨달았다.

이 효과는 전체 사회에 영향을 주기 때문에 사회 전체의 집합적 노력이 필요하다. 개인은 밀려드는 환경적 변화에 무기력할 수밖에 없다. 어쩌며 개인은 새로운 기술이 만들어낸 새로운 쓰레기라 말할 수 있다. 오직 사회적 유기체만이 함께 뭉쳐서 도전을 파악하여 그 도전에 대응하러 나갈 수 있는 것이다.[72]

맥루언 매체철학은, 이렇게 볼 때, 대중매체나 언론에 대한 통상적인 이론이 아니다. 그렇다고 테크놀로지의 발달과 영향에 대한 연구로 이해하는 것도 적절치 않다. 비록 테크놀로지의 영향에 대해 말하고 있으나, 여타의 테크놀로지 관련 저술과 달리, 가장 근본적인 차원에서, 즉 인간과 세계, 주체와 객체, 경험과 인식 등의 철학적 문제에 대해 종합적·입체적·직관적으로 접근하고 있기 때문이다. 그가 주목하는 현상은 증기기관도 포디즘도 아니다. 그는 문화, 언어, 의식, 합리성 등에 초점을 맞추고 있으며 시계와 컴퓨터는 보다 근본적인 의식과 문화를 구체적으로 설명하는 예에 지나지 않는다. 굳이 맥루언을 기존의 학적 체계하에서 분류하려 한다면, 문명비평가나 문화사가가 가장 어울릴 듯하다. 같은 이유에서, 맥루언의 이론을 '매체철학'이라고 부를 수 있다면, 그것은 그가 인간과 세계, 경험과 테크놀로지와 관련된 근본적이고 포괄적인 철학적 문제를 '테크놀로지의 매체성'을 통해 풀어냈다는 매우 특별한 의미에서 그러하다.

II

매체와 지각

맥루언 매체이론의 핵심은 매체를 인간지각의 문제로 파악한다는 점이다. 각 매체는 인간지각방식에 영향을 미치는 고유한 특성을 가지고 있다는 것이 맥루언 주장의 요체이다. 그렇기 때문에 맥루언 매체이론은 인간감각의 문제와 불가분의 관계를 가진다. 매체를 인간지각의 문제로 본다는 것은 외부 세계를 경험하고 또 그것을 지각의 형태로 전환해주는 기제 즉 인간감각기능의 문제를 피해갈 수 없기 때문이다. 이런 점에서 맥루언 이론은 '매체감각론' 이라고 부를 때 그 이론의 핵심이 가장 잘 드러난다. 실제로 맥루언 이론이 다른 미디어 이론들과 차별화되는 것도 바로 이 지점이다. 맥루언의 '매체감각론' 은 인간지각의 기술적 매개성에 주목함으로써 매체의 문제를 인간경험의 본질과 실체의 문제로 새롭게 규정했다는 의미를 갖는다. 그리고 이때까지 그 어떤 매체이론도 다루지 않았던 감각의 문제를 미디어 연구의 주제로 삼아 커뮤니케이션 연구의 새로운 지평을 열었다는 평가를 받을 만하다.

하지만 동시에 맥루언 이론이 가장 심한 비판을 받는 부분도 바로 감각과 관련해서 맥루언이 쏟아놓은 주장들이다. 맥루언의 감각론은 증거에 의해 뒷받침되지 않은 근거 없는 주장이라는 평가가 대세를 이루고 있다. 한마디로 '과학의 규칙을 제대로 이해하지 못한' 의사과학적(pseudo-scientific) 주장에 지나지 않는다는 것이다.[1] 특히 밀러(Jonathan Miller) 같은 이는 매체의 효과를 감각의 수준에서 논하려면 감각적 효과를 측정하는 물리적 과정이 그 속에 포함되어야 하고, 그렇지 못할 경우 이 모두가 한마디로 '공허한' 개념에 지나지 않는다는 점을 강조한다. 그리고 이러한 과정을 결하고 있는 맥루언의 감각론은 정확히 말하자면 '틀린 것'이 아니라 '무의미한 것'이라고 지적하면서 밀러는 맥루언 이론 자체의 성립 불가능성을 강하게 언급하고 있다.[2] 그렇다면 감각론에 의존하고 있는 맥루언의 매체이론은 정말 터무니없고 황당한 이야기인가? 맥루언은 밀러의 묘사처럼 "거대한 거짓말 체계를 갖고 우리에게 충격을 주어 진리의 가능성을 창조하는, 가장 위대한 역설을 만들어낸 사람"이었는가?[3] 아마 맥루언의 담론이 갖는 기본적인 성격을 제대로 이해하기 전에는 이 질문에 대한 확답을 내놓을 수 없으리라 본다.

1 맥루언 담론의 사회과학적 의미

맥루언이 사용한 감각과 관련되는 대부분의 개념이 많은 사람을 혼란스럽게 만든 것이 사실이다. 예를 들면 이후에 살펴볼 핫미디어/쿨미디어 개념이 그 중 대표적인 경우이다. 맥루언 자신도 이 개념이 독자들을 혼란스럽게 하리라는 사실을 『미디어의 이해』 서문에서 이미 예견하고 있었다. 그렇다면 맥루언이 이 혼란스러운 개념을 통해서 우리에게 전달하고자 했던 바는 무엇일까? 핫/쿨미디어의 차별적 효과에 대한 주장은 그의 저서 속에서 무수히 발견되는 은유적 표현의 또 다른 사례인가, 아니면 사회변동의 메커니즘을 보여주는 과학적 사실인가? 이 질문은 핫/쿨미디어를 어떻게 이해할 것인가의 문제를 넘어서 맥루언 담론 전체를 어떻게 이해할 것인가와 관련해서 매우 중요한 의미를 지닌다. 만약 전자의 경우라면 맥루언의 언명들은 맥루언 특유의 감수성에서 비롯된 예술가적 통찰로 이해되어야 할 것이고, 만약 후자의 경우라면 맥루언은 인간의 삶과 기술이 맺는 관계를 특유의 방식으로 규명한 사회과학자로 평가되어야 할 것이다. 하지만 이 질문에 대해 단정적인 답을 내리기는 그리 쉽지 않아 보인다. 실제로 맥루언에 대한 학계의 평가 역시 이 점에서는 엇갈리고 있다. 맥루언을 매체가 연출해낸 은하계를 주유했던 순례자라고 보는 이는 맥루언의 인문학적 상상력을, 매체의 사회적 규정력을 주장한 사회과학자로 보는 이는 맥루언 담론의 과학적 잠재력에 주목한다. 이러한 상반된 평가는 맥루언 텍스트의 난해함으로 인한 다양한 해석의 가능성에서 기인하는 것일 수 있다. 하지만 그보다는 맥루언 스스로가 이 문제에 대한 명확하고 일관된 답변을 우리에게 제시하지 않고 있다는 사실이 문제를 더욱더 어렵게 만든다.

먼저 맥루언의 주된 관심은 매체가 인간의식에 미치는 영향과 이에 따른 사회적 변화였다는 데는 의문의 여지가 없다. 맥루언은 각 사회의 성격은 그 사회의 주도적인 매체에 의해 형성된 인간의 매체

편향적 의식을 규명함으로써 파악될 수 있다는 점을 명시적으로 밝히고 있다. 한 사회의 특징은 인간이 사용하는 매체의 성격에 따라 형성된 것이라는 말이다. 그리고 그의 저서 대부분은 이러한 명제를 뒷받침할 수 있는 다양한 사례들과 이에 대한 해석으로 채워져 있다. 이렇게 본다면 각각의 매체가 차별적으로 인간의식에 영향을 미치고 나아가서는 사회의 성격을 규정하는 구체적인 메커니즘을 설명하기 위하여 맥루언이 도입한 개념이 바로 핫미디어와 쿨미디어이다. 다시 말해 각 사회가 갖는 성격은 그 사회의 주도적인 매체가 '핫' 한가 아니면 '쿨' 한가에 의해 차별적으로 규정된다는 말이다. 따라서 맥루언에게 인류의 역사란 '핫' 한 매체 또는 '쿨' 한 매체의 흥망사를 기술하는 것에 다름 아니다. 여기에 더해 '핫' 한 매체의 심리적 · 사회적 효과를 주된 내용으로 다루고 있는 『구텐베르크 은하계』가 "새로운 지각과 표음문자 간의 인과율을 밝히려는 목적으로 쓰여졌다"는 맥루언 자신의 지적 역시 핫/쿨미디어가 은유의 차원을 넘어서 하나의 과학적 실체로 이해되어야 하는 근거가 된다.[4]

하지만 맥루언의 언명들을 변수들간의 인과적 관계에 대한 진술 또는 그것을 규명하기 위한 것으로 해석할 때 따르는 위험도 없지 않다. 이는 맥루언 담론을 과학적 설명의 패러다임 속으로 끌어들일 때 발생할 수 있는 오독의 문제와, 결과적으로 맥루언 담론의 기능에 대한 잘못된 인식을 부추길 수 있는 문제를 야기한다. 이러한 우려의 근거는 맥루언 자신이 그의 방법론을 기존의 과학적 방법론과 분명하게 차별화하려는 노력에서 발견된다.

맥루언은 현대 사회과학의 토양을 제공하고 있는 인과적 분석틀은 매체에 의해 자의적으로 형성된 근대의 편향적 의식의 산물이라고 주장할 뿐 아니라 그의 작업은 이러한 편향성을 극복하고자 하는 시도라고 역설하고 있다. 맥루언이 스스로의 작업을 가리켜 '설명(explanation)'이 아니라 '탐색(explore)'이라고 명명한 것도 이와 같은 이유에서이다. 이때 그가 말하는 설명이란 인과적 관계규명에 넋을 빼앗긴 현대 학문세계의 전형적 탐구방식을 일컫는 말이다. 맥루언은 기존의 학문세계가 선형적인 사고를 유일한 추론방법으로 가정하는 오류에 근거하고 있으며 이는 "인간경험의 획일화를 강요하는 것"이라고 지적하고 있다.[5] 즉 인간세계를 원인과 결과라는 선형적이고 순차적인 도식으로 설명하는 것은 이미 특정 관점에 의해 왜곡된 인식의 소산이라는 것이 맥루언의 주장이다. 이런 점에서 맥루언은 어떤 이론적 틀이나 이로부터 파생한 개념적 범주에 의존하지 않는다. 모든 사회적 현상은 정지된 상태로 존재하는 것이 아니라 지속적인 유동성을 그 특징으로 하기 때문에 기존의 이론이나 개념으로 그것을 포착해낸다는 것은 불가능할 뿐 아니라 무의미한 것이다. 맥루언이 전문화와 세분화로 특징지워지는 기존의 학문세계가 진정한 지식생산에 전혀 보탬이 되지 않는다고 주장하는 것도 이와 같은 맥락에서이다. 인간세계를 법칙화하고 또 일반화하는 데 온 정열을 쏟고 있는 학문적 전통은 그에게 터무니없는 것이었다. 특정 관점에 의존한다는 것은 문제에 대한 총체적 인식을 가로막고 왜곡된 지식의 생산만 부추기게 된다는 것이 그의 생각이었다. 그가 현대인의 현실인식이 마치 우리가 자동차의 백미러를 통해서 이미 지나온 길만을 보는 것과 흡사하다고 지적하는 것도 특정 관점에 매몰되어 우리가 겪고 있는 실질적인 변화를 깨닫지 못하는 현대인의 한계를 지적하는 것이다. 우리에게 강요되고 우리도 모르는 사이에 하나의 진실로 자리잡은 근대적 관점을 떨쳐버리지 않는 한 우리의 현실인식은 여전히 제한되고 왜곡될 수밖에 없다는 점을 맥루언은 역설하고 있는 것이다. 이렇게 본다면 맥루언의 작업은 근대 이후 우리의 삶 속에 자리잡은 상식적 관념을 탈신화화하고 전혀 다른 형이상학적 방위를 제시하는 것이라 해도 무방하다.

이런 까닭에 그가 문제를 이해하는 방식은 특정 사실을 데이터로 사용하고 그것을 범주화하고 또 개념화하는 전통적인 연구방법과는 거리가 있다. 오히려 그는 이 사실을 '패턴인지(pattern recognition)'를 위한 탐침으로 사용하고 있다고 밝히고 있다.[6] 이때 탐침이란 현상의 내면으로 인도하고 그에 대한 진정한 이해를 가능케 하는 일종의 인식수단이다. 기존 관점이나 개념이 우리에게 주는 중압감을 던져버리고 연구자와 연구대상 간에 일대일의 대면적 계기를 만들어주는 것이 바로 탐침이다. 따라서 맥루언이 내세우는 탐침이라는 개념은 관점이 배제된 순수한 인식수단을 일컫는다. 때문에 맥루언의 '탐색'은 선형적 논리성이나 전통적 의미에서의 경험적 증거를 결하고 있다. 오히려 맥루언은 탐침을 통해 사물의 내면을 직관적으로 말하고자 한다. 현상 속에서 발견되는 다양한 사실을 잠정적 탐침으로 사용하여 이 탐침이 전해오는 지각을 종합하고 이를 통해 대상에 대한 통찰적 각성을 도모하는 것이 맥루언의 방법이다. 이는 마치 서로 관련이 없어 보이고 일관적이지도 않은 다양한 양태의 조각을 이용하여 하나의 완성된 그림을 만들어 나가는 퍼즐게임과 흡사하다. 따라서 맥루언의

언명은 정해진 틀에 따라 실험되고 분석된 결과가 아니다. 그리고 사
실 여부를 확인할 수 있는 증거도 제시되지 않는다. 이들은 탐침을 통
해 지각된 파편의 모자이크이다. 이와 같은 모자이크적 접근의 유용
성을 그는 폰 베케시(Georg von Bekesy)의 말을 빌려 언급한다.

> 어떤 문제에 대한 접근형식으로 두 가지가 가능할 것이다. 하나
> 는 이론적인 접근이라고 부를 수 있는 것으로, 문제를 이기 알
> 려진 것과의 연결 속에서 구성하는 것이며 이미 수용된 원리 위
> 에서 그것에 추가하거나 확장한 후 이들 가설을 실험적으로 검
> 증하는 것이다. 다른 하나는 모자이크적 접근이라고 할 수 있는
> 것으로, 각 문제를 그것이 자리하고 있는 장(field)과는 아무런
> 연관 없이 주어진 영역 안에서 믿을 수 있는 관계와 원리를 발견
> 하는 것이다.… 과학 분야에서 커다란 진보가 이루어지고, 대부
> 분의 관련된 변인들이 알려졌을 때 새로운 문제가 발생하면 그
> 문제는 보통 기존의 틀 속에서 해결하고자 한다. 그러나 기존의
> 틀이 불확실하고, 변수의 수가 많게 되면 모자이크 접근을 통해
> 할 때 훨씬 쉽다.[7]

한마디로 모자이크적 접근은 시각적 문화의 특징인 선형적 인식
틀을 깨고자 하는 시도이다. 이런 점에서 맥루언의 언명은 기존의 분
석적 작업과는 전혀 다르다. 맥루언의 언명은 지각 또는 각성된 것의
단순한 서술이다. 분석은 잘잘못을 가릴 수 있다. 일반적으로 논리적
정합성과 일관성, 근거의 타당성과 신뢰성 등이 행해진 분석의 질을

평가하는 기준들이다. 하지만 사물에 대한 지각이나 각성은 전혀 다른 문제이다. 여기에는 평가적 영역이 존재하지 않는다. 단지 즉각적인 '발견'만이 있을 뿐이다. '발견'에는 '좋은' 발견과 '나쁜' 발견이 있을 수 없다. 앎의 상태와 그렇지 않은 상태의 차이만 존재할 뿐이다. 탐침은 바로 발견을 위한 화두인 셈이다. 맥루언의 방법론이 경험적 증거를 토대로 한 추론을 거부한다는 점에서는 기존의 반실증주의적 방법과 맥을 같이 하면서도 동시에 이들과 차별화되는 이유가 바로 여기에 있다.

이렇게 보면 맥루언의 글이 은유와 직관적 통찰로만 가득 차 있다는 지적은 그에 대한 비판이 될 수 없다. 오히려 그의 방법론과 그가 추구하고자 했던 바를 감안한다면 이는 너무나 당연한 것이다. 맥루언의 작업은 원형과 은유를 통해 사물에 대한 직관적 이해를 서사라는 언어 구조로 풀어나가는 소설가의 그것과 흡사하다. 이런 점에서 맥루언의 담론은 기존에 우리가 알고 있는 과학과는 분명히 다르다. 그러나 맥루언의 글이 과학적 담론의 기준에 부합하지 않는다는 이유로 그것의 가치가 과소 평가될 수는 없다. 이는 예술가의 작품을 과학의 기준으로 평가할 수 없다는 점 이외에도 예술적 통찰이 과학적 탐구와 전혀 무관할 수 없다는 점에서 그러하다. 프로이트가 우리가 아는 의미의 과학을 했다고 생각하는 사람은 그리 많지 않다. 마찬가지로 마르크스가 진정한 과학을 했다고 믿지도 않는다. 이들의 작업은 인간의 내면세계와 사회세계를 면밀히 관찰하고 여기에 그들 특유의 상상력을 더해 섬세하게 기술한 것이다. 하지만 이들의 생각이 비과학적이라는 이유로 폐기되지 않았다는 사실은 우리가 너무나 잘 알고 있다. 오히려 이들의 작업은 인간의 내면세계와 사회적 삶을 탐구하는 '과학자' 들에게 조차도 기념비적이라는 칭송을 받는다. 그리고 이들의 '비과학적' 인 생각이 인간과 사회에 대한 새로운 과학적 탐구를 자극하고 인도하는 실마리를 제공했다는 사실도 잘 알고 있다.

예술가나 사회과학자나 인간사의 심층을 이해하고자 한다는 측면에서는 별반 다르지 않다. 다만 그들이 이를 지각해 나가는 방식과 과정이 다르고 이를 기술하는 언어가 다를 뿐이다. 예술가는 '서사' 라는 형식을 통해 과학자는 '설명' 이라는 언어 구조를 통해 그들이 지각한 내용을 기술한다. 소설가는 그가 '설정한' 상황 속에서 은유와 이미지로 인간을 이야기한다. 반면 사회과학자는 '설정된' 사회적 조건 속의 인간을 추론, 논리, 그리고 증거를 사용하여 설명한다. 소설가의 이야기가 상상력이 동원된 '픽션' 이라면 사회과학자의 설명은 사실에 근거한 '다큐멘터리' 인 셈이다. 하지만 이때 상상적이라는 것이 사회적 실재와 무관할 수 없다는 것을 깨닫기란 그리 어렵지 않다. 최소한 그것이 '공상' 소설이 아니라면 말이다. 실제로 많은 사회과학자들이 객관적인 사실에 근거하여 제시하고 있는 인간과 사회에 대한 설명은 우리 시대를 대표하는 소설가들이 원형과 은유 그리고 이미지를 통해서 이미 내놓은 인간과 사회에 대한 통찰과 무관하지 않다. 맥루언이 예술가의 역할에 대해 강조하고 있는 것도 이러한 이유에서이다.

맥루언은 셰익스피어의 〈리어왕〉으로 『구텐베르크 은하계』의 첫 번째 장을 열고 있다. 여기에서 맥루언이 의도한 바는 17세기 초 유럽 사회에서 나타나고 있었던 사회적 · 개인적 삶에 있어서의 새로운 패

턴을 누구보다 먼저 감지한 셰익스피어의 예지가 역사적 사실과 무관
하지 않았음을 보여주는 것이었다. 오늘날 사회현상을 탐구하는 이들
에게 맥루언 담론이 갖는 기능은 아마도 맥루언에게 셰익스피어의 작
품이 가졌던 그것과 흡사할 것이다. 맥루언은 그의 글을 통해 테크놀
로지와 문화가 맞물려 펼쳐지는 시대적 변동의 기본 구도를 직관적
통찰로 전해주고자 했다. 이런 점에서 비록 맥루언의 은유가 그 자체
로는 지식이 아니라고 하더라도 최소한 가능한 지식으로 인도하는 실
마리가 될 수 있음은 자명하다. 맥루언 언명이 갖는 의미에 대한 평가
는 여기에서 멈추어야 한다. 그의 은유를 지식의 형태로 전환하는 것
은 다른 이들의 몫이다. 그렇다면 우리가 일차적으로 해야 할 일은 맥
루언의 주장을 맥루언이 이야기하고자 했던 방식으로 먼저 이해하는
것이다. 그것이 그가 전해주고자 했던 사회변동의 기본 구도에 대한
예지적 통찰을 보다 구체적인 메커니즘으로 구성하는 출발점이 되기
때문이다.

2 맥루언의 매체감각론[8]

인간은 외부 세계로부터 들어오는 지각정보에 대해 어떻게 반응하는
가? 그리고 인간이 살아가는 사회의 조건은 이에 어떤 영향을 미치는
가? 이는 인간의 조건에 대해 관심을 가진 수많은 학자들이 반복적으
로 던진 질문이다. 맥루언 역시 이와 같은 인간감각과 인식의 문제를
자신의 핵심적 화두로 삼았다. 이런 점에서 맥루언의 작업은 인간감

각작용의 정체를 밝히려는 오랜 학문적 노력의 연장선상에서 이해될 수 있다.[9] 하지만 맥루언의 감각론은 인간이 사용하는 커뮤니케이션 기술 즉 매체와의 관련성 속에서 인간경험의 정체를 밝히고자 한다는 점에서 매우 이채롭다. 그럼 맥루언의 '매체감각론'은 어떤 새로운 이야기를 하고 있는가?

맥루언이 사용하는 매체라는 용어에는 우리가 도구라고 부를 수 있는 거의 모든 것이 포함된다. 말과 글, 신문, 라디오, 텔레비전 등 우리가 매체라는 말을 사용해서 일반적으로 가리키는 것들은 둘론 포함된다. 여기에다 도로, 숫자, 돈, 옷, 집, 자동차, 비행기, 자동화시스템에 이르기까지 인간이 만들어 사용하는 인공물들 대부분은 '맥루언식' 매체에 속한다. 맥루언의 대표적인 저서 『미디어의 이해』는 바로 이들 '모든 매체'에 대한 '이해'를 위해 씌어진 책이다. 이와 같이 맥루언의 글에서 매체가 아닌 것이 없을 정도로 매체의 범위가 확장되는 데는 나름의 이유가 있다. 그 이유는 다름 아닌 매체의 본질에 대한 맥루언 특유의 통찰이며, 이것이 바로 맥루언 감각론의 기초가 된다.

맥루언에 따르면, 신체 혹은 감각기관은 인간이 외부 세계와 접촉할 수 있는 유일한 통로이다. 즉 맥루언은 바깥 세계와의 상호 작용이나 그것에 관한 정보획득의 유일한 수단은 감각기관이라고 보았다.[10] 인간의 삶은 바로 외부 세계와의 끊임없는 상호 작용의 과정이고 역사적으로 볼 때 인간과 외부 세계의 상호 작용은 끊임없이 확장되어 왔다. 따라서 이 같은 상호 작용의 확장은 다른 한편에서 보자면 인간 감각기관의 확장이기도 하다. 이는 인간이 더 넓고 많은 외부 세계를 경험할 수 있게 되었다는 의미에서 그러하다. 맥루언은 역사적으로 이 상호 작용과 인간경험의 끊임없는 확장을 가능하게 한 것이 바로 매체라고 본다. 예컨대 인간은 시간적 · 공간적으로 떨어져 있는 대상과 '접촉' 또는 그것을 경험하기 위한 방법을 고안하고 또 이를 발전시켜왔다. 우리가 자동차를 타고 다니는 것도 이 때문이다. 컴퓨터 이메일로 소식을 주고받는 것도 마찬가지이다. 이러한 '접촉' 수단이 바로 '매체' 다. 따라서 매체의 본질은 '인간의 확장'에 있다. 『미디어의 이해』에 붙은 부제가 '인간의 확장'인 이유가 여기에 있다. 맥루언이 매체를 인간의 신체 혹은 감각을 확장시키는 수단으로 정의하는 것은 전혀 이상하지 않다. 그리고 맥루언이 '인간의 확장'에 기여한 일등공신인 기술(technology)을 매체와 동일시하는 것도 당연해 보인다.

그러나 여기엔 우리가 반드시 피해야 할 오해의 가능성이 숨어 있다. 오해란 다름 아닌 매체 혹은 기술을 인간 주체의 단순한 발명품이며, 중립적인 도구라고 여기는 것이다. '도구주의적 기술관'이라고도 불리는 이 견해는, 인간과 세계를 매개하는 방식으로서의 기술이 인간과 세계의 관계방식의 변형을 통해서 인간과 세계 자체의 이미지를 다시 변형시키게 되는, 이른바 '기술의 소외현상'을 반영하지 못한다. 기술은 단순히 인간을 위해 존재하는, 인간에게 종속된 수단에 불과한 것이 아니다. 기술에 인간이 의존하면 할수록 인간이 도리어 그것에 얽매이고 구속된다. 따라서 이러한 전도현상은 도구주의적 기술관을 논박한다. 매체에 국한시켜서 말하면, 앞장에서 논의되었던 것처럼, 사람들이 흔히 콘텐츠를 메시지라고 여기는 것도 바로 이러한 도구주의적 기술관 때문이다. 타인을 포함하여 외부 대상들과 상호 작용하기 위해서 인간이 사용하는 기술은 그렇게 단순하지도 중립적이지도 않다. 직접 맥루언의 얘기를 들어보자.

> 매체는 환경을 바꿈으로써 우리의 지각작용의 독특한 비율을 야기시킨다. 어떤 감각기관의 확장이든지 그 확장은 우리가 사고하고 행동하는 방식 그리고 지각하는 방식을 변화시킨다. 이러한 비율이 변화하면 사람도 변화되기 마련이다.[11]

여기서 맥루언의 논점은 두 가지다. 첫째는 매체가 우리의 삶의 환경을 규정한다는 점이다. 인간의 삶을 구성하는 경험은 주체로서의 인간과 객체로서의 대상들과의 순수한 만남이 아니다. 인간과 세계가 따로 각각 존재하다가 매개 수단을 통해 상호 작용이 시작된다는 이야기는 너무나 소박하다. 인간은 이미 특정한 매체 아니 기술을 가진 인간이며, 그 매체 또한 비록 인간에 의해 만들어졌다고 하더라도 상관자로서의 세계와 별개로 만들어진 것이 아니다.

따라서 인간, 매체, 세계가 이미 한 배를 타고 있는 것이며, 그것이 원초적 환경이다. 현재와 같은 고도의 기술문명에서라면 차라리 기술 혹은 매체가 새로운 인간환경을 만들어낸다고 말하는 것이 옳을지 모른다. 왜냐하면 기술은 일정한 단계에 도달할 경우 인간의 사용을 기다리는 수동적 도구의 수준을 넘어서 오히려 그것이 인간과 세계의 이미지를 형성시키는 주체적 역할을 수행하기 때문이다. 가공할 만한 사실은 인간이 그러한 매체의 생식기관 노릇을 하고 있다는 점이다.

> 생리학적으로 볼 때, 기술(혹은 다양한 방식으로 확장된 신체)을 정상적으로 사용하는 사람은 그 기술에 의해 끊임없이 변형되고, 다시 그의 기술을 새롭게 변형하는 방법들을 찾아낸다. 마치 벌이 식물계의 생식기이듯이 인간은 말하자면 기계세계의 생식기로서 언제나 새로운 형태들을 수태하고 진화시키는 것이다. 기계세계는 인간의 소망과 욕구를 촉진시킴으로써, 즉 인간에게 부를 제공함으로써 인간의 사랑에 보답한다.[12]

이는 기술이 단순히 수동적인 도구에 불과한 것이 아니라 인간과 세계의 이미지를 재형성하는 적극적인 역할을 담당한다는 말이다. 새로운 기술이 새로운 환경을 형성하고, 우리 인간은 이러한 틀 속에서 다른 대상들과 접촉할 수밖에 없다. 그리하여 기술은 인간경험의 배경 혹은 틀의 일부가 된다.

둘째 논점은 매체의 사용에서 초래되는 감각기관의 확장이 인간의 지각구조를 변형시켜 궁극적으로는 경험의 총체적 변화를 야기하게 된다는 것, 말하자면 '매체에 의한 경험의 변화'이다. 우리는 여기서 단순히 경험의 양적 확대가 아니라 경험 자체의 총체적 변화양식에 주목해야 한다. 우리가 특정한 매체를 사용할 경우, 그 매체는 콘텐츠를 나르는 그 자체의 물리적 과정과 방식으로 사용자들의 감각을 확대 혹은 축소시킴으로써 인간의 지각구조의 변동을 초래한다. 그리고 이러한 지각구조의 변동은 궁극적으로 세계에 대한 인간의 경험방식과 경험내용의 총체적 변화를 수반하게 될 것이다. 인간 신체 혹은 감각의 확장으로서 매체가 야기하는 인간의 지각구조 변화, 그리고 더 나아가서 사고 및 행동 양식의 변화, 바로 이것이 '메시지' 다. 매체가 '인간의 신체적 혹은 감각적 기능을 확장시키는 모든 수단' 으로 정의된다면, 그것이 갖는 일차적인 메시지는 그러한 확장에 으해 야기되는 '인간의 지각구조의 변화' 이며, 이는 다시 사회적 차원에서의 변동을 함축하게 된다. 맥루언이 '메시지' 를 "미디어나 기술이 인간사에 가져다줄 규모나 속도 혹은 유형의 변화", 혹은 더 간단히 매체의 '정신적 · 사회적 결과' 로 정의하는 것도 이 때문이다.[13]

그렇다면 매체를 통한 신체적 기능의 확장이 어떻게 그 매체의 사용자 개인의 의식에 영향을 미치는가? 그리고 나아가 이것이 어떻게 사회에 영향을 미치게 되는가? 맥루언이 주장하는 매체에 의한 지각구조변화의 원리는 그가 나르시스적 혼수상태(Narcissus narcosis) 또는 '지각마비의 원리(principle of numbness)' 라고 부른 것에서 함축적으로 묘사되고 있다. 맥루언은 새로운 매체의 등장으로 야기되는 최초의 감각적 효과는 지각의 마비현상이라고 말하면서 이를 우리가 잘 알고 있는 나르시스 신화에 비유해서 설명하고 있다.

그리스의 나르시스에 관한 신화는 '나르시스' 라는 말이 보여주듯 인간이 경험하는 사실과 직접적인 관계를 맺고 있다. 이 말은 혼수상태나 감각마비를 의미하는 그리스어 '나르코시스' 에서 파생된 말이다. 젊은 나르시스는 물 속에 비친 자기 모습을 다른 사람으로 착각했다. 이처럼 거울을 통해 자신을 확장할 경우, 그 자신의 확장된 이미지나 반복된 이미지를 스스로 제어하기 전까지는 그 지각이 마비상태에 빠진다.[14]

맥루언은 수면 혹은 거울에 비친 모습이 자기 자신임에도 불구하고 나르시스가 이를 알아챌 수 없었던 것은 그의 지각능력이 이미 그 수단에 의해 마비되었기 때문이라고 말한다. 이미 자기확장에 스스로를 적응시키고 그와 밀착되어 하나가 되어버린 나르시스에겐 에코(Echo)의 유혹적인 목소리도 허사였다. 이 신화에서 수면 혹은 거울이 매체라면, 그로 인해 마비된 것은 나르시스의 지각이다. 또 거울에 비친 나르시스는 매체에 의한 그 자신의 확장이고, 단절이다.[15]

이처럼 맥루언은 매체에 의한 인간의 확장은 인간을 감각마비의 상태에 빠뜨린다고 주장하는데, 지각마비의 유비적 사례로 신경생리학적 현상들을 도입함으로써 그 설득력을 강화한다. 신경생리학적으로 중추신경은 신체의 평형유지를 위해 여러 기관들을 조정하고, 제어하는 기능을 담당한다고 한다. 이 기능을 위협하는 것은 모두 봉쇄되거나 단절되어버린다. 예를 들어, 뜨거운 물체에 닿을 경우 중추신경은 밀려오는 자극의 부담으로부터 자기를 방어하기 위해 손상된 기관이나 감각을 단절, 분리하는 방법을 사용한다. 처음에는 느끼지 못하다가 일정한 시간이 지나서야 서서히 고통을 느끼게 되는 것도 이 때문이다.[16] 따라서 '마비'는 생리학적으로, "과다한 자극이 신체에 가해져 스트레스를 일으킬 때, 중추신경의 조직이 상해를 일으키는 기관이나 감각, 기능을 단절하거나 고립시키는 전략"이라고 말할 수 있다.[17] 이러한 미시적 생리 메커니즘을 크게 확대시키면 맥루언이 상정하는 매체에 의한 지각구조변화의 원리가 드러난다. 새로운 물리적 자극과 그에 적응하기 위한 중추신경의 작용은 새로운 매체의 출현과 그 적응과정으로서 지각마비현상에 상응한다. 매체에 의한 지각구조의 변화는 문화적 차원의 거시적 과정이라는 점이 다를 뿐이다. 이를 두고 맥루언은 다음과 같이 말하고 있다.

> 표음 알파벳에서 컴퓨터에 이르기까지 모든 미디어는 인간에게 심대하고 영구한 변화를 일으키고 인간환경의 성격을 바꾸는 인간의 확장이다. 이와 같은 확장은 특정 기관, 감각 또는 기능에 대한 일종의 격화이자 확대라고 할 수 있다. 이러한 확장이 발생하면 중추신경계는 영향을 받은 부위를 자기보호적 마비상태에 빠지도록 만든다. 이것은 그 부위에서 일어나고 있는 것을 알아채지 못하도록 차단하고 마취시키는 과정이다. 마치 이는 쇼크나 스트레스 상황에 있을 때 신체에서 일어나는 과정이나, 프로이트가 말하는 억압적 상황에서 우리가 내적으로 경험하게 되는 과정과 흡사하다. 나는 이와 같은 독특한 자기 최면의 형태를 나르시스적 혼수상태라고 부른다. 이는 마치 물고기가 물을 의식하지 못하듯이 우리 인간이 새로운 기술의 정신적·사회적 효과를 전혀 알아채지 못하도록 하는 일종의 행동양식이다. 그 결과 새로운 미디어가 야기한 환경이 우리의 당연한 삶의 환경이 되어버리고 우리의 감각균형을 변화시키는 바로 그 시점에 가서도 우리는 여전히 미디어에 의한 확장을 인식하지 못하게 된다.[18]

지각마비현상은 꼭 생리학적 유추를 통해서가 아니더라도 우리에게 친숙한 도구적 경험들을 통해서 설명 가능하다. 현미경을 사용해서 책상 표면을 관찰한다고 가정해보자. 이 상황은 광학기술을 매개로 한 지각상황의 전형적인 예라고 할 수 있다. 현미경은 책상 표면의 미세한 조직구조와 주변의 티끌 등에 관한 시각적 경험을 가능케 한다. 이 경험은 우리의 육안으로는 할 수 없었던, 어쩌면 새로운 대상에 대한 체험이다. 이는 우리의 신체, 즉 눈 혹은 시각의 확장을 통해서만 가능하다. 그렇다면 여기서 어떤 지각마비현상이 발생하는가? 그것은 경험의 확대 이면에 놓여 있는 축소적 측면을 주목함으로써 이해할 수 있다. 이 예에서 보면, 처음에 우리의 눈과 책상의 표면 사이에는 일정한 거리가 존재했다. 그러나 그 거리는 현미경이 개입하면서 사라지고 만다. 현미경을 통해 우리의 눈은 책상 표면에 아주 가깝게 밀착하기 때문이다. 또 원래 육안으로 볼 수 있었던 빈틈없고 딱딱한 표면은 간데없고 구멍투성이의 거칠고 성긴 표면만이 보인다. 이러한 경험의 변화는 눈에 현미경을 가져다 대는 순간부터 생겨나기 시작한다. 육안은 더 이상 존재하지 않는다. 우리의 눈은 이미 현미경에 의해 확장되어 엄청나게 커졌기 때문이다. 여기에 한 가지 가정, 즉 실제와는 달리 우리의 눈에서 현미경을 떼어내는 일이 불가능하다는 가정을 추가해보자. 그럴 경우 현미경을 들이댄 상태의 지각상황은 훨씬 첨예해진다. 이제 우리의 눈은 현미경의 렌즈와 합쳐진 '기술 눈'이다. 그리고 이 눈을 통해서 보이는 것만이 대상이며, 세계다. 이 대상은 '현미경을 통해 본 대상'이 아니라 실제의 대상이다. 왜냐하면 우리는 이 모든 상황, 즉 현미경이란 기술의 사용과 함께 형성되어버린 지각환경을 의식하지 못하기 때문이다. 이것이 지각마비다. 자신의 눈이 확장되었음을 자각하지 못하는 상황이 마비이며, 또 그 결과로 기술 눈으로 보는 것만을 인식하게 되는 것이다. 기술을 통해 우리의 눈이 과도하게 확장된 나머지 그 눈에 보여진 대상만을 바라볼 뿐이다.

사실 기술 눈으로 보는 대상은 기술을 통해 형성된 이미지에 불과하다. 그러나 현재의 조건에서 지각할 수 있는 것은 그 이미지뿐이다. 이런 상황에서 그 이미지에 투영된 기술과 확장된 자기 자신은 망각되고 만다. 이는 자신을 '외화' 또는 '타자화' 하는 것이다. 그 이미지 속에 투영된 자신의 일부를 망각하고 타자화하는 것이야말로 자기 자신과의 단절인 셈이다. 맥루언은 나르시스 신화의 비유에서 거울에 비친 나르시스의 이미지가 그 자신의 확장이며 단절이라고 말한 바 있다. 여기서 확장이 곧 단절인 이유는, 거울 속의 이미지 또한 나르시스 자신(확장된 나르시스)이지만 그 자신으로부터 시각적으로 분리되어 타자화되기 때문이다. 마찬가지로 우리가 현미경을 통해 형성된 그 대상의 이미지에 함몰되는 것은 기술을 통해 우리 자신이 확장되고 동시에 단절된 결과, 즉 마비현상이라고 말할 수 있다.

지각마비에 관한 이상과 같은 설명이 받아들여질 수 있다면, 이제 그것은 우리의 일상적 삶 도처에 잠재해 있다고 보아야 한다. 현미경이 아니더라도 인간이 자신의 신체 혹은 감각의 한계를 극복하기 위한 도구는 셀 수 없이 많기 때문이다. 다만 위의 예처럼 눈에서 현미경을 떼어내는 일이 불가능해지는 상황이 과연 현실적으로 존재하느냐가 문제일 것이다. 그 답은 인간의 삶이 얼마나 기술에 의존하고 있

는가에 달려 있다. 다시 말해서, 기술이 인간의 의식에 미치는 영향
의 정도는 그 기술에 대한 인간의 의존도에 달려 있다. 예컨대 자동차
가 나타나기 전에는 아무도 자동차를 원하지 않았으며, 텔레비전 프
로그램을 보기 전에는 아무도 텔레비전에 관심을 갖지 않았다. 그러
나 현재의 우리는 이런 발명품 없이는 단 하루도 지내지 못한다.

　이처럼 엄청난 수요의 세계를 스스로 만들어내는 것이 기술의 위
력이라면, 지각마비는 그것이 우리의 신체 혹은 감각을 확장시킴으로
써 야기되는 결과적 현상이라고 보아야 한다. 즉, 한번 확장된 우리
의 감각은 그것을 계속해서 사용하기를 강렬히 원한다는 것이다. 자
동차로 확장된 우리의 발은 더 넓은 곳으로 더 여러 곳으로 떠나기를
강요하며, 텔레비전을 통해 확장된 우리의 중추신경은 텔레비전 방영
시간의 연장을 요구한다. 이는 기술이 우리 신체의 일부가 되어 있기
에 발생하는 현상이다. 그리하여 맥루언같이 기술이 삶과 세계를 형
성하는 우리 자신의 일부라고 믿는다면, 지각마비의 가능성은 우리의
삶 전반에 편재한다고 말할 수밖에 없을 것이다.[19]

　맥루언에게 지각마비의 원리는 그것이 특정 감각에서 시작되어
그로부터 지각구조 전반에 작용한다는 점 때문에 더욱 중요하다. 우
리의 신체적 생리가 그러하듯이 우리의 의식이 유기체적 · 공감각적
지각구조를 지니고 있다면, 지각마비는 특정 감각의 내부에서만 고립
적으로 발생할 수 없다. 맥루언에 따르면, 원래 인간의 지각구조는
다섯 개의 감각이 일정한 비율로 섞여 조화를 이루고 있다. 그런데 매
체는 콘텐츠를 나르는 그 자체의 물리적 과정과 방식으로 인해 사용
자의 특정한 감각을 확대 혹은 축소시킨다. 이는 기존의 균형상태의

감각비율의 변동을 초래할 수밖에 없다.[20] 감각비율이 달라진다는 것은 곧 지각구조의 변화를 뜻한다. 일정한 감각비율에서 특정한 감각이 확장됨으로 인해 감각비율의 변동이 생겨나고, 다시 균형을 이뤄내는 과정에서 인간의 지각구조가 달라진다는 것이다. 그리고 이러한 지각구조의 변동이 궁극적으로 세계에 대한 인간의 경험방식과 경험내용의 총체적 변화를 수반하게 된다.

맥루언은 이를 두고 "발명이나 기술은 우리의 신체를 확장하거나 자기 단절한 것인데, 이 같은 확장에서는 신체의 다른 기관이나 확장물 사이의 새로운 결합비율이나 새로운 균형상태가 필요하게 된다"라고 말한다.[21] 이렇게 보면 지각마비는 구조적이고 복합적인 양상을 띤다고 볼 수밖에 없다. 일차적으로는 확장된 특정 감각에서 직접적으로 일어나고, 또 감각비율의 변형을 통해 다른 감각들의 억압 혹은 폐쇄로 나타난다. 에코가 그 아름다운 목소리로도 나르시스의 사랑을 얻는 데 실패한 이유는 그의 시각뿐만 아니라 청각도 억압되었기 때문이다. 맥루언이 각각의 매체가 차별적인 지각구조를 형성하고 이에 수반되는 차별적인 사회적 효과를 가진다고 말하는 것은 지각마비의 메커니즘이 감각비율의 전반적 또는 구조적 변화를 야기하기 때문이다. 감각비율의 변동은 이제 매체가 야기하는 지각구조의 변화 메커니즘의 실체적 내용을 이루게 된다. 맥루언은 『구텐베르크 은하계』에서 다양한 사례를 제시함으로써 매체와 인간지각구조가 맺는 인과적 상관관계에 관한 자신의 통찰을 보여주고자 했다. 거기서 그 설명적 고리의 역할은 담당하는 것이 바로 '감각비율'이다.[22]

새로운 기술을 처음 경험하게 되는 사람들은 그 기술이라는 것이 문자든 혹은 라디오든 간에 이에 최대로 단호하게 반응하는데, 왜냐하면 눈이나 귀의 기술적 확장은 즉시 새로운 감각비율을 형성하기 때문이다. 그리고 이러한 감각비율은 사람들에게 놀랄 만큼 새로운 세계를 제공하고, 이는 모든 감각 사이에 강력한 새로운 '폐쇄'나 상호작용의 새로운 패턴을 낳기 때문이다.

3 핫미디어와 쿨미디어

지각구조의 변화 메커니즘을 설명하는 데 핵심이 되는 감각비율의 변동을 구체적인 매체의 차별적인 효과로 설명하기 위해 맥루언이 고안한 독창적이고 흥미로운 개념이 핫미디어와 쿨미디어이다. 하지만 맥루언 이론을 통틀어 사람들을 가장 혼란스럽게 만든 것도 바로 이 개념이다. 어떤 이는 이러한 매체의 이분법적 구분 자체가 지나치게 자의적 해석의 결과라고 지적하기도 하고 또 어떤 이는 기술결정론에 매몰된 맥루언의 전형적 오류를 보여주는 대목이라고 말하기도 한다. 때문에 이 개념은 종종 그의 주장을 비판하고자 하는 이들의 만만한 표적이 된다. 그렇다면 맥루언이 이 개념을 통해서 우리에게 하고자 했던 이야기는 무엇일까?

일상적인 용례로 볼 때 어떤 것에 대하여 '핫하다' 또는 '쿨하다'라고 말할 때 주로 우리가 판단의 근거로 삼는 것은 대상이 담고 있는 내용이다. '뜨거운 논쟁'은 논쟁이 이뤄지는 형식보다는 참가자들이 주고받는 주장과 반박의 내용을 지시한다. 어떤 사람이 '쿨하다' 는 것은 그 사람의 성격을 두고 하는 말이다. '핫한' 사람은 일반적으로 다혈질이거나 적극적인 사람이다. 구분하자면 모두 내용과 관련된다. 하지만 맥루언이 매체를 '핫' 과 '쿨' 로 구분할 때 염두에 두고 있는 것은 매체에 담겨 있는 내용이 아니라 기술로서의 매체 그 자체이다. 모든 매체는 특정 기술의 산물이며 그 매체가 담게 되는 내용의 성격 역시 그 기술의 속성으로부터 자유로울 수 없다. 말을 글쓰듯이 할 수 없는 것과 같은 이치이다. 각각의 매체에 담기는 내용은 그 매체의 문법에 따라 각기 다른 꼴을 갖는다. 동일한 문제를 기사화한다고 하더라도 신문이 그것을 다루는 방식은 텔레비전 뉴스 프로그램의 방식과 다를 수밖에 없다. 흔히 신문을 정보, 본질, 이성 등과 짝지우는 반면 텔레비전을 오락, 스타일, 감성 등과 연관시키는 것도 차별적인 미디어 문법의 존재를 지적하는 것에 다름 아니다. 따라서 매체가 우리 인간의 삶에 영향을 미친다면 그것은 내용보다는 매체가 가진 기술적 속성이 제1원인으로 작용하기 때문이다. 매체가 메시지인 이유도 여기에 있다. 맥루언이 매체를 '쿨' 과 '핫' 으로 구분하는 것은 바로 매체가 메시지일 수밖에 없는 이유를 보다 구체적인 방식으로 밝히고자 함이다.

그렇다면 무엇이 매체를 '쿨' 또는 '핫' 하게 만드는가? '쿨' 미디어와 '핫' 미디어를 구분짓는 기즌은 과연 무엇일까? 이점에 있어서 맥루언은 비교적 명확한 답을 제시하고 있다. 맥루언이 제시하는 첫 번째 원칙은 매체의 기술적 속성에 따른 정세도(definition)의 차이이다. 그에 따르면 정세도란 '데이터가 충만한 정도' 즉 특정 매체가 담아낼 수 있는 정보의 양을 의미한다. 각각의 매체는 담아낼 수 있는 정보의 양에서 차이가 난다. 만화는 사진에 비해 극히 적은 시각적 정보를 제공할 수밖에 없음으로 낮은 정세도의 매체이다. 반면에 사진은 만화에 비해 높은 정세도를 가진 매체이다. 이때 높은 정세도를 갖는 매체는 핫미디어, 낮은 정세도의 매체는 쿨미디어이다.[23] 맥루언에 따르면 텔레비전 모니터에 맺혀지는 상은 정지된 사진과 같이 완전한 이미지를 우리에게 전달하지 않는다. 그것은 수많은 점들의 모자이크로 구성된 불완전한 이미지이다.[24] 이는 고도의 밀도를 지닌 영화의 이미지와도 전혀 다르다. 이런 점에서 텔레비전은 이미지를 전달한다는 점을 제외하고는 사진이나 영화와 공통점이 전혀 없는 다른 부류의 매체이다.[25] 영화는 움직이는 대상을 기계적인 방식으로 분류해서 필름에 담고 이를 이어 붙임으로써 유기적인 동작을 재현해 낸다는 점에서 매체적 특성을 지닌다. 따라서 영화는 좋은 사운드 시스템을 갖춘 어두운 극장에서 쉴새없이 팝콘을 먹어가면서 다른 사람들과 함께 집단적으로 관람하는 무엇으로 그 특징을 이야기할 수 없다. 텔레비전 역시 거실에서 잡담을 나누며 이리저리 채널을 옮겨 다니면서 시청하는 것이라는 식으로 정의되는 것이 아니라 작은 화소들이 모자이크로 구성된 이미지라는 식으로 정의된다. 맥루언이 "텔레비전을 통해서 보는 영화는 이미 영화가 아니라 텔레비전"이라고 지적하는 것도 바로 이런 이유에서이다. 마찬가지로 기술의 발달에 힘입어 텔레비전의 화질이 영화처럼 된다면 더 이상 그것을 우리가 지금 사용하는 의미로서의 텔레비전이라고 부를 수 없을 것이다.[26] 따라서 비록 우리 경험의 직접적인 대상이 되는 것은 매체의 내용이지만, 이때 내용이라는 것이 이미 그것을 담아내는 용기에 의해 편향적 속성을 지니게 되고 그렇다면 결과적으로 우리 경험의 본질적 성격을 좌우하는 것은 내용이 아니라 매체라는 이야기가 성립된다.

영화와 텔레비전에 대한 설명에서 알 수 있듯이 맥루언의 핫/쿨의 구분이 사용 감관의 유형에 따른 구분만은 아니다. 예컨대 동일한 문자로 표현된 글이라 하더라도 그것이 인쇄된 것인지 아니면 손으로 씌어진 것인지에 따라 그 특성은 다를 수 있다는 말이다. 청각에 의존한다는 점에서 라디오는 전화와 유사하다고 말할 수 있지만 라디오 정보는 전화와 비교해볼 때 훨씬 더 표준화되고 반복적이며 명료한 사람의 목소리를 통해서 전달되기 때문에 전화에 비해서는 '핫'한 매체이다. 만화 역시 사진과 마찬가지로 시각 의존적 매체이지만 같은 이유로 해서 사진보다 '쿨'한 매체로 구분된다.

이렇게 본다면 맥루언이 지적하고자 하는 매체에 의한 인간지각과 집단적 심리의 변화는 특정 감관의 사용 여부가 유일한 요인이라고 볼 수 없다. 동일 감관 의존매체라 하더라도 매체의 특성과 그에 따른 효과에 있어서는 나름의 자율성을 가질 수 있다는 말이다. 따라서 맥루언이 인류의 역사를 구어, 필사, 인쇄, 그리고 전자 시대로 구분하는 것은 감관에 따라 구분되는 매체유형의 전반적이고 획일적인 영향에 대해 말한다기보다는 각 범주 내에서 주도적인 보편성을 확보한 특정 매체의 사회적 영향력을 지적한다고 보아야 할 것이다. 그리고 그 매체가 그 사회에 주는 변화의 내용은 그 매체가 '쿨'한가 '핫'한가에 달려 있다. 그가 전자매체시대를 기술할 때 염두에 두고 있었던 매체는 당시 그 보편적 사용이나 파급력에 있어서 주도력을 확보

했던 텔레비전이라는 쿨미디어였음은 두말할 나위가 없다. 맥루언이 인류의 역사 속에 존재했던 매체는 다양했을지 몰라도 역사적으로 의미를 갖는 것은 몇몇 매체에 국한된다고 지적하는 것도 이런 이유에서이다.

매체의 상대적 자율성이라는 문제에 이르면 자연히 한 사회 내에 존재하는 다양한 매체들간의 관계와 상대적 영향력에 대한 의문이 제기된다. 한 매체가 사회적 주도력을 확보하는 것은 어떤 과정을 통해서 이뤄지는가? 그리고 기존에 주도적이었던 매체의 사회적 영향력은 어떤 과정을 거쳐 일시에 무장 해제되어 버리는 것인가? 맥루언은 매체의 사회적 주도력은 각 매체가 담당할 수 있는 정보확산의 속도에 달려 있다고 답한다. 실제로 인간이 사용해 온 커뮤니케이션 매체들의 발전과정은 시간적 그리고 공간적 정보확산력의 증대라는 방향으로 줄기차게 진행된 것이 사실이다. 구어시대, 필사시대, 인쇄시대, 전자시대 등의 구분은 각 매체가 감당할 수 있는 정보전파력의 시대적 변화를 지시하는 한 방법이기도 하다. 그리고 더 높은 수준의 정보파급력을 가진 매체의 등장은 기존의 주도적인 매체의 기능을 다른 것으로 대체시킴으로써 그 자리를 대신한다.

한 시대, 한 사회 내에 존재하는 매체는 실로 다양하다. 그리고 각각의 매체는 나름대로의 효용과 기능을 가지고 있다. 하나의 매체가 등장했다고 해서 기존의 매체가 완전히 소멸하는 것은 아니다. 문자의 사용이 구어적 담론을 소멸시키지도, 전화가 편지를 소멸시키지도, 텔레비전이 읽기와 쓰기를 완전히 소멸시키지도 못했다. 어느 한 매체의 보편화가 사회변화를 야기시켰다고 보기에는 잔존하는 매체가 인간의 삶 속에서 차지하는 비중이 적지 않다. 따라서 맥루언이 지적하는 새로운 매체에 의한 의식과 문화의 변화는 새로운 매체의 등장이 기존의 커뮤니케이션 수단을 파괴함으로써 야기되는 결과라기보다는 기존의 매체가 가졌던 기능을 변화시킴으로써 귀결되는 효과이다.[27]

예컨대 문자의 등장과 그에 수반하는 변화는 문자의 사용이 구어적 담론을 완전히 파괴시킴으로써 발생했다기보다는 언어적 담론과 기억의 기능적 역학구조가 변화함으로써 야기된다. 전화의 보편화는 편지쓰기의 빈도와 기능에 분명한 변화를 가져왔다. 전자매체의 등장이 가져온 변화에 대해서도 동일한 설명이 가능하다. 이렇게 보면, 매체와 사회변화에 대한 맥루언의 주장은 다분히 체계론적 또는 생태론적 원칙에 입각하고 있다. 다시 말해서 하나의 새로운 요소가 기존 환경에 더해졌을 때 결과되는 것은 기존 환경과 하나의 새로운 요소의 합이 아니라 완전히 새로운 환경의 출현을 의미하는 것이다.

맥루언에게 인류의 역사란 새로운 핫미디어 또는 쿨미디어가 기존에 주도적이었던 매체의 자리를 차지하고 그 매체가 가졌던 사회적 영향력과 기능을 변화시킴으로써 결과적으로는 새로운 매체에 편향적인 새로운 사회적 의식이 생겨나게 되는 반복적 과정인 셈이다. 여기에서 우리는 맥루언의 매체에 대한 인식이 기존의 일반적 인식에 비춰볼 때 얼마나 파격적인가를 알 수 있다. 내용을 담아 전달하는 중립적 도구로서의 매체가 아니라 인간의 인식 그리고 사고를 형성하는 중요한 의미생성과정의 한 부분으로 매체를 파악해야 한다는 것이며, 맥루언의 매체관은 바로 여기에 그 뿌리를 두고 있다.

그렇다면 새로운 매체의 등장이 어떻게 인간지각방식의 변화와 사회적 변화를 야기시키는가? 맥루언은 "모든 매체는 우리 인간에게 가공된 인식과 자의적인 가치를 부여한다는 점에서 그 존재의 의미가 있다"고 지적한다. 그리고 이는 마치 우리를 둘러싼 환경이 우리의 생각과 삶의 방식을 결정하는 것과 동일한 방식으로 작용한다.[28]예컨대 영어 문화권에서 사는 사람과 중국어 문화권에 사는 사람은 상이한 인식체계를 가질 뿐 아니라 상이한 가치를 지향한다. 그리고 이는 우리가 전혀 의식하지 못하는 사이에 이뤄지는 매체의 효과이다. 맥루언이 종종 매체를 환경에 비유하는 것도 이런 이유에서다. 그렇다면 '핫'한 매체와 '쿨'한 매체가 어떻게 차별적으로 인간의식에 영향을 미치게 되는가?

맥루언은 먼저 매체의 유형이 매체 사용자측에 발생시킬 수 있는 첫 번째 효과는 참여의 정도라고 주장하고 있다. 각각의 매체가 담고 있는 정보의 차별적 양, 즉 정세도의 차이는 인간으로 하여금 내용을 이해하기 위해 쏟아야 하는 참여의 정도를 결정하게 된다. 핫미디어는 전달하는 정보의 정세도가 높기 때문에 사용자의 높은 참여를 필요로 하지 않는다. 반면 쿨미디어는 높은 참여를 요구한다.[29] 쿨미디어인 텔레비전은 핫미디어인 사진이나 영화보다 훨씬 높은 참여를 요구한다. 텔레비전 이미지는 영화나 사진의 이미지와 달리 밝고 어두운 점들로 이뤄진 모자이크식 그물눈이다. 따라서 텔레비전 영상은 매순간 우리로 하여금 그물눈 속의 빈 공간을 '강렬한 감각적 참여'로 채우도록 요구한다. 영화의 관객은 이미지를 이미 완성되어 있는 것으로 받아들인다. 이와 대조적으로 텔레비전 모자이크를 보는 이들은 그 영상이 기술적 제약을 받기 때문에 무의식중에 이것을 일종의 추상예술로 재구성하게 된다. 인쇄된 책은 필사본에 비해서 핫한 매체이다. 인쇄된 책은 독자가 책의 표준화된 그리고 반복적인 코드를 한번 이해하기만 하면 신속한 정보의 전달이 가능해진다. 반면에 독특한 시각적 스타일로 전달되는 필사본의 정보를 이해하기 위해서는 훨씬 더 많은 독자의 참여가 요구된다. 마찬가지로 여백의 미를 그 특성으로 하는 동양회화는 쿨한 속성을 가지는 반면 가시적으로 조직된 연속적 표현을 중시하는 서구회화는 핫한 예술이라고 할 수 있다. 모든 것이 이미 채워져 있는 서양회화와 달리 동양의 회화는 관람하는 이로 하여금 그 여백을 채우도록 요구한다. 그렇기에 각각의 예술적 표현은 관람하는 이로 하여금 서로 다른 수준의 참여를 요구한다. 이렇게 보면 맥루언이 사용하는 '쿨' 하다는 개념은 사람의 총체적 능력이 동원된 상태에서의 참여나 연루를, '핫' 하다는 것은 이러한 참여가 배제된 상태를 의미한다고 볼 수 있다.

맥루언이 핫한 매체와 쿨한 매체가 사용자측에 상이한 효과를 발생시킨다는 주장은 바로 각 매체가 요구하는 사용자측의 참여 정도의 차이에 근거한다. 매체에 따른 참여도의 차이가 매체사용자에게 매체편향적인 의식을 갖도록 한다는 것이 맥루언의 생각이다. 이렇게 보면 이 경우 인간이 매체에 의해 격게 되는 변화는 매체 그 자체의 직접적인 효과라기보다는 매체에 의해 규정된 내용의 효과라고 보아야 할 것이다. 하지만 맥루언의 글에서 참여가 의미하는 바가 정확히 무엇인지를 파악하기란 쉽지 않다. 매체 사용자의 무의식적 신경생리학적 반응을 가리킬 때도 있고, 경우에 따라서는 사용자측의 의식적 적극성 또는 능동성을 의미하기도 하며,[30] 또 어떤 경우에는 대상에의 감정이입[31]을 의미하고 있다. 하지만 이를 두고 맥루언의 자의적이고 비일관적인 개념사용의 전형이라고 비판하는 것은 맥루언을 잘못 이해한 결과이다. 오히려 맥루언이 제시하고 있는 참여라는 개념의 다양한 용례는 매체의 기술적 속성으로 인해 야기되는 효과의 다양한 수준들 간의 관계를 보여주고자 함으로 이해되어야 할 것이다. 다시 말해 매체의 물리적 속성이 인간의 심리적인 상태를 조정하고 나아가 이것이 집단적 심리로 자리잡게 되는 일련의 과정들을 보여주고 있다는 말이다. 바로 이런 점에서 핫/쿨미디어의 구분은 맥루언 매체론의 핵심을 이루고 있는 감각론의 실체를 이해하는 데 매우 중요한 의미를 갖는다. 즉 핫/쿨미디어는 매체의 사용과 더불어 발생하는 감각비율의 재조정, 그리고 이로 인해 인간에게 부여되는 새로운 지각습관, 나아가 사회가 경험하게 되는 총체적 변화를 설명하기 위한 분석적 도구로서 그 의미를 갖는다.

4 매체의 유형과 인간의 지각

핫/쿨 구분에서 우리가 주목해야 할 점은 각각의 매체가 인간의 감각에 작용하는 차별적 방식이다. 즉 핫한 매체는 단일감각의 확장을, 쿨한 매체는 감각적 통합성을 중시하는 매체이다. 맥루언은 핫미디어란 "높은 정세도로 단일 감각을 확장하는 매체"라고 설명하고 있다. 반면 쿨한 매체는 특정 감각의 우월적 지위를 허락하지 않고 다양한 감각의 균형적 사용을 장려하는 특성을 갖는다. 즉 매체의 기술적 속성이 인간의 의식에 미치는 영향은 매체를 사용하는 과정에서 인간이 의존해야 하는 감각의 종류뿐 아니라 다양한 감각의 균형적 사용 여부에 달려 있다. 인쇄매체가 핫한 매체로서의 효과를 야기하는 이유는 단지 그것이 시각에 의존한다는 사실보다는 감각 상호간의 교류를 가로막는다는 사실에 있다. 마찬가지로 쿨한 구어적 세계의 특징은 그 세계 속에 사는 사람들의 다감각적 지각의 보편성으로부터 나오는 것이다.

모든 매체에 의한 최초의 효과는 가장 미시적인 수준에서 나타난다. 맥루언은 대부분의 기술이 특정 감각의 증폭을 가져온다고 지적한다.[32] 이때 증폭이라는 말 속에는 기술에 의해 여러 감각이 분리되는 과정이 내포되어 있다. 기술에 의한 특정 감각의 확장은 오감이 모두 참여하여 만들어내는 만화경이 아니라 일종의 뒤틀어진 새로운 감각체계의 형성이다. 라디오는 청각의 확장이며 높은 정세도의 사진은 시각의 확장이다. 동시에 이는 '감각공동체'로부터 이들 감각을 분리해내는 과정이기도 하다. 그리고 인류 역사에서 그 확장의 효과가 그 어느 매체보다도 컸던 표음문자는 시각확장과 그로 인한 '감각공동체' 붕괴의 대표적 기술로 꼽을 만하다.[33] 알파벳의 발명은 이전의 "여러 공간의 복합적이고 유기적인 상호 작용을 하나의 단일 공간–시각적 공간–으로 번역 혹은 환원한 것"이다.[34] 따라서 표음문자는 인간이 가진 여러 감각을 하나의 시각적 기호로 환원함으로써 감각들 간의 유기적 관계를 불가능하게 만든다. 뿐만 아니란 인쇄물이 요구하는 것은 통일된 모든 감각영역이 아니라 고립되고 분리된 시각능력뿐이다. 맥루언이 인간이 가진 "감각들을 서로 분리시키고, 실체의 질감을 느끼는 촉각적 공감각 속에서 다양한 감각들이 상호 작용하는 것을 가로막는 것이 구텐베르크 기술이 낳은 중요한 영향 중 하나"라고 역설하는 것도 이 때문이다. 만일 어떤 기술이 한 문화권 내에 도입되어 우리의 오감 가운데 어떤 하나를 강조하고, 그것이 전체 감각들 가운데 차지하는 비율을 상승시키게 되면 오감 사이의 지배 비율은 바뀌게 된다. 그렇게 되면 우리는 예전과 같이 느끼지 못하게 되며, 우리의 눈, 귀 혹은 다른 기관의 감각은 전과 같을 수가 없게 된다. 시각장애자의 경우를 예로 들어보자. 시각장애자는 일반인과 달리 주로 청각과 촉각에 의존하여 주변 세계를 지각한다. 어느 날 그가 개안수술을 받아 시각을 회복할 수 있게 되었다고 상상해보자. 이 경우 그가 세계를 지각하는 방식이 이전의 지각방식과 동일하다고 말할 수 있겠는가? 새로운 매체의 등장은 이 경우 개안수술과 유사한 효과를 발생시킨다고 볼 수 있다. 다시 말하면 특정 매체의 등장으로 한 감각의 강도가 고도로 강화될 때 다른 여타 감각들은 마취상태에 빠지게 된다. 핫한 매체란 하나의 감각이 지배적 지위를 갖도록 하고, 이와 더불어 여타 감각을 폐쇄시킴으로써 일종의 최면상태를 야기하는 것을 말한다.[35] 기술에 의한 특정 감각의 확장이나 구체화로부터 결과한 인간감각능력의 분절은 표음문자의 등장과 함께 시작되었으며 인쇄술이 출현한 이후에는 보편적인 인간지각방식으로 자리잡는다. 이런 점에서 맥루언은 모든 기술이 우리 인간으로 하여금 그것을 사용하는 대가를 지불하도록 한다는 사실을 누구보다 먼저 알아차리고 있었다. 수레바퀴든, 알파벳이든 혹은 라디오든 간에 특별한 기술적인 도구에 대해 우리가 지불해야 하는 대가는 이들 '감각의 거대한 확장'이 폐쇄적 체계를 만든다는 사실이다.[36] 이렇게 본다면 인쇄술이 가져다준 획기적 성과에 근대인들이 경탄하던 바로 그때가 자신이 인쇄술에 족쇄채어져 불구로 전락하는 순간이라는 사실을 근대인들은 전혀 눈치채지 못하고 있었던 셈이다.

핫한 인쇄시대 인간의 전형적인 특징은 여타 감각으로부터 분리된 채 시각만을 통한 지각을 한다는 것이다. 그런데 여기에는 당연한 의문이 뒤따른다. 왜 시각을 통한 지각이나 경험이 문제가 되는가? 맥루언이 시각에 의존한 인간지각이 불완전하고 왜곡된 것이라고 주장하는 근거는 어디에 있는가? 여기에 대한 답을 구하기 위해서는 시각구조 또는 시각 메커니즘에 대한 약간의 논의가 필요하다.

'보는 것이 믿는 것이다'라는 말이 대변해주듯이 우리는 일반적으로 우리 눈을 통해 인지되는 것이 사물의 객관적인 형상이라고 믿는다. 영어의 'see'라는 단어가 '알다'라는 의미를 함께 가지고 있다는 사실에서도 보이는 것에 대한 절대적인 신념을 확인할 수 있다. 이 점에서는 '백문이 불여일견'이라는 우리 속담도 결코 뒤지지 않는다. 하지만 여기에서 염두에 두어야 할 점은 우리가 본다는 행위를 통해 파악한 대상은 우리가 생각하는 것과 같은 생생한 자연 그대르의 상이 아니라 우리의 주관적 인식행위를 거쳐 구성된 것이라는 사실이다. 본다는 것은 색채, 명암, 또는 형태라는 시각적 요소를 감지하는 단순한 체험으로부터 시작되지만 우리가 인식하여 파악한 것은 그 시각적 요소들을 나름대로 재조직화한 것이다. 즉 우리의 망막에 비추어진 형상과 인간이 보는 것, 좀더 정확하게 말해서, 본다고 믿는 것은 다르다는 말이다. 일반적으로 전자를 가리켜 시야라고 하고 후자를 시각세계라고 부른다. 본다는 것은 망막에 기록된 시각적 데이터를 처리하여 스스로의 시각세계를 만들어내는 과정이다.[37] 이러한 사실은 맹인으로 태어난 사람이 각막이식수술 이후 정상적인 사람이 보는 것과 동일한 상태가 되기까지 상당한 시간이 소요된다는 사실에서도 확인된다. 이는 시력을 회복하여 망막은 보고 있지만 시각세계를 만들어내지 못하기 때문이다. 따라서 본다는 것은 대상에 대한 객관적인 인지의 행위가 아니라 주관적인 인식의 행위이다. 자연히 일반적으로 말하는 정상적인 시각은 하나의 선택된 시각이고 현실세계는 우리가 생각하는 것 이상으로 유동적이고 다양한 모습을 띄고 있다.[38] 이렇게 본다면 시각에 의한 현실인식은 매우 불완전한 것이 된다. 존 버거(John Berger)가 사물을 "본다는 것은 선택이다"라고 말할 때 그가 지적하고자 했던 바도 이와 동일하다.[39]

사물에 대한 선택적 또는 자의적 지각구조를 극대화한 것이 원근법이라는 시각의 구조화 기술이다. 원근법은 공간을 정지시키고 어떤 하나의 정지된 임의의 점을 선택한 후 그것에 의해 공간요소들 간에 입체감을 부여하는 기법이다. 그리고 우리는 이러한 기법으로 표현된 이미지를 자연스럽게 받아들이고 있다. 하지만 이때 우리가 경험하는 것은 3차원적 환영이다. 인간의 최초의 시각세계는 매우 유동적이고 비일관적이며 "정확한 눈금 척도나 가지런한 형태의 도식 따위와는 무관한" 지각개념 위에서 이루어진다고 한다. 따라서 원근법은 "세계를 물질화시키고 시각을 통하여 세계를 정합적으로 이해"하려고 한 대표적인 사례라고 할 수 있다.[40] 이때 인간에게 3차원적 환영을 부여하는 것은 다른 감각들로부터 분리된 시감각이라고 말할 수 있다. 버거에 따르면 이러한 원근법의 시점은 "보는 사람의 눈을 중심으로 모든 것을 배치하는 것으로 마치 등대에서 비추는 빛과 같다"라고 지적한다. 그리고 사람들이 습관적으로 현실이라고 부르는 것은 바로 이 빛에 의해 비추어진 외곤에 지나지 않는다. 그의 말을 좀더 들어보자.

> 원근법은 하나의 눈을 시각적 세계의 중심에 놓는다. 모든 것을 하나의 안구의 초점을 향하여 집중시키기 때문이다. 시각적 세계는 우주가 신을 위하여 형성되었다고 믿고 있었던 시대와 마찬가지로 보는 사람을 위하여 배치하고 구성하였다. 원근법의 습관에 따르면 시각적인 상호성 따위는 존재하지 않는다. 신은 타인과의 관계에 있어서 자신의 위치를 정할 필요가 없다. 신은 위치 그 자체이기 때문이다. 원근법의 근본적인 모순과 신은 다르다. 어떤 시간에 한 장소에밖에 존재할 수 없는 한 사람이 보는 사람에게 말을 걸기 위하여 모든 현실 이미지를 짜맞추었다고 할 수 있다.[41]

맥루언이 시각이라는 하나의 감각에 의존한 지각을 강요하는 핫한 알파벳과 인쇄매체가 왜곡된 인식을 낳는다고 주장하는 것은 바로 시각이 가지고 있는 분절적이고 선택적인 속성과 관련이 있다. 알파벳과 인쇄기술은 인간의 삶 모든 영역에 걸쳐서 시감각에 패권적 위상을 안겨주었고, 시각에 전적으로 의존한 지각은 유동적이고 다양한 모습을 띠고 있는 현실세계에 대한 제한적인 경험만을 가능하게 한다. 그렇다면 "인쇄 매체의 마술에 걸린 동질화된 문자문화 사회의 사람들은 다양하고 비연속적인 모든 생활형태에 대한 감수성을 잃어버린다"는 맥루언의 주장은 근거 없는 이야기만은 아니다.[42] 에스키모인들이 문명인들과 달리 수십 종류의 눈(snow)을 식별할 수 있다는 사실도 그들이 문명인들과 달리 시각 의존적이지 않고 감각간의 상호 작용을 가능케 하는 '쿨'한 문화 속에 있었기 때문인지 모른다.

표음문자와 인쇄매체가 감각의 파편화를 주도해온 핫미디어라면 텔레비전은 무엇보다도 촉각을 확장시키는 매체라고 맥루언은 주장한다. 이때 그가 말하는 촉각이란 피부와 대상 간의 접촉만을 의미하는 것이 아니라 감각들 간의 상호 작용을 의미한다. 텔레비전을 통한 경험은 단편적인 데이터들에 대한 지각을 통해서 이뤄지는 것이 아니라 모든 감각이 동시에 개입하는 하나의 장(Gestalt)으로서의 인식이다.[43] 물론 이러한 것이 가능해지는 것은 텔레비전이 모자이크 구조를 갖는 쿨한 매체라는 데 그 이유가 있다. 기본적으로 모자이크 형태는 시각적 구조가 아니다. 눈에 보인다는 점에서는 시각적이라고 말할 수 있을지 모르지만 그것이 지각되는 방식은 시각적으로 구조화되지 않는다. 모자이크적인 것은 핫한 매체의 내용이 구성되는 방식과 달리 연속적이지도, 표준적이지도 그리고 반복적이지도 않다. 따라서 텔레비전 영상의 모자이크 형태는 시각적 지각의 특징인 지각의 단편화를 거부한다. 모자이크의 비연속적인 점들은 사람들로 하여금 이 점들로 포괄적인 이미지를 만들도록 끊임없이 요구한다. 그리고 이는 시각과 같이 점들에 대한 분리적 지각을 통해서는 불가능하다. 텔레비전이 촉각적 매체라고 맥루언이 주장할 때는 바로 시각적 지각구조와 대비되는 텔레비전의 전감각적 지각양식을 염두에 두고 있다.

　지금까지의 논의를 통해서 알 수 있듯이 맥루언에게는 새로운 기술의 출현은 '생물학적 사건'이다. 그리고 이것이 맥루언 이론의 독창성을 보여주는 대목이기도 하다. 그의 궁극적 관심사였던 기술과 사회변동의 문제 역시 인간이 기술로 인해 겪게 되는 내부적 변화로부터 비롯된다. "문화변동의 문제는 기술적 변동에 따라 발생하는 인간감각들 간의 비율변화에 관한 지식 없이는 불가능하다"고 지적하는 것도 이와 같은 이유에서다.[44] 즉 각 매체는 인간이 사용할 수 있는 특정 감각의 상대적 의존도를 확대 또는 감소시킴으로써 인간이 세계를 인식하는 방식에 영향을 미친다. 결과적으로 새로운 매체의 등장은 인간감각체계의 변화를 통한 인간인식의 변화, 그리고 나아가 사회적 변화로 연결된다는 것이 맥루언의 주장이다. 맥루언에 따르면 기술에 의해 형성된 새로운 감각비율은 "모든 감각들 사이에 폐쇄나 상호 작용의 새로운 패턴을 만들어내어" 인간에게 놀라우리 만큼 새로운 세계를 제공하게 된다.[45] 이와 같은 생물학적 충격은 전체 공동체 내의 모든 영역에서 새로운 지각습관의 형성으로 이어진다. 따라서 매체에 의한 진정한 혁명은 생물학적 충격으로 야기된 새로운 지각모형에 개인 및 사회적 삶이 적응해 가는 과정에서 발생한다고 볼 수 있다. 그리고 상이한 매체에 따른 생물학적 충격의 성격이 어떻게 달라지는가를 이해할 수 있게 해주는 것이 바로 맥루언이 제시한 매체감각론이다.

III

매체와 역사

1964년 『미디어의 이해』의 출간과 함께 맥루언은 하루아침에 유명인 사가 되었다. 미국 대학생들의 필독서 목록에 당당히 그 이름을 올렸고, 자신은 각종 강연과 텔레비전 프로그램에 초대되어 특유의 말재주를 뽐내고 다니기에 바쁠 정도로 이 책은 맥루언에게 갑작스런 명성을 안겨다주었다. 무명의 학자가 그처럼 빠른 시간에 유명인사의 반열에 이름을 올린 예도 그리 흔치 않을 것이다. 하지만 당시 맥루언의 명성은 대중스타로서의 성공이었지 학문적 성공은 아니었다. 많은 학자들에게 그는 혼란스럽고 무책임하며 경박스러운 인물로 인식되었다. 그를 멀리하는 것이 이롭다고까지 생각했을지 모른다. 그의 주장은 과학적·체계적 이론에 반하는 사례를 언급할 때나 등장하는 정도였다.

맥루언에 대한 비판과 폄하는 그를 미디어 이론가로만 치부해왔기 때문인지도 모른다. 맥루언 작업의 대부분은 커뮤니케이션 매체의 속성을 이해하고자 하는 노력이다. 그래서 맥루언은 "매체와 그것이 우리의 정신적·사회적 가치와 제도에 미치는 혁명적 효과를 나름대로 이해"하고자 한 미디어 이론가임에 틀림없다. 그리고 맥루언에 대한 비판과 적대감은 사회과학의 기준에서 볼 때 결함투성이인 맥루언 이론에 대한 정당한 문제제기이고 평가일 수 있다. 하지만 맥루언에 대한 논의에서 놓치지 말아야 할 것은 역사연구로서 그의 작업이 갖는 의미이다. 맥루언은 커뮤니케이션 또는 매체를 역사적인 문제로 볼 필요가 있다는 점을 계속해서 강조해왔다. 그 동안 맥루언에 대한 이해와 평가가 "맥루언 미디어 이론에 토양을 제공하는 역사철학에서 그의 이론을 분리함으로써 생기는 단순화"에 근거하고 있다는 지적은 역사가로서 맥루언에 대한 논의의 필요성을 제기하는 것이다.[1]

특정 문제를 역사적으로 본다는 것은 보편성보다는 특수성에, 추상성보다는 구체성에, 결과보다는 과정에 주목해서 문제를 파악함을 뜻한다. 이런 면에서 분명 맥루언은 당시 커뮤니케이션 연구의 '비역사적' 경향을 탈피하고자 했다. 맥루언의 매체론은 커뮤니케이션을 정보전달이라는 측면에서 접근하는 전달적 관점이 갖는 문제점을 지적하는 데에서부터 출발한다. 그의 주장은 보편적이고 수학적인 '선형적 설명'을 유일한 관심거리로 삼았던 커뮤니케이션 이론에 대한 문제제기이자 새로운 방법론적 전환을 촉구하는 것이었다. 맥루언의 학문적 기여는 창조, 전달, 보존, 세 가지 영역의 관계 속에서 커뮤니케이션을 역사적으로 파악한 점이라고 캐리(James Carey)가 말하는 것도 이런 연유에서이다.[2] 맥루언에게 커뮤니케이션은 매체의 정보전달 속도나 능력만의 문제가 아니었다. 커뮤니케이션 기술은 인간정신의 확장이면서 또 그에 대한 표현이기 때문에 특유의 의미를 담고 있는 텍스트라고 맥루언은 생각했다. 마치 비평가가 문학텍스트를 두고

하는 것처럼 기술의 물질적 형식으로부터 그것의 해석적 의미를 파악할 때 비로소 매체에 대한 이해가 가능하다고 본 것이다. 그에 따르면 매체는 메시지를 전달하는 수단일 뿐 아니라 더 중요하게는 사람들의 사고방식과 그에 상응하는 집단적 기억을 형성한다. 여기에는 인간의 인식이 역사적인 현상이라는 맥루언의 기본 입장이 깔려 있다. 인식이 인간 내부의 고유한 속성에 관련되는 문제가 아니라 역사적으로 구성되고 또 역동적으로 변화하는 것이라는 지적이다. 이렇게 보면 맥루언의 관심은 인간의 집단적 기억이 생성되고 발전하며 변화하고 또 소멸하는 과정 즉 인간인식의 변천사에 대한 것이었다. 그리고 그는 이 인식의 변천을 가능하게 한 것이 바로 미디어라는 점을 우리에게 보여주고자 했다. 따라서 맥루언에 대한 평가는 매체변천과정과 이에 따른 인간인식의 변화를 추적하는 그의 역사적 작업이 인류역사의 이해 전반에 어떤 기여를 하고 있는가 하는 측면에서 이뤄져야 할 것이다.

1 비시각적 역사분석

인간인식의 형성과 변화를 추적해 나가는 맥루언의 역사쓰기는 나름의 몇 가지 특징을 가지그 있다. 첫 번째 특징은 역사기술방식과 관련된다. 맥루언의 역사기술방식을 정형화해서 설명하기란 쉽지 않지만 그는 자신의 접근방식을 '비시각적'이라고 부르고 있다. 여기에서 비시각적이라는 말은 "문자적 근대성 속에 깊이 박혀 있는 탈역사화된 세계관"을 지칭하기 위해 그가 사용했던 '시각적'이라는 말에 대비되는 개념이다.[3] 맥루언은 『구텐베르크 은하계』가 취하고 있는 방식을 가리켜 "사건들의 은하계 또는 성좌를 통한 모자이크적 접근"이라고 부르고 있다. 그리고 모자이크적 접근은 미디어를 미디어만의 문제로 국한하지 않고 다양한 사회적 요인과의 관계 속에서 파악하려는 노력이라고 말한다. 그가 은하계라고 부르는 것은 이와 같은 관계망 속에서 파악되는 전체적 과정 또는 총체성이다. 그래서 그의 은하계는 통상 사용하는 환경이라는 용어와 일맥상통한다. 기술에 의해 새롭게 형성되는 인간환경의 의미를 이해하는 것이 맥루언의 목적이었다.

'은하계'라는 말 대신 '환경'이라는 단어를 사용하는 것이 더 나을 수도 있다. 어떤 기술이건 기술은 새로운 인간환경을 만들어내는 경향이 있다. 기술적 환경은 단순히 수동적인 용기가 아니라 사람들과 기술을 재형성하는 적극적인 과정이다.[4]

역사가 맥루언에 주목하고 있는 스탬스(Judith Stamps)는 모자이크적 접근이 기계론적 역사분석을 피하고 기술이 만들어내는 총체적인 환경의 지형을 파악하기 위한 방법론적 전략이라고 평가하고 있다.

'모자이크', '갤럭시' 등의 용어와 동일선상에 있는 '성좌'라는 개념은 새로운 것이 아니다. 아도르노와 벤야민이 이 메타포를 사용했고 이니스도 이 방식을 채택했다. 아도르노와 벤야민은 자본, 노동, 상품 물신화와 같은 마르크스적 범주를 사용하여 그들의 성좌를 분석하고 있다는 점에서는 맥루언과 분명히 다르다. 하지만 이들 사이의 이론적 관련성은 명백히 존재한다. 이는 새로운 사회 과학을 추구한 카를 만하임(Karl Mannheim)의 생각에도 들어 있었다. 아도르노와 벤야민처럼 루카치에게서 많은 영향을 받은 만하임은 사회적 요인들이 구체적인 문화 구성체를 가능하게 하는 하나의 성좌를 구성한다고 주장하였다. 이 성좌를 연구함으로써 구성요소들의 변화에 따라 생길 수 있는 여러 가능성을 이해할 수 있게 된다.[5]

모자이크적 역사기술은 맥루언만의 방법이 아니라 이미 사회탐구 방법으로 많은 연구자들로부터 그 타당성과 유용성을 인정받아온 것이다. 따라서 맥루언의 방법론을 문제삼아 그의 생각과 주장을 비판하고 폄하하는 것은 맥루언 방법론에 대한 몰이해를 반영하는 것일 수 있다. 오히려 맥루언이 채택하고 있는 방법은 사실들의 나열을 근거로 일련의 일반화된 주장제시로 나아가는 주류 역사쓰기의 시각적 선형성과의 단절을 시도하는 것으로 볼 수 있다.[6] 맥루언은 자신의 작업에는 "발견에 대한 완성된 결과물이 아니라 무언가를 발견해 나가는 과정"만이 있고 자신은 "기존의 지형지물을 도표화하기보다는 새로운 지형에 대한 상세한 지도"를 그리고자 하는 의도를 가지고 있다고 말한다. 그리고 이를 실현하기 위해서는 "지속적으로 유동적인 상태에 있는 전체 환경의 지형을 망라할 수 있을 만큼의 분석의 유연함과 적응력"을 갖추어야 한다고 지적하고 있다. 특정 대상에 매몰되지 않고 "전체를 조망할 수 있을 때 비로소 그 현상의 작동원리와 힘의 궤도를 포착할 수" 있다는 것이 그의 생각이었다.[7] 종합해서 보면 맥루언의 모자이크적 접근은 단편적 사실의 나열에 의존하는 역사기술이 아니라 전체 구조의 윤곽을 '동시적으로' 경험함으로써 그 의미를 포괄적으로 포착하는 방식이라고 말할 수 있다.[8]

맥루언의 역사기술이 갖는 두 번째 특징은 증거의 문제이다. 특정 분석이 어떤 자료와 증거를 사용하는가의 문제는 역사연구에서 언제나 민감한 이슈다. 사용된 자료는 그 분석의 타당성과 적절성을 평가하는 중요한 기준이 되기 때문이다. 하지만 '은하계' 또는 '성좌'를 그리기 위해 맥루언이 사용하는 수없이 많은 데이터와 인용구들은 일반적으로 역사분석에서 사용되는 '증거'와는 거리가 먼 것들이다. 그의 글에서 역사가들이 일반적으로 의존하는 공적인 문서나 개인의 기록 등을 찾아보기란 쉽지 않다. 오히려 그가 제시하는 증거는 여러 분야의 예술작품에서부터 온 '주관적인' 것들이 대부분이다. 실제로 이와 같은 이유로 해서 맥루언의 분석은 객관적인 역사가 아니라 신화적인 이야기에 가깝다는 지적을 받는다. 또는 그의 저서는 그 자체가 통찰과 상상력으로 빚어진 하나의 예술작품이라는 평가를 받기도 한다.[9] 그렇다면 맥루언이 역사분석에서 통상적으로 의존하는 증거를 사용하지 않고 예술작품을 통해 인간의식과 사회변화의 과정을 추적하려는 이유는 무엇일까? 정말 이와 같은 '부적절한 증거'의 사용은 맥루언 역사분석의 신뢰성을 훼손시키는가?

이 질문에 대한 답은 기술에 의해 야기되는 변화를 알아차릴 수 있는 인간능력에 대한 맥루언 특유의 인식과 밀접히 관련되어 있다.

맥루언은 종종 기술 또는 매체의 등장에 수반되는 변화에 대한 무자각성을 강조해왔다. 그는 "인류의 역사에서 기술과 발명에 수반되는 정신적 메커니즘을 인간이 이해했던 적은 한 번도 없었다"라고 적고 있다.[10] 말하자면 새로운 기술에 의해 만들어지는 환경은 초기 과정에서는 감지되지 않기 때문에 인간은 이미 지나간 과거의 환경만을 인지한다는 주장이다. 이런 점에서 새로운 기술의 등장으로 발생하는 인간환경의 변화는 인지적 차원에서 보자면 잠재적 또는 무의식적인 것이라고 말할 수 있다. 바꾸어 갈하면 맥루언이 역사분석을 통해서 이해하고자 하는 인간인식의 변천사는 의식적 또는 명시적 차원의 자료를 통해서 파악될 수 없는 성질의 것이다. 맥루언이 통상적인 증거의 사용을 거부하는 것은 바로 이와 같은 이유에서이다. 이들 자료는 단지 '의식적인 사고패턴'만을 보여줄 뿐이지 무의식적 또는 잠재적 차원에서 진행되고 있는 인간의식의 변화를 보여주지는 못한다.[11] 맥루언이 변화를 감지할 수 있는 실마리를 찾기 위해 예술로 눈을 돌리는 것도 바로 이 때문이다.

예술가의 창조적 영감 속에는 환경변화를 무의식적으로 알아차릴 수 있는 특유의 과정이 있다. 새로운 미디어에 의해서 인간이 겪게 되는 변화를 감지하고, 미래가 현재라는 사실을 깨닫고 그의 작품을 미래를 위한 장을 준비하는 데 사용하는 이는 항상 예술가였다.[12]

맥루언의 역사기술이 갖는 세 번째 특징은 기술과 인간의식의 관계를 파악하는 방식의 문제이다. 가장 빈번하게 등장하는 맥루언에 대한 비판 중 하나는 그의 역사분석이 기계적 존재론에 근거하고 있다는 지적이다. 그리고 이는 종종 '기술결정론'이라는 이름으로 맥루언을 몰아붙이는 식으로 표현된다. 일견 맥루언 분석에는 결정론적인 측면이 분명히 있다. 맥루언 '지지자'들 중에서도 맥루언의 결정론적 경향을 인정하는 이들이 적지 않다.[13] 특히 맥루언의 후기 저작에 대해 빈번하게 제기되는 기계적 결정론에 대한 비판은 실제로 이들 저작에서 나타나는 몇 가지 경향에 근거하고 있다.

첫째, 후기 저작으로 갈수록 맥루언은 그의 이론적 주장들을 직접적이고 구체적인 매체효과로 환원시켜 언급하는 경향이 강하다. 예컨대 역사적·문화적 변화를 특정매체의 등장에만 국한시켜 논의하는 것이 여기에 해당된다. 이는 미디어에 관한 연구가 "미디어가 기능하고 있는 총체적인 문화적 환경까지도 포괄하는 작업"이 되어야 한다는 자신의 생각에도 배치되는 것이며, 결과적으로 그의 분석에 기계론적이라는 딱지를 붙이는 빌미를 제공했다. 둘째, 방금 지적한 문제와의 연장선상에서, 맥루언은 후기 저작에서는 전자미디어의 탈중심화 경향과 사회적 민주화를 동일한 것으로 간주하여 논의를 전개시키고 있다. 정치경제적 권력관계에 대한 고려가 충분치 않은 채 이뤄지는 이와 같은 주장은 자칫 다양한 맥락과 사회적 조건을 무시한 기계적 분석에 근거한 것이라는 혐의를 받기에 충분하다. 셋째, 후기 저작으로 갈수록 『구텐베르크 은하계』에서 보여준 것과 같은 풍부한 역사적 분석에 근거한 주장보다는 단언적이고 선언적인 주장이 부쩍 늘어난다. 충분한 근거 또는 증거의 제시가 결여된 상태에서 이뤄지는 이 같은 주장은 기술과 그 효과에 대한 전제된 공식에서 기계적으로 도출된 답이라는 평가를 받는 데 한몫을 했다.[14]

하지만 이것만을 놓고 맥루언의 역사분석 전체를 평가하는 것은 문제가 있다. 결정론적 경향에 대해 맥루언 비판가들이 보이는 편집 증적 거부반응은 크게 세 가지 오해에 근거하고 있다. 첫째, 맥루언 방법론에 대한 오해이다. 앞서 지적했듯이 맥루언의 모자이크적 역사 기술방법은 오히려 이와 같은 단선적이고 기계적인 인과관계를 피하기 위해서 채택된 것이다. 이는 마치 윌리엄스가 기존의 논증방식을 최대한 피하고 대중적 글쓰기 방식을 채택하려고 한 것과 유사하다는 평가를 받기도 한다.[15] 모자이크 방법론에서 핵심이 되는 '성좌'라는 개념은 문제에 대한 이해를 요소들간의 선형적 인과관계의 형식이 아니라 다양한 요소들의 병렬을 통해서 구한다는 데 그 특징이 있다. 맥루언이 자신의 분석을 "새로운 지형에 대한 상세한 지도"를 그리는 일이라고 묘사하는 것도 이런 의미에서이다. 대상을 추출된 몇 가지 요인들만의 관계로 설명하는 것이 아니라 전체의 짜임새를 조망할 수 있는 그림을 그려나가면서 현상의 작동원리와 힘의 궤도를 이해해야 함을 강조한 것이다. 전체를 구성하고 있는 다양한 부분들을 가지고 하나의 완성된 배열 또는 그림을 완성해 나가는 작업은 복잡한 사회적·역사적 과정을 단순한 인과적 관계로 환원시키지 않으려는 의지의 표현이다.[16]

두 번째는 인과적 관계를 파악하는 방식에 대한 오해이다. 종종 맥루언 주장은 마치 인쇄술이 르네상스의 원인이고 전기와 전자매체의 등장이 지구촌 시대를 열었다는 식의 극단적 단순화를 통해 묘사된다. 그리고 이 단순화 과정에서 매체와 사회변화 그 사이에 존재하는 다양한 사회적 관계의 중재효과에 대한 맥루언의 논의는 생략된다. 그 결과 맥루언의 역사분석은 사회변화의 단선적 인과성을 주장한다는 자연스러운 결론에 도달하게 된다. 하지만 이 같은 결론은 아래에서 지적하는 바와 같이 맥루언의 '비시각적' 역사분석을 '시각적' 모델의 틀 속에 집어넣어 평가할 때 생기는 오류의 성격이 강하다.

역사학자들은 이 같은 단선적 추론에 거부반응을 보이는 경우가 대부분이다. 그래서 이들은 르네상스와 같은 복잡한 사회현상은 항상 복수의 원인을 가진다고 주장한다. 이와 같은 거부반응은 기하학적 벡터분석 모델에 무의식적으로 의존하기 때문에 생기는 것일 가능성이 높다. 주어진 벡터가 이론적으로 무한한 수의 힘에 대한 답을 의미하듯이, 주어진 하나의 사건은 역사분석에서 많은 원인들의 결과를 의미한다는 것이다. 우리는 이와 같은 이미지를 쉽게 시각화할 수 있다.… 하지만 이 자체는 본질적으로 아무런 논리적 필연성을 갖지 않는다. 맥루언이 역사적 과정을 이해함에 있어 시각적 모델을 사용하지 않았다는 사실을 아는 순간 그에 대한 많은 비판은 설득력을 상실한다.[17]

맥루언의 결정론적 경향을 두고 제기되는 비판이 인과관계에 대한 잘못된 인식에서 비롯된다는 점을 이해하는 데 커티스(James Curtis)의 비유는 매우 유용하다. 그는 맥루언이 기술과 그에 따른 변화를 인간의 언어습득과정에 비유해서 설명한 부분에 주목하고 있다.

일반적으로 대부분의 아이들은 자라면서 하나의 언어를 습득한다. 한국에서 태어난 아이들은 자라면서 자연스럽게 한국말을 사용하는 '한국어 사용자'가 된다. 그리고 미국에서 태어나고 자란 아이는 영어를 쓰는 것이 보통이다. 이렇게 되는 데는 자신이 태어나고 성장하는 사회적 조건이라는 한 가지의 원인만이 작용한다. 여기에서 문제가 그렇게 간단하지 않다거나 지역이니 기후니 가정형편이니 하는 다른 요인들도 고려해야 한다는 주장은 아무런 의미를 가지지 못한다. 현실 세계에 인과적 관계가 존재한다는 사실을 부정하기는 어렵다. 그래서 어떤 이론이 이와 같은 인과적 관계를 말한다고 해서 그것을 결정론이라고 부르지는 않는다. 맥루언이 우리에게 하고 싶은 말은 각각의 매체환경이 특정 경험양식과 사고패턴을 '장려'하는 가운데 어떤 것들은 '억제'한다는 것이다. 한국이라는 지역적 환경은 그 속에서 자라는 아이들이 한국어를 배우고 사용하는 것을 자연스럽게 '장려'하는 반면에 영어나 스와힐리어를 배울 수 있는 가능성은 상대적으로 '억제'한다. 맥루언이 지적하고자 하는 바는 마치 어린이들이 구체적인 환경 속에 존재하는 언어적 구조를 습득하여 이에 근거한 언어적 행위를 하는 것과 마찬가지로, 인간이 외부 세계에 대응하기 위해 취하는 다양한 행위는 한 사회의 기술적 환경 속에 고유하게 존재하는 구조와 불가분의 관계를 가진다는 사실이다. 이런 점에서 인간이 기술적 구조를 습득하는 것은 일종의 사회화의 형식으로 발생한다고 볼 수 있다. 따라서 기술적 구조의 습득이 일어나지 않는다고 주장하는 것은 사회화 자체를 부정하는 것과 같다.[18]

이렇게 보자면 결정론을 둘러싼 비판은 맥루언이 견지하고 있는 매체생태학적 또는 기술생태학적 입장을 제대로 이해하지 못한 데에서 비롯되는 측면이 많다. 이것이 맥루언을 기술결정론자로 치부하고 그의 주장 모두를 쓸모없는 것이라고 단정하는 이들에게서 발견되는 세 번째 오해이다. 여기서 '생태학적'이라는 말의 의미는 환경학자들이 사용하는 개념 그대로이다. 즉 기술적 변화의 문제는 단순히 그 기술을 기존의 사회에 더하느냐 빼느냐의 문제가 아니라 총체적인 변화라는 관점에서 이해해야 한다는 것이 맥루언의 생각이었다. 맥루언이 취하고 있는 기술에 대한 생태학적인 관점은 아래와 같은 닐 포스트먼(Neil Postman)의 지적에서 잘 설명되고 있다.

하나의 중대한 변화는 총체적 변화를 수반한다는 의미를 가진다. 만일 어떤 자연 서식처에서 특정 곤충의 유충을 제거한다고 가정해보자. 이것은 동일한 환경에서 단순히 유충만 빠진 것을 의미하지 않는다. 이것은 완전히 새로운 환경을 의미하는 것이고, 전과는 다른 생존조건이 새롭게 구성된 것을 의미한다. 만일 이전에 없었던 새로운 유충을 더한다고 해도 결과는 마찬가지이다. 이것이 매체생태학의 작동방식이다. 새로운 기술은 기존에 없었던 무엇인가를 단순히 더하거나 빼는 것이 아니라, 모든 것을 바꾸어놓는 것이다.[19]

인쇄술이 등장한 이후의 인류역사는 그 이전의 시대와 인쇄술의 단순한 합이 아니다. 마찬가지로 텔레비전이 등장한 이후 우리 인간의 모습은 TV 이전의 삶과 전혀 다른 새로운 것이 된다는 말이다. 인터넷의 경우도 마찬가지다. 맥루언뿐 아니라 루이스 멈포드 역시 시계의 등장과 영향에 대한 분석을 통해 이와 같은 사실을 우리에게 확인시켜준다. 수도원에서 최초로 발명되어 종교적인 의식과 관련된 목적을 위해 사용되었던 시계가 사람들의 행위를 일치시키고 통제하는 수단으로 활용되고 급기야는 규칙적 노동, 생산 그리고 표준화된 제품의 이상을 실현시킴으로써 자본주의 등장에 일조를 했다는 지적은 맥루언이 매체를 생태학적 관점에서 분석하는 것과 정확히 일치한다.[20] "추상적인 시간을 만들어내고 사람들로 하여금 배가 고파서가 아니라 '먹을 시간'이 되어서 먹게끔 만든 것은 시계 자체가 아니라 시계가 강화시켜준 문자문화였다"는 주장도 같은 맥락에서 이해될 수 있다.[21] 이런 관점에서 역사의 변화란 '구기술과 신기술간의 전쟁'으로 야기되는 변화를 의미한다. 각각의 기술은 특유의 '이데올로기적 편향'을 그 속에 담고 있기 때문에 이 전쟁은 '세계관의 충돌'을 의미한다.[22] 새로운 기술의 등장은 사회제도를 비롯한 사회 모든 영역에 변화를 가져오고 이러한 전면적인 환경변화에는 바로 이들 기술이 조장한 새로운 세계관이 반영되어 있다는 것이다. 따라서 매체에 대한 생태학적 접근은 기술에 의해서 발생하는 구조적 변화에 관심을 가진다.[23] 맥루언의 작업은 서구역사의 뿌리 깊은 구조에 대한 연구이다. 그리고 이는 새로운 커뮤니케이션 기술이 조장하는 세계관이 과연 무엇이며, 이 세계관이 어떤 방식으로 인간의식세계에 영향을 미치고 나아가 사회의 다양한 영역 속으로 스며들게 되는지를 역사적으로 추적하는 과정이라고 말할 수 있다. 맥루언의 작업은 기술이 연출해내는 인간인식의 변천을 이해하기 위한 기나긴 역사적 탐험이다.

2 매체와 사회변화

그렇다면 맥루언이 이 긴 탐험의 과정에서 발견한 것은 무엇일까? 이제 맥루언이 우리에게 들려주는 그 탐험담의 내용을 살펴봐야 할 순서이다. 맥루언은 인류의 역사를 구어문화시대, 필사문화시대, 인쇄문화시대, 전자문화시대 등 네 가지 주요 단계로 구분한다. 각 시기가 고유하게 갖는 시대적 특성은 다름 아닌 세 가지 중요한 커뮤니케이션 기술이 인간사회에 전해 주는 '메시지'이다. 이때 세 가지 기술이란 표음문자, 구텐베르크의 금속활자, 그리고 전신을 일컫는다. 맥루언에 따르면 인류역사는 이들 매체의 등장과 함께 서구사회의 지배적인 지각방식과 감수성이 심대한 변화를 거치게 되는 일련의 과정이다. 그리고 이는 맥루언 표현을 따르자면 청각적인 것에서 시각적인 것으로 그리고 또다시 청각적인 것으로의 감각적 반전과정이기도 하다.

청각과 시각의 변증법적 관계 속에서 인류의 역사를 이해하는 맥루언의 관점은 이니스의 역사관과 매우 유사하다.[24] 이니스의 서구역사에 대한 분석은 이후 맥루언 주장의 지적 토양을 제공하고 있다는 점에서 그 대략적 내용을 살펴볼 만하다. 이니스에 의하면 서구는 두 가지 속성 간에 발생하는 일련의 충돌 속에서 변화해왔다. 이니스는 이와 같은 이원성을 '편향'이라고 표현한다. 즉 인류의 역사는 서로 상반되는 가치지향을 가진 편향이 충돌하고 그 충돌의 결과로 특정 편향이 주도적인 위치를 차지하거나 그 위치를 상실하는 과정이다. 그가 말하는 편향 중 하나는 시간적인 것으로 이는 이상주의적인 경향으로, 또 다른 하나인 공간적 편향은 물질주의적 경향으로 사회를 인도한다. 그리고 이와 같은 편향의 원천은 다름 아닌 커뮤니케이션 기술 즉 매체라는 것이 이니스의 주장이다. 다시 말해서 상이한 매체는 상이한 정보통제 잠재력을 가지고 있는데 이는 시간과 공간이라는 두 가지 차원에서 이해되며, 인류역사에서 나타나는 시대적 특성이란 다름 아닌 그 시대에 주도적인 매체가 고유하게 가지고 있는 시간적 또는 공간적 편향성의 총체적 표현이라는 것이다. 그렇다면 그가 이런 주장을 하는 근거는 무엇인가?[25]

먼저 이니스가 시간 편향성이라고 부르는 것에 대해 살펴보자. 시간 편향적인 문화는 이니스의 표현을 밀리자면 '무거운' 매체가 지배하는 문화이다. 시간 편향적 매체는 무겁기 때문에 정보의 공간적 이동이라는 측면에서는 열등한 매체이다. 하지만 이 개념이 반드시 물리적인 차원에만 국한되는 것은 아니다. 그 매체에 대한 접근가능성처럼 질적인 속성과 관련된 문화적 차원까지도 포괄하는 개념이다. 예컨대 그 매체의 생산, 사용 그리고 이동 등에 소요되는 모든 물질적·사회적 비용 역시 이 매체의 '문화적' 질량의 크고 작음을 판단하는 중요한 요인이 된다. 상형문자를 새긴 바위의 경우를 일례로 살펴보자. 이 경우는 바위와 손으로 쓴 글이라는 두 가지 매체가 동시에 관련되어 있기 때문에 매체의 양적인 측면과 질적인 측면이 어떻게 상호 작용하는지를 이해하는 데 도움을 준다. 먼저 바위는 부피가 크고 무겁기 때문에 이동하기에 많은 시간과 물리적인 노력이 필요하다. 물리적인 측면에서 분명히 '무거운' 매체이다. 그리고 바위에 글자를 새기는 것 또한 기술의 습득을 요하는 작업이어서 시간적으로

긴 과정이 요구된다. 마지막으로 새겨진 문자가 전달하고자 하는 의미 역시 복잡한 것이어서 많은 시간을 투자하여 그 뜻을 파악하고 이해할 수 있는 능력을 키운 사람만이 해독할 수 있다.

따라서 상형문자를 새긴 바위는 물리적인 측면에서만 아니라 문화적으로 매우 '무거운' 매체이다. 다시 말해서 이 매체를 사용하는 문화 내에서 많은 시간적 투자가 요구되는 매체라고 말할 수 있다. 이와 같은 이유 때문에 바위와 상형문자는 대중매체가 되기 어렵다. 이를 사용하기 위해서 소요되는 물질적 시간적 비용 때문에 이와 같은 매체는 특정 집단만이 사용하고 지배하게 된다. 자연히 이와 같은 매체는 사회적 불평등을 조장하는 결과를 가져온다. 예컨대 매체의 이동에 필요한 물리력을 확보하기 위하여 비숙련 노동집단의 강제적 동원이 불가피하게 된다. 이와 같은 이유로 해서 이들 시간 편향적 매체는 일련의 중첩되는 이중성을 만들어내는 기초를 제공하게 된다는 것이 이니스의 주장이다. 그 이중성이란 바로 숙련 노동자와 비숙련 노동자의 구분, 지적 노동자와 육체적 노동자의 구분, 지배와 피지배자의 구분 등을 의미한다. 바로 이와 같은 상황이 시간 편향적인 상황이며 시간적으로 '무거운' 형태의 이중성을 의미한다.

이니스에 의하면 시간 편향적인 사회에서는 특유의 사회적 경향들이 나타난다. 무엇보다 시간 편향적 매체가 지배적인 사회에서는 내부 지향적인 시간통제라는 측면이 사회의 모든 의식 또는 제도에 반영되어 나타난다고 이니스는 지적하고 있다. 우선 시간 편향적인 사회에서는 종교적 엘리트 집단에 의해 이루어지는 시간통제의 사례가 보편화되어 있는데, 이는 일반적으로 세속적 세계에 대한 경멸과 내세의 존재에 집중된 종교적 신념을 통해서 표현된다. 따라서 이와 같은 사회에서는 종교적 신념이 사회의 중요한 통제기제로 작동하게 되고 자연히 세속적이거나 물질주의적이기보다는 이상주의적 경향이 강한 사회로 발전하게 된다. 시간 편향적 문화에서는 정치구조 역시 내부 지향적인 성격을 갖는다. 시간 편향적인 매체가 지배적인 사회 는 정보의 공간적 이동이 제약을 받기 때문에 작은 국가로 남아 있을 수밖에 없다. 그리고 핵심적 커뮤니케이션 기술을 독점하고 있는 엘 리트가 권력을 장악함으로써 비분권적 사회구조를 가지게 된다. 결과 적으로 정치적으로 보수적이고 전통 지향적이며 종교적이고 내부 지 향적이며 철학적으로 관념적인 사회를 형성하게 된다는 것이 시간 편 향성에 대해 이니스가 내리는 결론이다.

한편 공간 편향적인 문화는 대체로 작고 '가벼운' 매체에 의해 지 배되는 사회이다. 시간 편향의 경우와 마찬가지로 이와 같은 매체의 특성이 갖는 문화적 의미는 매체의 생산, 사용 그리고 이동에 소요되 는 비용에 의해 결정된다. 공간 편향적 매체의 역사적 사례라 할 수 있는 종이와 알파벳의 경우를 예로 들어보자. 종이는 가볍기 때문에 쉽게 가지고 다닐 수 있고 이동이 용이하다. 물리적으로 매우 가벼운 매체이다. 그리고 연필이나 펜과 같은 쓰기에 이용되는 수단 역시 익 히기에 많은 시간을 요하지 않기 때문에 또 '시간적으로 가벼운' 기 술에 속한다. 알파벳 역시 이전의 문자에 비해 쉽게 익힐 수 있고 그 해독 역시 용이하다. 그래서 문화적으로도 가벼운 매체이다. 종합하 자면 이들 매체는 사용에 있어 적은 시간적 투자가 요구되고 따라서 이니스의 용어를 빌리자면 이들 매체는 '가볍고' 공간 지향적인 특성을 가진다. 이와 같은 이유로 해서 종이와 알파벳은 대중매체가 되기에 이상적인 요건을 갖추고 있다고 볼 수 있다.

인류역사에서 이와 같은 공간 편향적 매체의 등장은 그에 상응하는 사회적 가치의 형성과 제도적 측면에서의 다양한 사회적 결과를 초래한다. 먼저 가치적 측면에서 볼 때 기존의 정적인 영속성에 대한 견고한 믿음이 사라지면서 종교적 신념이나 영구한 전통에 대한 의식이 사라지게 된다. 이런 면에서 공간 편향적 사회는 현실 중심적이고 실용적이며 세속적 경향을 보인다. 전통에 얽매이기보다는 사회의 공간적·기술적 전망이 '시간적'이기보다는 '공간적인' 철학을, 이상주의적 경향보다는 물질주의적 경향을 장려하게 된다. 사회제도적 측면에서의 변화 역시 괄목할 만한데, 먼저 짧은 기간의 노력으로도 매체의 사용이 가능해짐으로써 시간 편향적 매체와 달리 소규모 집단에 의해 그 사용이 독점될 가능성이 현저하게 감소한다. 단순성과 이동성 역시 넓은 지역으로의 행정적 통제를 가능케 하여 지리적으로 광범위한 사회를 형성한다. 그리고 행정적 통제 가능성의 지리적 팽창은 자연히 군사적 활동의 증대로 이어진다. 이는 새로운 영토를 통제할 수 있을 경우에만 군사적 점령이 의미를 가질 수 있는데 공간 편향적 매체가 이를 가능하게 만들었기 때문이다. 이런 점에서 역사적으로 제국주의의 등장은 공간 편향성의 자연스러운 표현이다. 결과적으로 정치적 지도력은 외부 지향적으로 변화하게 되고, 나아가 지리적·행정적 범위의 확대는 한편으로 분권적 시스템을 등장시키는 결과를 가져온다.

이상에서 살펴본 바와 같이 이니스의 서구역사에 대한 분석은 맥루언이 인류역사를 풀어나가는 방식과 매우 흡사하다. 각 시대의 특성을 묘사하기 위해서 맥루언이 사용하는 '청각적' 또는 '시각적'이라는 용어 대신에 이니스의 '시간적' 또는 '공간적'이라는 용어를 각각 대입해도 별 문제가 없다. 인류의 역사에서 커뮤니케이션 기술이 갖는 핵심적 위치에 주목하고 있다는 점에서 두 사람 모두 '매체가 메시지'라는 역사적인 사실을 끊임없이 우리에게 상기시키고 있다고 볼 수 있다. 하지만 매체에 의해서 발생하는 구체적 효과와 관련해서는 두 사람이 분명한 차이를 보인다. 이니스는 매체의 효과를 사회조직과 문화적 측면에서 주로 파악한다. 반면에 맥루언은 인간의 지각과 사고에 미치는 영향이라는 측면에서의 매체효과에 주목하고 있다. 그래서 이니스의 역사분석에서는 사회제도에 대한 많은 언급이 들어 있지만 인간의 지각이나 사고에 대한 논의는 찾아보기 힘들다. 마찬가지로 맥루언의 분석에는 매체에 따른 차별적인 지각방식과 감수성의 형성에 대한 새로운 주장은 많이 있지만 제도적 차원에서의 효과는 이니스의 기존 분석에 상당 부분 의존하고 있다. 이런 점에서 맥루언은 이니스의 거시적 분석에 미시적 수준의 분석을 더함으로써 기술과 인간 그리고 사회가 맺어온 역사적 관계를 보다 총체적으로 이해하는데 기여하고 있다고 볼 수 있다.

그렇다면 맥루언이 파악하고 있는 인류의 역사는 어떤 과정을 거치면서 지금에 이르게 되었는가? 그가 말하는 인류역사의 네 단계는 각각 어떤 특징을 가지는가? 이들 각각의 역사적 시기가 차별적인 특징을 가지는 데 매체는 과연 어떤 방식으로 기여했는가? 먼저 맥루언이 구어문화시대라고 부른 것에서부터 차례로 살펴보자. 앞서 언급한 바와 같이 맥루언에게 매체의 의미는 사용되는 감각과 밀접하게 관련된다. 그리고 하나의 커뮤니케이션 수단으로서 말은 감각을 통합하는 특성을 가진다. 말은 구어적 현상이고 그렇기 때문에 말은 청각 중심적 문화만을 만들어내야 함에도 구어적 커뮤니케이션은 감각의 총체적 개입을 장려하는 특징을 가진다. 따라서 맥루언에 따르면 구어문화는 오감을 동시적으로 관여시켜 외부 세계에 대한 지식을 습득하고 서로의 느낌을 교류하는 깊은 삶의 경험이 가능한 문화였다.

'목소리에 의존하는' 문화가 감각의 통합적 사용 또는 관여를 장려한다는 이야기는 대면적 상황의 대화가 청각뿐 아니라 시각, 후각, 촉각 등 다른 감각의 활용까지도 동반한다는 구어적 커뮤니케이션이 발생하는 상황에 근거한 주장이기도 하지만, 또 한편으로는 청각이 고유하게 가지는 '통합적' 속성에 대한 지적이기도 하다. 구어문화의 정신역학을 논하는 데 핵심이 되는 청각의 독특한 성격은 다른 감각과 비교할 때 분명해진다. 귀는 눈과 달리 한 곳으로 모아지지 않고도 사물을 지각할 수 있는 능력을 가지고 있다. 맥루언의 주장을 직접 들어보자.

> 부족적 세계에 사는 인간은 복합적이고 만화경 같은 삶을 살았는데, 이것은 귀는 눈과 같지 않아서 한 군데에만 집중되지 않으면서 분석적이거나 선형적이지 않고 공감각적이기 때문이다.… 청각적 장(auditory field)은 동시적인 반면 시각적 장은 순차적이다. 비문자적인 사람들의 삶의 양식은 함축적이고 동시적이면서 불연속적이었다.[26]

즉 귀는 무엇에 초점을 맞추지 않은 상태에서도 동시적으로 모든 방향에서 들려오는 소리를 지각할 수 있다. 메를로 퐁티(Merleau Ponty)가 시각을 두고 사물을 토막내어 감지하는 감각이라고 말한 것은 종합적이고 동시적인 청각에 비해 제한적인 시각의 지각능력을 지적한 것이다. "시각은 토막나는 감각임에 반해 소리는 통합하는 감각"이고 따라서 "시각은 분리하고 청각은 종합"하는 특성을 가진다. "시각의 전형적인 이상은 명확성과 명료성, 즉 사물을 나누어 보는 일이다." 이렇게 보자면 "데카르트가 주장한 명확성과 명료성은 인간 감각 중 시각을 강조한 것"이고 이에 반해서 "청각의 이상은 하모니, 즉 하나로 종합하는 것이다."[27] 맥루언에 따르면 표음 알파벳이 등장하기 전까지 사람들은 동시성과 충체성이 중시되는 귀의 문화에 살면서 모든 감각의 사용을 통한 복합적이고 심층적인 경험을 하는 '완전한' 인간들이었다.[28]

이처럼 맥루언에게 커뮤니케이션의 양식은 세계를 지각하고 경험을 조직화하는 방식을 결정하는 중요한 수단이다. 이는 인간이 세계를 지각하는 데 의존해야 하는 감각간의 상호작용에 매체가 영향을 미친다는 것을 의미한다. 따라서 말이라는 수단을 커뮤니케이션의 주된 양식으로 사용했던 구어시대는 그 시대 특유의 지각방식을 가지게 되고 나아가 이에 수반하는 시대적 특징을 가지게 된다. 구어적 사회에서는 사고나 지식의 보존은 인간의 기억에 의존하기 때문에 무언가를 기억하고 또 그것은 재연하는 것에 많은 시간과 정신적 노력을 투자해야 한다. 한 마디로 "구어문화의 본질적 요소는 기억을 훈련시키는 것"이었다.[29]

따라서 이와 같은 구어적 커뮤니케이션이 갖는 구조적 특성은 이니스가 지적하듯이 기억을 통해서 중요한 사회적 관심이나 문제를 공유하고 또 전승하기 때문에 전통적 지식을 중시하고 이를 가장 잘 전달할 수 있는 자를 사회적으로 중시하게 된다. 다시 말해서 구어적 전통은 문화적 기억을 촉진하고 나아가 순환적 시간관에 입각한 특유의 역사적 감각 또는 의식을 촉진시키게 된다.[30] 그 사회가 이미 가지고 있는 것을 보존하는 데 많은 노력을 해야 한다는 측면에서 이와 같은 사회는 전통적일 수밖에 없다. 그리고 사회의 생존이 이미 알고 있는 것, 이미 행해지고 말해진 것에 의존할 수밖에 없기 때문에 변화는 최소화된다는 점에서 그 사회는 보수적이다. 창의성과 새로운 것은 잠재적으로 파괴적인 것으로 간주되었기 때문에 기피되었다. 자연히 이와 같은 문화에서는 현대적 의미로서의 개인성 또는 개인주의는 제한적일 수밖에 없다. 구어적 문화에서는 개인적인 생각이나 표현, 생각 등이 모두 기억되거나 다수의 사람에게 전달될 수 있는 가능성이 거의 없다. 그래서 구어적 문화에서 인간은 '신화와 의식(ritual)으로 짜여진 주술적이고 통합적인 세계 속에서 신성하고 불변하는 가치'에서 비롯된 '집단적 무의식' 속에서 공동체적 삶을 사는 '부족인'이었다는 것이 맥루언의 주장이다.[31]

외부 세계를 총체적이고 통합적으로 지각한다는 측면에서 '완전한' 인간의 전형이라 할 수 있었던 청각적 부족인이 '불완전한' 시각적 인간으로 변모하기 시작하는 것은 표음문자가 발명되면서부터이다. 그리고 맥루언은 이 시점에서부터 구텐베르크의 금속활자가 등장하여 시각적 인간이 완성되기까지의 시기를 일종의 과도기적 시기로 구분하고 있다.

필사문화시대라고 일컫는 이 시기에서 주목해야 할 점은 당연히 표음 알파벳의 사용과 그에 따른 인간감각의 잠재적 분리현상이다. 표음적 글쓰기는 의미론적으로 무의미한 문자를 의미론적으로 무의미한 소리에 상응시키는 방식으로 이뤄진다. 다시 말해 이는 말의 소리를 실제로 볼 수 있게 하기 위한 방편으로, 보는 것과 듣는 것을 의미론적 의미와 별개의 것으로 만들어버릴 수밖에 없다. 그래서 보는 것과 듣는 것 간에 이원성을 조장하게 되고 이리하여 감각들의 상호 작용으로부터 시각적 기능을 분리시키는 결과를 초래한다. 감각기관의 균형, 즉 모든 감각의 게슈탈트적 상호 작용이 무너지고 동시에 이것이 가져다주었던 정신적·사회적 조화가 깨어지게 되면서 시각적 기능이 지나치게 비대해지는 현상이 나타나는데, 이것이 바로 표음문자라는 새로운 기술적 발명이 인류역사에 가져올 혁명적 변화이다.[32]

하지만 맥루언에 따르면 쓰기의 제도화 또는 보편화의 진전에도 불구하고 중세의 필사문화는 완전한 시각적 편향을 달성하기에는 역부족이었다. "필사문화는 인쇄문화와 비교할 때 매우 청각-촉각적"이며 "차가운 시각적 초연함 대신 필사문화의 세계란 감정이입과 모든 감각의 참여가 있는 세계"라는 것이 맥루언의 생각이었다.[33] 필사문화시대에는 여전히 구어문화시대의 특징들이 유효하게 그 위력을 발휘하고 있었다는 말이다. 이에 대한 맥루언의 설명은 다음과 같다.[34]

우선 이 사회에서는 읽기라는 것이 오늘날과 같이 개별적이고 내적인 활동이 아니라 구어적 활동이었기 때문에 씌어진 글은 순수한 시각적 매체로 기능하지 않았다. 이는 필사된 책이 인쇄된 책과 달리 갖는 고유한 특성뿐 아니라 당시 유럽사회의 사회적 상황과도 밀접한 관련이 있다. 먼저 이 당시만 하더라도 사람들이 사용하는 언어는 여러 지방 토속어와 방언이었기 때문에 지금과 같은 언어의 표준화가 전혀 이뤄지지 않았다. 따라서 필사문화 내에는 여전히 다양성이 존재했는데 특히 학술적 작업처럼 라틴어를 사용하지 않고 지방어를 주로 사용하는 문학작품의 경우 이와 같은 다양성은 한층 더 돋보였다. 여기에다 지리적 이동의 어려움, 교육의 제한성과 이에 따른 창작활동의 지역성, 표기법과 단어의 의미를 표준화하는 기구의 부재 등 당시의 사회적 상황 역시 이와 같은 필사문화의 다양성을 부추기는 역할을 하게 된다. 따라서 맥루언이 보기에 중세 필사문화는 오늘날의 표준화된 텍스트를 읽는 것과는 전혀 다른 독서경험을 제공한다. 텍스트가 표준화된 동질성에 의존하기보다는 각 지역의 문화적 특수성에 근거한 차이가 더욱 부각되었다는 것이다. 뿐만 아니라 비록 문자를 사용하지만 여전히 필사된 책은 '보기'보다는 소리내어 '읽고 듣는' 매체의 성격이 강했다. 이는 텍스트의 수와 독자의 규모가 크지 않았던 당시 상황에서 구어적 재연이 여전히 과학적·철학적 지식전달의 일반적인 수단일 수밖에 없었다는 사실과 밀접한 관련을 가진다. 그리고 종이의 보급이 이뤄지지 않아 값비싼 양피지를 사용해야 했던 당시의 상황에 비추어볼 때 지식의 습득이 개인적 활동이 아니라 여전히 집단적인 활동의 일환으로 남아 있을 수밖에 없었음을 의미한다.

하지만 인쇄문화시대에 접어들면서 그 동안 잠재되어 있던 표음문자의 위력은 그 진가를 발휘한다. 인쇄술의 발명으로 필사문화시대까지 유지되어 오던 청각 특유의 인식방식은 드디어 막을 내린다. 이때부터 청각적 세계에 살던 인간은 시각적 세계로 그 삶의 터전을 옮기게 되고 이 세계가 요구하는 새로운 방식에 따라 세상을 지각하게 된다. 표음문자적 글쓰기는 구어적인 것을 시각적인 것으로, 소리를 시각적 상징으로 전환하는 것이다. 표음문자의 궁극적 확장이라 할 수 있는 인쇄는 바로 이 전환의 속도를 엄청나게 신장하여 이전까지 지식의 원천으로 귀에 의존하던 사회를 눈에 의존하는 사회로 바꾸어 나갔다. 한 마디로 인쇄 문화에서 지식은 시각을 통해서 얻어지고 경험은 눈을 통해 확인하는 것과 동일한 것이 되었다.

> 끝도 없이 책은 복제되었다. 점진적으로 이뤄지기는 했지만 마침내 누구나 쓰고 읽을 수 있는 상황이 충분히 가능해진 것이다. 뿐만 아니라 책은 이제 개인 휴대품이 되어버렸다. 모든 기계의 원형이라 할 수 있는 활자는 시각적 편향성을 공고히 하고 마침내 부족인간의 최후를 선언했다. 새롭게 등장한 선형적이고 표준적이며 반복적인 활자매체는 그전까지 상상하기 어려울 정도의 속도로 정보를 끝없이 재생산해내고 인간의 감각기관에서 눈이 가장 으뜸가는 자리에 오르도록 만들었다.[35]

인쇄술은 인간에게 귀 대신 눈을 줘서 총체적이고 심층적인 공동체적 상호 작용 대신 시각적이고 선형적인 가치와 분절된 의식을 가지도록 만들었다. 표음적 알파벳의 시각적 기능을 심화하고 확대하여 다른 감각의 역할을 감소시키고, 유기적인 조화로움과 복합적인 공감각성을 획일적이고 연속적이며 시각적인 양식으로 전환시키는 데 인쇄술은 탁월한 능력을 발휘했다. 이렇게 하여 과거의 '완전한 인간'은 '조각난 인간'으로 퇴화한다. "인쇄는 인간을 탈부족화시키고 탈집단화시키는 알파벳 문화의 극단적인 결과"를 초래하여 '알파벳의 시각적 특징이' 사회적으로 '최고의 정세도'에 이르도록 하는 데 결정적 역할을 하였다.[36]

맥루언이 지적하는 인쇄술의 효과는 그가 '시각적'이라고 부르는 것의 다양한 의미를 이해함으로써 파악될 수 있다. 이니스 역시 서구적 문자문화와 비서구적 구어문화의 차이에 대해 관심을 가지면서 매체가 인간의 감각과 관련된다는 사실을 어렴풋하게 파악하고 있었던 것으로 보인다. 매체는 항상 특정 감각을 사용하도록 만들고 그에 따라 그 감각에 스트레스를 주기 때문에 사용자가 그 감각의 사용에 익숙해지도록 만드는 과정을 수반한다고 이니스는 지적하고 있다. 그렇기 때문에 특정 미디어에 의한 커뮤니케이션 과정의 독점은 독점화된 감각적 삶으로 이어지게 되고 쓰기의 지배가 바로 서구사회의 전형적인 감각적 불균형을 초래했다고 주장한다.[37] 따라서 맥루언이 지적하는 인쇄매체의 시각적 편향성은 바로 이니스가 지적하는 공간적 편향성의 감각적 대응물이라고 할 수 있다. 그렇다면 인쇄문화시대에서 시각적 편향성은 어떤 방식으로 구체화되고 표현되는가? 먼저 맥루언은 중세의 필사방식과 기계화된 인쇄방식을 비교하면서 펜과 달리 인쇄는 시각적으로 동질화된 텍스트를 만들어낸다는 점에 주목하고 있다. "필사본에 이질적인 종류의 텍스트를 여유롭게 축적하는 경향이 있었던 것처럼 인쇄본에는 획일성이라는 원리가 본질적으로 내재해 있었다."[38] 그리고 "인쇄본은 사상 최초의 대량 생산물"이었으며 "동시에 그것은 최초의 획일화된, 그리고 반복해서 생산 가능한 상품이기도 하였다"라고 그는 지적하고 있다.[39] 바로 이와 같은 인쇄물의 획일성 또는 동질성이 구어적 상황이나 필사본을 읽을 때와는 전혀 다른 감각적 경험을 독자들에게 부여하게 되는 원인이 되었다. 다시 말해 인쇄는 생산과 소비의 측면에서 필사문화에서 요구되었던 다양한 물리적 또는 정신적 노동을 더 이상 필요하지 않게 만들기 때문에 오로지 "눈에 보이는 대로의" 지각만을 강조하게 되었다. 그 결과 인쇄는 인간의 "경험을 동질화하고 청각과 다섯 개의 감각이 만들어내는 감각복합을 배후로 밀어낸다."[40] 이런 점에서 인쇄는 피동적으로 시각적인 매체이고 우리의 감각적 육체로부터 사고를 분리시키는 매체이며 우리의 감각적 개입을 최소화하는 매체라고 볼 수 있다. 이에 따라 이제 인간은 모든 경험을 시각이라는 "단일의 감각척도로 환원 혹은 왜곡하려는 경향성"을 내면화하게 된다.[41] 비로소 완전한 시각적 인간이 탄생하게 된 것이다.

　인쇄술의 결과로 인간의 경험이 시각이라는 단일 감각으로 환원되는 현상은 시각적 경험의 조직에 특별한 논리를 강요하게 되었다. 맥루언에 의하면 활자를 짜맞추는 과정은 순차적·단계적 그리고 선형적 공정의 원형이었다.[42] "인쇄는 단어를 시각적으로 배열하는 시각적 어순을 계속적으로 고무하였다."[43] 따라서 인쇄기술 자체에 내재한 선형적 과정과 인쇄된 책의 페이지가 제시하는 시각적 배열은 현실을 조직하는 일종의 지각모델이 되었다. "청각의 장은 동시적으로 병존하는 장"이었던 반면 "시각의 장은 순서에 따라 연속적으로 이어지는 장"이다.[44] 이는 이전의 구어문화에서의 동시적이고 총체적인 사유방식보다는 분절적인 요소들 간의 순차적 배열이라는 관점에서 사물을 파악하는 선형적 방식이 지배적인 사유방식으로 자리잡게 만드는 결과를 가져왔다. 결국 인간의 삶은 인쇄된 문자의 모습을 닮은 선형적이고 인과적인 사고의 지배를 받게 되었다. 이렇게 보자면 합리성, 논리성, 이성적 행위 등으로 특징지어지는 서구적 삶의 방식 중 대부분은 바로 맥루언이 지적하는 시각적 문화의 전형이라고 말할 수 있다.

인간의식과 관련해서 인쇄술이 가져온 많은 변화 중에서 빼놓을 수 없는 또 다른 측면은 개인성에 대한 인식과 개인주의라는 개념의 등장이다. 이는 인쇄술의 발명이 전혀 새로운 형태의 독서경험을 제공하게 되었다는 사실과 밀접하게 관련된다. 인쇄술은 필사본과 달리 대량의 동질적 텍스트를 만들어내어 기존의 텍스트 희소성을 해소시켰을 뿐 아니라 책의 개인 휴대성을 가능하게 만들었다.[45] 맥루언이 파악한 바로는 이와 같은 변화는 책을 읽는다는 것을 이전과는 전혀 다른 성질을 가진 행위로 탈바꿈시키는 계기가 되었다. 즉 "인쇄본을 읽는 독자는 그 인쇄본의 저자에 대하여 필사본을 읽는 독자의 경우와 전혀 다른 관계를 가지게 되었는데 인쇄는 점차 소리내어 읽는 음독을 무의미하게 만들었다"[46]

묵독의 보편화는 종이의 가격이 점차 하락하고 띄어쓰기가 일반화되면서 더욱 가속화되었다. 이와 같은 변화는 읽는 것과 재연을 구분하고 나아가 보는 것을 듣는 것에서 분리시키는 결과를 초래하였다. 혼자서 조용히 글을 읽을 수 있게 된 개인은 글을 읽어 내려가는 낭랑한 소리와 함께 일어나는 동시적 지각을 상실하게 되었다. 따라서 읽기는 순수하게 시각적 경험으로 국한되고 더욱 내적인 지향을 갖는 활동이 되었다. 묵독하는 개개인은 이제 단어를 내적으로 듣는 법을 터득하게 된 것이다. 월터 옹(Walter Ong)이 말하는 새로운 유형의 '내적 스피치'가 가능해진 것이다. 즉 이제 독서는 구어적이고 공적인 활동이 아니라 시각적이면서 사적인 활동이 되어버렸다. 지식 습득과 전승의 구어적 커뮤니케이션 구조가 만들었던 공동체적 의식은 인쇄술의 등장으로 더 이상 발붙일 곳을 잃어버렸다. 대신 독립적 개체로서 개인에 대한 의식과 이의 포괄적 실천규범이라고 볼 수 있는 개인주의가 그 자리를 차지했다. "필사본이 사라지고 인쇄가 지배적인 것이 되면서 영역간의 상호 작용이나 대화는 사라지고 오직 수많은 '관점'만이 존재하게 되었다."[47] 그리고 개인적 관점의 부각은 이어 전문화의 등장과 발전으로 이어진다.

문자적인 기계사회는 공간적으로 개인을 집단에서 분리시켜 사생활을 신장했다. 사고에 있어서는 관점의 신장을, 일에 있어서는 전문성의 신장을 가져오는데, 이리해서 개인주의와 관련되는 모든 가치가 탄생하게 되었다. 하지만 동시에 인쇄기술은 인간을 동질화해서 대규모 군사주의, 대중정신, 대중획일성 등을 만들어냈다. 인쇄는 인간에게 개인주의의 사적인 습관과 함께 절대적인 순응을 요구하는 공적인 역할도 주었던 것이다.[48]

인쇄로 인해 개인이 탈부족화되었다는 맥루언의 주장은 바로 인쇄가 집단적 삶에서 개인을 분리시켜 공동체의 집단적 정체성을 상실하게 되는 시각적 인간의 변모를 지적한 것이다. 개인의 자율성, 자기표현의 자유 등의 근대적 이데올로기가 주목하는 것과 달리 맥루언에게 개인주의는 고립주의의 변형으로 이해되고 있다.

시각적 인쇄문화는 정치적 지형에도 큰 변화를 가져왔다. 무엇보다 인쇄는 근대국가의 등장과 발전에 획기적 역할을 담당했다. 맥루언에 의하면 한 마디로 "인쇄와 민족주의는 동일한 가치와 의미를 지니고 있다."[49] 언어가 '높은 시각적 정세도'를 갖춘 형태로 새롭게 등장하면서 언어 공동체의 지리적 영역 내에 일종의 일체감을 형성하는 계기를 마련하였다는 것이다. 사람은 인쇄된 언어를 통해 자기 자신의 민족적 정체성을 발견하게 되었다. 그들이 사용하던 지방 토속어가 이제 시각적으로 '확인'되면서 동일 지방어를 사용하는 지역은 동질적인 민족적·문화적 뿌리를 가지고 있다는 생각과 함께 통합되는 결과를 가져왔다.[50] 앤더슨이 말하는 '상상적 공동체'로서 근대 민족국가의 형성이 본격적으로 시작된 것이다.[51] 이니스식으로 말하자면 인쇄의 공간적 추동력이 특정 지방어를 표준적인 언어로 규정하면서 지역적 통합과 확장을 동시에 실현하였다. 이렇게 하여 형성된 동질성은 동질적인 법체계의 발전으로 이어지고 이는 다시 우리가 근대적 가치라고 부르는 것들의 등장과 발전을 촉진하는 일련의 변화로 이어진다. 이렇게 보면 근대는 인쇄의 산물이며 그 속에 사는 근대인은 말 그대로 활자형 인간이라 부를 만하다.

활자는 급격한 인간의 확장이었기에 인간의 정신적·사회적 환경 전체를 새롭게 형성하고 변화시켰다. 이후 전혀 관련이 없어 보이는 다양한 현상의 출현은 알고 보면 활자에 그 직접적인 원인이 있다. 예를 들자면, 민족주의, 종교개혁, 어셈블리 라인과 그 파생물, 산업혁명, 인과율이라는 개념, 우주에 관한 데카르트적이고 뉴턴적인 개념들, 예술에서의 관점, 문학에서의 이야기체 연대기 그리고 내성이나 내적 지향과 같은 심리학적 상태 등이 여기에 해당된다. 그리고 이들은 2,000년 전 표음문자가 만들어놓은 개인주의와 전문화의 경향을 급속도로 강화한다. 사고와 행동의 균열이 제도화되고, 알파벳이 만들어놓은 파편적 인간은 결국 모래알처럼 쪼개진다. 이때부터 서구인은 구텐베르크인이 되었다.[52]

역설적이게도 인쇄문화는 19세기말 문자해독의 보편화와 함께 절정기를 맞이하는 바로 그 순간 파멸의 씨앗도 함께 잉태하고 있었다. 맥루언에 따르면 인쇄술 등장 이후 약 400년 간 지속된 인쇄문화시대는 전신의 발명과 함께 역사의 내리막길로 들어선다. 전기라는 전혀 새로운 테크놀로지를 기반으로 탄생한 전신은 이후 등장하는 전자매체가 본격적인 전자문화시대의 꽃을 피울 수 있는 길을 터주었다. 그렇다면 새로운 시대라고 불릴 정도로 이들 새로운 매체가 인간의 삶에 가져다준 변화는 무엇일까? 그리고 이러한 전자매체의 위력은 과연 어디에서 나오는 것일까?

전기미디어의 등장이 가져온 가장 중요한 변화는 구어문화의 핵심적 측면들을 다시 부활시켰다는 점이다. 인쇄문화시대에서 전자문화시대로의 전환은 맥루언식으로 표현하자면 시각적 시대에서 청각적 시대로의 회귀라고 말할 수 있다. "오늘날 전기가 전지구적 규모의 극단적인 상호 의존성을 낳게 되면서 우리는 다시 급속하게 동시적으로 전체를 인지하는 청각적 세계로 진입하고 있다"고 맥루언은 지적한다.[53] 그리고 이 같은 청각적 반전을 주도한 매체로 맥루언은 텔레비전을 첫 번째로 꼽고 있다. 앞서 살펴본 바와 같이 맥루언은 텔레비전이 인간의 경험을 완전히 다른 방식으로 조직화하는 매체라고 보았다. 인쇄와 달리 텔레비전은 눈에만 국한된 매체가 아니라 다양한 감각적 수단을 활용하는 매체이다. 우선 텔레비전이 시각과 청각을 사용한다는 것은 명백하다. 하지만 맥루언의 주장에 따르면 전기와 더불어 TV는 촉각적 매체이다.[54] 이때 맥루언은 '촉각적'이라는 말을 감각 사이의 상호 작용의 극대화 상태를 일컫기 위해서 사용하고 있다. 그리고 "촉각성은 감각을 분리하여 현실을 선형적 연속성에서 파악해가는 양식이 아니라, 상호 작용의 양식이고 인간의 실존양식"이라고 보았다.[55] 때문에 인쇄에 의해 "오랫동안 분열된 상태에 있던 감각은 현대의 의식 속에서 다시 한번 통합적·포괄적"으로 상호작용하게 되고 인간은 부족인의 구술적 온전함을 회복하게 된다.[56]

하지만 전자미디어의 구술성은 과거 구어문화시대의 구술성과는 질적인 차이를 가진다. 구어적 커뮤니케이션과 달리 전자 커뮤니케이션은 시간과 공간이라는 측면에서의 물리적 제약을 받지 않는다. 전자문화시대에 들어오면서 인간은 매체의 도움으로 최대한의 감각확장을 경험하게 된다. 따라서 전자문화시대에 다시 복원되는 구어적 특징들은 그 규모와 범위에 있어 가히 혁명적이라 할 만하다. 구어문화의 대표적 특징인 공동체적 상호 작용은 이제 한 부족집단의 울타리를 넘어 전지구적으로 이뤄진다. 한 마디로 맥루언에게 전자문화 시대는 심층적 관여를 통한 전지구적 재부족화를 의미한다.

전자파의 발견은 인간사에 있어서 동시적 '장'을 재창조하여 인류라는 가족이 오늘날 '지구촌' 아래 존재하게끔 하였다. 우리는 옛날 부족들의 북소리가 미칠 수 있는 작은 공간만큼이나 온 세계가 응축된 오직 하나뿐인 공간에서 살고 있다.[57]

맥루언의 '지구촌'이라는 개념은 바로 전자매체로 인한 초영토적 재부족화를 의미한다. 그리고 이는 인쇄문화의 시각적 공간과 대비되는 구어문화의 음향적 공간의 현대적 재현이라고 볼 수 있다. 음향적 공간은 문자 이전 인간이 감각의 통합적이고 전체적인 활용을 통해 세상을 경험하던 그런 청각적 세계를 말한다.

청각적 공간에는 우선적인 초점(point of favored focus)이 없다. 여기에는 정해진 범위도 존재하지 않는다. 무언가를 담고 있지도 않고 그냥 그 자체로 존재하는 그런 공간이다. 회화적 공간도 갇힌 공간도 아니다. 이것은 역동적이고 항상 변하며 순간순간 자신의 범위를 창조하는 그런 공간이다.[58]

이것은 '중앙과 주변의 구분이 없는' 공간이며 이런 면에서 시각적인 공간과는 전혀 다른 것이다. 시각적 공간이 '눈의 확장과 강화'

를 통해 성취된 공간이라면 음향적 공간은 모든 감각의 동시적인 상호 작용으로 파악되는 공간이다.[59] 그렇기 때문에 음향적 공간은 유기적이고 통합적인 감각작용의 장이면서 총체적이고 동시적인 관계의 장이다. "이러한 세계는 마치 부족의 북소리에 의존하는 작은 세계, 상호 의존적이고 공존이 불가피해진 그런 세계이다."[60] 그리고 새로운 전자매체의 출현이 우리 인간을 다시 이 공간으로 되돌아갈 수 있게 만들었다는 것이 맥루언의 주장이다. 그렇다면 인쇄문화시대와 비교할 때 전자매체와 더불어 사는 인간의 삶이 어떻게 달라졌기에 맥루언은 이와 같은 주장을 하는가? 이제 우리의 또 다른 삶의 환경이라고 할 수 있는 사이버공간에서 일어나는 변화를 살펴봄으로써 맥루언이 이야기하고자 한 바의 의미를 나름대로 파악해보자.

전자매체를 통해서 경험하게 되는 공간은 우리가 일상적으로 경험하는 물리적인 공간과 다르다. 예컨대 전자시대를 사는 인간은 물리적인 한계 속에 존재하는 육체와 달리 자신의 전자 대리인을 통해 무한한 공간 속에 동시에 존재할 수 있게 된다. 이런 면에서 맥루언의 지구촌 개념은 단순히 '세계는 한 지붕 밑에'라는 인간 상호 작용의 물리적 범위 확대만을 의미하지 않는다. 이는 그 속에서 살아가는 인간경험의 질적 변화까지 포함한다.

지구촌에 사는 인간들은 이제 일회적이고 직접적인 경험만 하는 것이 아니다. 전자매체의 발전은 이제 사건의 본질적 특성이었던 일회성과 불가역성을 무색하게 만들어버렸다. 전자시대를 사는 인간은 어느 특정 시각에 어느 한 장소에만 존재하는 것이 아니라 동시에 여러 곳이 부재하면서도 현존할 수 있게 되었다. 기존의 물리적 관점에서 보자면 존재하지 않는 것이지만 전자적 가상현실이라는 측면에서 보자면 개별적 존재를 넘어 편재하는 것이다. 이와 같이 정보가 전기적 속도로 움직이는 현대사회에서는 각 과정의 의미가 불분명해진다. 이에 따라 발생하는 중요한 변화는 인쇄시대의 선형적 명료성이 더 이상 유지되지 못하고 총체적 즉각성으로 대치된다는 사실이다. 모든 것이 모든 곳에서 동시에 일어날 수 있게 되고 또 동시에 이를 경험할 수 있게 된 것이다.

이러한 상황에서는 명확한 질서나 순서 같은 것이 존재하지 않는다. 기존의 공간개념은 이제 하나의 통합된 장으로 바뀌게 된다. 이 같은 변화는 바로 전자매체의 출현으로 시각적 감각에만 의존하던 기존의 지각양식이 공감각적 지각양식으로 바뀌어 생기는 것이다. 전자매체에 의해 극도로 확장된 인간감각은 이제 물리적 공간을 초월한 인간경험을 가능하게 만들었다. 맥루언이 언급하는 과거 음향적 공간의 현대적 재현으로서 지구촌은 바로 이러한 상태를 의미한다.

음향적 공간으로의 회귀는 외부 세계에 대한 지각과 경험방식에 영향을 미쳐 새로운 형태의 사고와 세계관을 시대적 의식으로 등장시킨다.[61] 그리고 이 새로운 의식은 사회의 모든 영역에서 다양한 방식으로 표현되고 표출된다. 하지만 이 다양성과 관계 없이 모든 영역에서의 변화가 흘러가는 방향은 인쇄문화의 시각적 유산과의 단절이다.[62] 개인주의, 전문성, 합리성과 같은 인쇄시대의 시각적 관념들 뿐아니라 대의정치 시스템, 정당, 노동조합, 중앙집중적 정부, 관료적 교육 시스템과 같은 시각적 제도들의 위세도 점점 그 힘을 잃게 된다. 이제 차가운 머리와 냉철한 생각으로 사물을 엄밀하게 분리하기 보다

는 뜨거운 가슴과 따뜻한 느낌으로 사물에 심층적으로 관여하는 경향
이 사회적 경험의 모든 층위에서 나타난다. 이 같은 경향에 의해 새롭
게 등장하는 세계를 맥루언은 다음과 같이 묘사하고 있다.

> 개인주의적이고 사적인 시대, 분절적이거나 '응용' 지식의 시
> 대, '관점'과 전문화된 목표의 시대, 이런 시대는 이제 포괄적
> 인식으로 대변되는 모자이크적 세계로 대체되고 있다. 이는 시
> 간과 공간이 텔레비전, 제트비행기, 컴퓨터 등에 의해 극복되는
> 세계이다. 완벽히 전기적인 장(field) 속에서 모든 것이 서로서
> 로에게 울림을 주는 동시적이면서 '총체적 즉각성'을 가지는 그
> 런 세계이다. 선형적이고 인과적인 사고과정을 창출하는 전통
> 적인 연결방식에 의해서가 아니라, 공백이나 틈으로 에너지를
> 만들어내고 이해하는 그런 세계다. 동시 탐미적이고 불연속적
> 이며 통합적인 의식의 세계이다.[63]

3 맥루언식 문명론의 정치사회학적 함의

'맥루언 르네상스'라고 할 만한 맥루언에 대한 새로운 관심과 평가가
1990년대에 들어서면서 현저히 증가했다는 사실은 시사하는 바가 크
다. 첫째는 1990년대의 사회문화적 조건과 맥루언 작업이 갖는 관계
라는 측면에서 그러하다. 맥루언의 생각들이 그의 생전에 진지하게
논의되고 평가되지 못한 것은 맥루언의 말대로 우리 모두가 '백미러

식 관점'에 빠져 있었기 때문인지 모른다. 컴퓨터의 놀라운 위력과 효과를 목격하고서야 어렴풋이 알아차리게 된 "테크놀로지가 우리 신체의 확장"이라는 말의 의미를 1960년대 당시 이해하기란 그리 쉽지 않았을 것이라는 추정이 가능하다. 다시 말해서 근래 전자매체의 발달이 '패턴 인지'가 가능할 정도의 유례없는 신속한 사회적 변화를 야기하면서 비로소 맥루언의 이야기를 실감하게 된 측면이 없지 않다는 말이다. "맥루언이 말해야 했던 많은 것들이 1964년보다는 1994년에 훨씬 큰 호소력을 가진다"라는 지적은 바로 이와 같은 맥락에서 맥루언에 대한 최근 관심을 이해하는 입장일 것이다.[64] 두 번째는 1990년대의 학문적 경향과 맥루언의 재등장이 갖는 관계라는 측면에서의 시사점이다. 이는 맥루언 르네상스가 그의 학문적 정체성에 대한 판단을 전제로 진행된 것이라는 사실을 함축하는 것이기에 의미가 크다. 1980년대에 시작된 사회과학에서의 '포스트' 논쟁은 1990년대 초반을 지나면서 정점에 이르렀다. 맥루언에게 새로운 관심이 모아진 시기는 정확히 이 시점과 일치한다. 특히 이 시점이 포스트모더니즘에 대한 담론이 절정을 이루는 때였다는 사실은 단순히 우연은 아닌 것으로 보인다. 이런 점에서 맥투언이 전자문화시대로 규정하고 있는 현대사회를 이해하는 방식과 포스트모던이라는 현대사회의 새로운 시대적 감수성에 주목하고 있는 포스트모더니즘 이론가들의 입장 사이에 어떤 관련성이 있는가를 살펴보는 것은 맥루언 작업의 성격을 분명히 한다는 점에서 의미 있는 일이라 생각된다.

맥루언은 포스트모더니스트인가? 이 질문에 명쾌하게 답하기는 그리 쉽지 않다. 어쩌면 질문 자체의 모호함 때문인지도 모른다. 이에 답하기 전에 질문에서 말하는 포스트모더니즘의 정체를 묻는 또다른 질문에 먼저 답해야 하기 때문이다. 그리고 이 질문 역시 애초 질문보다 답하기 어려우면 어려웠지 더 쉬워 보이지는 않는다. 하지만 맥루언의 언명들을 포스트모던 이론가들이 포스트모던 사유 또는 포스트모던 양상을 지시하는 일반적 방식들에 비추어 평가하는 수준에서 이 질문에 대한 잠정적 답을 모색해볼 수는 있으리라 본다. 그리고 이 수준에서 보면 실제로 맥루언이 제시한 전자문화시대의 양상에 대한 설명은 포스트모더니즘 이론가들의 입장과 유사한 측면이 많다. 우선 그중 몇 가지만 살펴보자.

이미 앞에서 물리적 공간을 초월한 인간경험을 가능하게 하는 전자시대의 음향적 공간이 갖는 특징에 대해서 살펴보았다. 특히 사이버공간이라고 불리는 새로운 경험의 장은 실재적 공간 못지않은 현실성을 가지고 있다.[65] 실제로 사이버공간과 현실공간의 구분이 모호해지면서 발생하는 다양한 현상들을 우리는 목격하고 있다. 전자문화시대의 음향적 공간이 갖는 속성에 대한 맥루언의 지적은 바로 주체와 객체, 실재와 비실재의 경계와 구분이 소멸되고 있는 현대사회의 현상에 주목하고 있는 것으로 보인다. 다시 말하면 전자매체의 발달로 가능하게 된 사건의 가역성과 부재의 현존 체험 등은 커뮤니케이션의 '사회적 실재성'을 높이고, 이는 매체의 발달로 확장된 인간감각을 통해 실재와 같거나 실재보다 더 실재 같은 상황으로 전개되기 때문이라는 것이 맥루언의 주장이다.[66] 이와 같은 맥루언의 인식은 보드리야르가 포스트모던적 의사소통의 조건을 설명하기 위해 도입한 '과잉현실(hyperreality)', '시뮬라크라(simulacra)', '내파(implosion)'

등의 개념과 일맥상통하는 부분이 많다.[67]

실제로 존재하지 않는 대상을 존재하는 것처럼 만들어놓은 것을 지칭하는 시뮬라크라는 재현(representation)이나 모방(mimesis)과는 다르다. 재현과 모방은 실체의 존재를 가정한다. 그러나 시뮬라크라는 실체와 실체를 모사한 이미지를 구분하는 이분법적인 사고방식을 거부한다. 그것은 원본 없는 이미지이며 그 자체가 현실을 대체한다. 전자문화시대에서의 현실감각도 이미지에 더 많은 영향을 받게 됨으로써 이미지를 현실보다 더 현실적인 것으로 만든다. 이와 같은 상태를 일컬어 보드리야르는 과잉현실이라고 부른다. 그가 말하는 이 같은 포스트모던적 의사소통이 지닌 특성은 전자매체시대의 음향적 공간 속에서 나타나는 인간의 지각구조변동을 지적한 맥루언의 생각과 내용적 측면에서 크게 다르지 않다.

비록 보드리야르 자신은 맥루언의 주장을 기술이상주의의 전형이라고 지적하지만 포스트모던적 의사소통의 성격을 논하는 그의 글 곳곳에는 전자문화에 대한 맥루언의 통찰이 담겨 있다. 무엇보다도 매체가 매개하는 것이 메시지가 아니라 매체가 구현하는 형식적 코드라는 지적은 맥루언의 매체론과 그 핵심에서 크게 달라 보이지 않는다. 그리고 매체가 메시지라는 맥루언의 이론적 설정은 모든 내용물의 의미가 매체가 만들어낸 과잉현실 속에서 용해됨으로써 '비의사 소통의 시스템'이 생겨나 '매체의 소멸' 또는 '죽음'에 이르게 된다는 보드리야르의 포스트모던 의사소통이른의 기초가 되고 있다.[68]

'매체가 메시지다'는 메시지의 종말만을 의미하는 것이 아니라 매체의 종말도 의미한다. 말 그대로 매체는 더 이상 존재하지 않는다. 즉 현실에서 다른 현실로, 실재의 하나의 상태에서 다른 것으로의 매개적 운반체는 더 이상 없다.[69]

매체가 메시지라는 맥루언의 명제가 함축하는 것은 매체의 성격에 따라 메시지가 달라진다는 일반적인 의미 외에도 매체가 매개하는 인간인식의 대상이 갖는 의미가 자의적이라는 사실이다. 그리고 이와 같은 그의 주장은 기표와 기의 사이의 자의적 관계를 상정한 후기구조주의 이후의 인식과도 통하는 부분이다. 문자와 인쇄술의 등장으로 보편화된 시각적 문화가 합리성이나 이성적 행위 등으로 대표되는 서구적 삶의 방식을 지극히 자연스럽고 당연한 것으로 믿게 만들었다고 맥루언은 지적한다. 하지만 인류역사에서 근대가 시작된 이후부터 우리가 삶의 보편적 진리라고 믿어왔던 대부분의 것들은 표음문자와 인쇄술에 의해 인위적으로 만들어진 것이라는 점 역시 맥루언은 누누이 강조하고 있다. 그렇기에 일반적으로 우리가 부르는 근대성이라는 선형적 심리구조와 가치체계는 자연 발생적인 것이 아니라 인쇄된 문자를 읽고 쓰는 과정에서 생겨난 지각관습의 산물에 지나지 않는다. 바로 이와 같은 인식의 바탕에 깔려 있는 것은 진리, 현실 그리고 '자연적인 것'에 대한 회의이다. 한 마디로 모든 것은 기술이 만들어내는 잠정적이고 가변적인 구성물에 지나지 않는다는 것이다. 해버스(G. Havers)는 맥루언을 포스트모더니스트로 보아야 하는 이유를 바로 진리와 신화에 대한 엄격한 구분을 부정하는 맥루언의 이와 같은 인식에서 찾고 있다.[70]

문화적 측면에서 포스트모던시대의 특징으로 자주 언급되는 것 중 하나는 장르의 해체와 장르 간의 구별이 사라지는 현상이다. 이것은 고급문화와 대중문화의 뒤섞임, 화해, 공존 같은 방식으로 모든 문화적 영역에서 표현되어 나타난다. 이와 같은 포스트모던 문화현상에 대한 이해 역시 매체가 메시지라는 맥루언의 언명 속에 함축되어 있었다. 매체가 메시지라는 말 속에는 문화의 형식, 특히 커뮤니케이션 기술이 한 사회의 감정과 취향의 지배구조를 변화시킬 수 있다는 통찰이 깔려 있다. 새로운 매체의 등장은 기존의 문화적 감수성을 그 매체가 선호하는 문화적 감수성으로 대체한다. 맥루언에 의하면 기술의 변화는 새로운 미학적 가능성을 열어놓는다. 예컨대 인쇄매체는 공간에 대한 기본적인 개념을 변화시키고 이어 구어문화시대의 원형적 마을을 바둑판 같은 선형적인 도시로 바꾸어놓듯이 인간에게 만족스러운 공간적 배열패턴이 어떤 것인가에 대한 미적 기준을 변화시켰다.[71] 마찬가지로 전자대체는 또 그들 나름의 방식으로 새로운 미적 기준을 현대사회에 부여한다. 이렇게 본다면 맥루언에게 매체가 야기하는 변화의 의미는 그것이 갖는 실용적 가치의 측면보다도 미적 취향의 측면이 훨씬 더 강하다고 볼 수 있다.

맥루언은 예술과 효용성, 미적인 행위와 실용적인 형식 간의 구분을 무너뜨렸다. 자동차, 옷, 전구 등을 포함한 모든 물건은 그것의 효용성보다는 미적 요소에 의해 지배된다. 이것들의 의미는 이해와 행위의 관점에서가 아니라 취향의 관점에서 이해되어야 한다. 좀더 구체적으로 말하자면 각각의 커뮤니케이션 매체는 정보전달이나 설득, 통치 등의 실질적 목적달성의 잠재력과 관련해서가 아니라, 새로운 방식으로 미적인 경험의 욕구를 자극할 수 있는 가능성으로 이해되어야 한다.[72]

그리고 전자매체가 우리에게 가져다준 문화적 감수성은 인쇄문화시대의 선형적이고 시각적인 가치체계를 부정하는 방식으로 형성된다. 다시 말해서 가치에 대한 수직적 위계체계가 수평적 병렬체계로 대체되는 전자문화의 일반적 경향 속에서 문화적 취향의 사회적 의미 역시 이전과 전혀 다른 방식으로 구성된다. 이런 맥락에서 볼 때 문화를 고급과 저급 또는 엘리트와 대중 등의 수식어와 함께 구분하는 것은 인쇄문화의 전문주의 또는 분리주의의 전형적 양태이다. 시각적 공간에서 통용되던 이 같은 나누기의 관습은 현대의 전자문화 속에서는 무의미한 것이 되어버린다. "문자문화적인 인간은 '대중문화'와 '대중오락'에 대해서 방어적으로 오만하게 얕보는 태도를 취함으로써 스스로의 어리석음을 크게 드러내고 만다"라고 말하면서 맥루언은 전자문화시대의 문화적 감수성이 이전 시대와는 전혀 다른 것임을 강조한다.[73] 그리고 이는 근대적 패러다임의 객관적인 선형적 논리가 현대 사회에서는 더 이상 적절하지 않다는 지적이기도 하다.

미디어가 깊은 체험의 수단이 될 때, '클래식'이냐 '대중적'이냐, 또는 '교양적'이냐 '비교양적'이냐 하는 이전의 구분은 더 이상 통용될 수 없다.⋯ 모든 사람들이 '지식인 취향'을 경원시하던 마음을 버리고, 지식인은 대중음악이나 대중문화에 대한 메스꺼움을 버렸다. 심층에서 파악되는 모든 것은 위대한 것만 큼이나 강한 관심을 불러일으키는 것이다. 왜냐하면 '심층'은 '분리·고립'되어 있는 것이 아니라 '상호 관계 속에' 있다는 것을 의미하기 때문이다. '심층'은 견해가 아니라 '통찰'을 의미한다. 그리고 통찰은 과정에 대한 정신적 참여이며, 거기에서 대상의 내용이 어떤 것인가는 이차적인 것이다. 의식 자체는 내용에 의존하지 않는 포괄적인 과정이다. 의식은 어떤 특정한 것에 대한 의식을 선결조건으로 삼는 것이 아니기 때문이다.[74]

위의 지적은 전자매체가 만들어낸 포괄적 장(total-field)에 대한 자각력이 현대사회의 곳곳에 스며들던서 분리보다는 관여가, 닫힘보다는 열림이 모든 사회적 인식의 기초가 되고 있음을 보여주고 있다. 그리고 이는 문화를 포함하는 모든 사회적 삶의 실천적 원리로 자리를 굳건히 지켜오던 이성이 이제 감성에게 그 자리를 내어줌으로써 발생하는 새로운 미학적 기준의 변화를 강조하는 것이다. 아래에 인용하는 메이로비츠(J. Meyrowitz)의 위트 섞인 지적은 이 같은 변화의 의미를 훨씬 실감나게 우리에게 전해준다.

씌어진 글과 인쇄된 글은 이성을 강조하지만 대부분의 전자매체는 느낌, 외양, 분위기 같은 것을 강조한다. 인물에 대한 판단 기준 역시 '결혼형 기준'어서 '연애형 기준'으로 바뀌게 된다. "그 사람 어느 학교 나왔어?"라거나 "그 사람 잘나가는 사람이야?"라고 묻는 게 아니라 그냥 "너 그 사람 좋아해?"라고 묻게

된다.[75]

　축약하면 맥루언은 커뮤니케이션 기술의 변화가 다양한 경험표
현양식을 창출할 수 있다는 사실과 특히 전자매체의 탈중심적 속성
이 문화적 취향의 위계적 질서를 수평적 공존으로 전환시킨다는 사
실을 그 누구보다 일찍 간파하고 있었다. 그리고 현대 전자문화시대
의 미학적 지각변동에 대한 그의 통찰은 포스트모던 이론가들이 현
대사회의 문화적 양태를 이해하려는 노력 속에서 다시 살아나고 있
다. 이렇게 본다면 "전자매체가 사회조직과 문화적 삶의 성격을 질
적으로 바꿔놓게 될 포스트모던 시대의 도래를 예언한 최초의 포스
트모더니스트"라는 맥루언에 대한 평가가 전혀 근거 없는 소리로 들
리지는 않는다.[76]

　맥루언에 대한 재발견이 포스트모더니즘과의 관련성을 모색하는
방식으로 진행되었다는 점은 매우 흥미로운 사실이다. 왜냐하면 이는
단순히 맥루언에 대한 관심의 문제를 넘어 맥루언의 학문적 정체성에
대한 기존 평가를 뒤엎고 전혀 새로운 평가의 필요성을 제기하는 것
이기 때문이다. 그동안 맥루언이 비판의 도마에 오르내리고 또 많은
학자들에게 외면당하는 데는 그의 매체이론 특히 현대사회에 대한 분
석이 탈정치의 정도를 넘어 몰정치적 순진함에 빠져 있다는 평가가
많은 기여를 했다. 그가 말하는 전자문화시대의 지구촌이란 시장 메
커니즘에 기초한 제국주의의 또 다른 표현에 지나지 않기 때문에 그
의 이론이 '부르주아 매체론'의 사례일 뿐이라는 주장은 맥루언의 몰
정치성을 비판할 때 등장하는 단골메뉴였다.[77] 이런 점에서 현대사회

에 대한 비판적인 정치적 아젠다를 그 밑바탕에 깔고 있는 포스트모더니즘 담론과 맥루언의 조우는 '잘못된 만남' 같아 보이기까지 한다. 특히 맥루언의 몰정치성에 다한 비판은 그의 보수적 성향에 대한 지적이기도 했다는 점에서 더욱 그러하다.[78] 하지만 이와 같은 생각은 맥루언의 현대문명론 속에 녹아 있는 그의 사회비판적 의식에 토대를 둔 정치성을 간파하지 못하기 때문에 생기는 오판이라는 주장 역시 만만치 않게 제기되고 있다. 여기에서 한 발 더 나아가 맥루언을 좌파적 비판이론가로 분류해야 한다는 목소리도 여기저기서 들린다. 예를 들면 스탬스와 그로스윌러(P. Grosswiler)의 경우가 그러하다. 스탬스는 맥루언과 프랑크푸르트학파의 대표적 연구자인 벤야민과 아도르노 사이의 유사성에 주목하면서 맥루언의 역사분석을 마르크스 분석의 변증법적 전통에 결부시키고 있다. 그녀는 맥루언을 두고 '모더니티 비판가'였을 뿐 아니라 "비판적 정치경제학과 초기 프랑크푸르트학파의 합리성 비판을 융합하여 나름의 캐나다식 비판이론"을 만들어낸 사람으로 평가한다.[79] 스탬스가 역사가로서의 맥루언에 대한 해석을 시도하고 있다면 그로스윌러는 커뮤니케이션 이론가 맥루언에 초점을 맞추고 있다. 하지만 마르크스주의 전통 속으로 맥루언을 끌어들이고 있다는 점에서는 스탬스와 전혀 다르지 않다. 그로스윌러는 맥루언이 "마르크스주의가 놓쳤던 미디어 진화이론"을 제공하고 있다고 그의 작업을 평가하고 있다. 그리고 그의 방법론은 헤겔과 마르크스 변증법과 맞닿아 있으며 이를 이어받은 "벤야민, 아도르노, 호르크하이머뿐 아니라 문화연구 이론가, 포스트모더니스트"와도 밀접하게 관련을 맺고 있다고 주장한다. 따라서 비판 이론가로서 맥루언이 제공하는 통찰은 "헤게모니, 이데올로기 그리고 실천"같은 마르크스 분석의 핵심 개념을 포괄하는 것이라는 평가를 내리고 있다.[80]

이상의 평가를 근거로 한다면 맥루언에게 사회비판이론가의 면모가 있다는 점을 부정하기는 어려워 보인다. 실제로 맥루언의 언명 속에서 사회비판적 의식들을 찾기란 그리 어렵지 않다. 일례로 그가 1968년《플레이보이》와 가진 인터뷰에서 언급한 것만 보더라도 그 당시로서는 파격적이라 할 만한 내용들이 상당히 많다. 정치제도, 교육시스템, 인종문제, 섹스, 마약 등의 문제를 바라보는 그의 입장은 비판적인 것을 넘어 전복적이라 할 만하다. 이를 보면 분명 그의 인식이 1960년대 미국사회를 휩쓸었던 반문화의 저항적 정서와 잘 맞아떨어졌다는 생각을 가질 수밖에 없다. 그리고 근대적 경험형성의 과정이 인간의지의 산물이 아니라 쓰기와 인쇄의 일방적 강요에 의한 것이라는 그의 지적 자체가 함축하고 있는 사회비판적 기능 역시 인정해야 할 것이다. 하지만 이 모두를 감안하더라도 그를 현대 자본주의 구조의 모순에 대항해서 새로운 사회적 변혁을 꿈꾼 비판적 좌파이론가라고 평가하는 것은 지나쳐 보인다. 무엇보다도 '비판이론'을 서구의 자본주의적 정치경제에 대한 급진적 비판과 인간해방의 정치적 아젠다를 생명으로 하는 실천적 기획으로 여전히 간주한다면 더욱 그러하다.

그의 초기 저서인 『기계신부(The Mechanical Bride)』가 자본주의의 첨병인 광고에 대한 비판적 분석을 담고 있다거나, 이후 저서 이곳저곳에서 비판이론가의 주장을 닮은 내용이 있다고 해서 그의 작업을 비판이론의 해방적 기획으로 단정하는 것은 지나친 성급함으로 보인다. 오히려 근대 자본주의적 산업사회나 인쇄의 개인화 성향에 대한 그의 불만이 그의 보수적인 정치성향에서 나온 것이라는 지적도 한 번쯤 눈여겨보아야 할 것이다.[81] 그리고 인쇄문화시대에 대한 부정적 태도와 전자문화시대에 대한 낙관적 전망 모두 중세적인 종교적 일체성을 염원하는 맥루언의 반동적 복고주의에서 비롯된 것이라는 주장에 대해서도 무작정 눈감아 버릴 수만은 없을 것이다.[82] 시각성에 근거한 근대적 경험에 대해 문제를 제기하고, 진리와 신화의 관계를 이해하는 방식에서 포스트모던적 사유의 흔적이 있다고 해서 사회학적 의미의 '비판적'이라는 수식어를 맥루언에게 붙일 수 있는 것은 분명 아니다. 왜냐하면 진리와 신화의 관계를 밝힘으로써 지배와 억압의 현실을 폭로할 수도 있지만, 지배와 억압의 현실을 숨기고 정당화하는 데도 진리를 가장한 신화가 사용될 수도 있기 때문이다.

IV

맥루언의 뿌리
트리비움과 신비평

맥루언을 처음 접하면 당혹스럽기 마련이다. 가끔씩 뭔가 심오한 통찰을 제공하는 것 같으면서도 도무지 종잡을 수 없다는 느낌을 지울 수 없다. 맥루언에 대한 이 같은 인상은 그의 글을 통해서 뿐만 아니라, 그를 직접 대면한 사람까지도 모두가 한결같이 느꼈던 것이다. 그래서인지 맥루언은 한때 북미에서 선풍적인 인기를 누렸지만 생존해 있을 당시에나 그 이후에도 학계로부터 존경받거나 명성에 어울릴 만한 학파를 형성하지 못했다. 물론 최근 들어 '맥루언 르네상스'라 부를 만큼 그에 대한 관심이 부활하고 있는 것도 사실이지만 여전히 그와 그의 저작에 대해서는 뜬금없이 수수께끼를 접했을 때와 같이 어딘지 난해하다 못해 황당한 느낌을 지울 수 없다. 과연 맥루언은 그를 폄하하는 사람들의 말처럼 60년대라는 문화적 격동기에 잠시 반짝했던 '지적인 사기꾼'에 불과한가 아니면 그를 추종하는 사람들의 평가처럼 동시대인들이 이해하기에는 지나치게 시대를 앞질러갔던 예언자적 존재인가?

맥루언이 학계에서 존경받지 못했던 이유는 다양한 방식으로 설명할 수 있다. 어떤 사람들은 그가 학문적으로 입증하기에는 지나치게 거창한 역사를 논했기 때문이라고 지적한다. 인류의 역사를 매체에 따라 구어시대—필사시대—인쇄시대—전자시대로 4등분해서 얘기하는 것 자체가 학문적으로는 무리일 수밖에 없다는 지적이다. 또 다른 이들은 커뮤니케이션 매체를 가지고 인간의 인식과 지각작용뿐만 아니라 사회변동까지 모두 한꺼번에 설명하려는 시도를 문제의 발단으로 지목한다.

예컨대 인쇄술을 개인주의와 민족주의 그리고 자본주의와 같이 복잡다단한 현상을 야기한 원인으로 규정하는 것은 한계가 있을 수밖에 없다는 비판이다. 그러나 맥루언이 주장한 내용도 문제지만 그가 얘기를 전개하는 방식이 더 큰 문제라고 지적하는 사람도 많다. 자신의 주장을 객관적으로 검증 가능한 역사적 사실에 근거하지 않고 블레이크, 예이츠, 엘리엇, 제임스 조이스 등과 같이 자신이 선호하는 시인의 시구를 인용하거나 과학적으로 입증되지도 않은 신경생리학 이론을 멋대로 가져다 씀으로써 정당화하려는 행태는 학문적으로 용인할 수 없다는 비판이다.

맥루언이 엄청나게 거창하고 중요한 얘기를 철저한 논리적 분석이나 경험적으로 검증된 가설을 통해 입증하지 못했을 뿐만 아니라 은유, 경구, 재담 등과 같이 학술적이지 않은 표현방식을 사용해서 전개했다는 것은 의심할 여지가 없다. 그의 얘기는 어쩌면 애초부터 엄밀하게 분석하고 관련 있는 경험적 사실을 축적함으로써 연구할 만한 가치가 없는 것일지도 모른다. 그러나 자칭 대오각성했다고 허풍 떠는 엉터리 도사에 불과하다고 보기에는 무엇인가 특별한 것이 그에게 있다. 그가 남긴 숱한 경구와 용어들, 특히 '매체는 메시지다', '매체는 인간의 확장이다', '정보사회', '지구촌', '핫/쿨미디어' 등은 탈산업화, 정보화하고 있는 현대문명의 특징을 적확하게 짚어내고 있다. 따라서 일단은 맥루언이 뭔가 의미 있는 얘기를 하고 있다고 가정하고, 그가 다른 사람들과 다른 방식으로 얘기했던 데에는 그럴만한 까닭이 있다고 생각하는 것이 합당할 것이다. 이제 우리에게 남은 과제는 도대체 왜 맥루언이 그렇게 독특한 방식으로밖에 표현할 수 없었는지 해명하는 것이다.

만약 우리가 왜 그리고 무엇 때문에 맥루언이 그만의 방식으로 얘기할 수밖에 없었는지 이해할 수 있게 된다면, 과연 그가 '맥루언 르네상스'를 정당화할 수 있을 정도로 '네트워크계의 수호천사'인지 가늠할 수 있을 것이다. 그러면 과연 어떻게 맥루언의 정체를 규명할 수 있을까? "누군가를 이해하고자 한다면, 그가 걸어온 지난 시절을 보라"는 말이 있듯이 때로는 과거가 현재를 이해하는 최선의 방편일 수 있다. 맥루언의 경우에도 그러하다. 맥루언의 저작을 가지고 그가 주장하고자 하는 바를 이해할 수는 있어도, 정작 그가 왜 그와 같은 얘기를 그러한 방식으로 전개하는지 이해하기는 쉽지 않다. 맥루언이 창출한 '맥루어니즘'을 넘어 그것이 가능하게 된 이유를 이해하려면, 맥루언의 성장배경과 그의 지적 견력을 추적하지 않을 수 없다. 이 글에서 우리는 맥루언의 정체를 규명하기 위해 그가 남긴 양대 지적 유산이라 할 수 있는 문명사관과 매체존재론의 뿌리를 추적할 것이다. 특히 맥루언이 케임브리지에서 유학하던 시절 배우고 익혔던 주요 테제로부터 단서를 찾을 것이다. 보다 구체적으로 맥루언이 박사학위논문을 준비하면서 다룬 서양 고중세의 교육과정인 트리비움 연구와 그가 케임브리지 대학교 영문학과의 리비스(F. R. Leavis), 리처즈(I. A. Richards), 엠프슨(William Empson) 등으로부터 배운 신비평주의에 대해 살펴볼 것이다.

그러나 우선은 맥루언이 주장했던 문명사관과 매체존재론의 골간과 그의 글쓰는 스타일이 지닌 현저한 특징을 정리하는 것이 순서일 것이다. 우선 다음 절에서 맥루언의 저작에 나타난 주요 테제와 그의 서술방식이 지닌 특징을 간략히 정리한 이후, 맥루언의 문명사관과 그의 매체존재론이 트리비움 연구와 신비평주의로부터 받은 영향에 대해 살펴보도록 하겠다. 이렇게 맥루언의 뿌리를 추적하는 작업이 성공한다면, 우리는 맥루어니즘을 그것의 태생적 한계까지 포함한 보다 넓은 지평에서 이해할 수 있게 될 뿐만 아니라, 난삽해 보이고 무질서해 보이는 그의 언설이 나름대로 일관된 문제의식과 학문관에 기초해 있음을 이해할 수 있을 것이다.

1 맥루언 테제의 성격과 형식

맥루언이 주창한 내용은 대략 다음과 같은 몇 가지 테제로 정리할 수 있다. 우선은 매체 혹은 테크놀로지 전반이 지닌 성격에 대한 얘기이다. "매체가 메시지다"라는 그의 경구가 상징하는 그의 매체존재론은 이제는 사회과학과 커뮤니케이션을 연구하는 사람들에게는 상식이 되었을 정도로 확고하게 자리잡은 학설이다. 물론 이와 관련하여 보다 세부적으로는 테크놀로지와 감각비율에 대한 논의가 있고, 매체의 정세도나 수용자의 참여정도에 기초한 매체유형론도 있다. 예를 들어, TV는 쿨한 매체여서 시청자의 적극적인 참여를 용인하는 반면, 라디오는 핫한 매체이기 때문에 다시금 부족적인 공동체 의식을 고양한다는 그의 유명한 애기도 매체유형론의 일부로 볼 수 있다.

매체와 테크놀로지가 가진 존재론적인 성격에 더해 맥루언이 전개한 또 다른 대표적 테제는 매체에 기초한 역사관이다. 맥루언에 따르면 인류의 역사는 구어시대, 필사시대, 인쇄시대 및 전자시대로 나눌 수 있다. 매체에 대한 형이상학적 테제와 마찬가지로 매우 사변적인 느낌을 주는 그의 역사관 역시 조금 더 구체적이고 세부적인 주제를 다루는 보조적인 가설을 겸비하고 있다. 표음문자와 구텐베르크의 인쇄술 그리고 전기테크놀로지의 발명으로 인해 발생한 다양한 문화적 변화에 대한 역사적인 추정을 다표적인 예로 들 수 있다. 표음문자와 인쇄술의 발명으로 인해 민족국가와 개인주의와 자본주의가 생겨났으나 전자시대로 접어들면서 직업 대신에 역할을, 선형적인 논리보다는 총체적이고 즉각적인 통감각이 강조되는 지구공동체가 도래할 것이라는 그의 문명사관 역시 이제는 어떤 미래학자들도 참고하지 않을 수 없는 주장이 되었다.

그러나 맥루언이 살아 있을 당시에 그를 주목받는 인물로 만든 가장 큰 요인은 추상적인 매체 형이상학이나 이론적인 문명사관이라기보다는 현대사회의 제 현상에 대한 당시로서는 놀랄 만큼 신선한 시각이었다. 그는 아마도 원자폭탄과 냉전과 베트남 전쟁에 골몰해 있던 시대에 커뮤니케이션 테크놀로지가 지닌 잠재력에 대해 제대로 인식하고 설파했던 거의 독보적인 인물이었을 것이다. 맥루언은 기껏해야 과대광고와 선정적인 기사를 문제 삼던 시대에 뉴스가 아니라 광고가 대중매체가 존재하는 이유라고 주장했다. 또한 사람들이 닉슨과 케네디 중 누가 더 나은 대통령 감인가를 저울질하고 있을 때, 닉슨보다는 케네디가 TV와 더 잘 어울리기 때문에 그가 당선되었다고 말했다. 맥루언은 대중매체가 시간과 공간과 정보와 사람을 통제하는 가장 막강하고 영향력있는 기제라는, 당시에는 거의 아무도 의식조차 하지 못했던 사실을 꿰뚫어봄으로써 문화비평계의 총아로 부상할 수 있었던 것이다.

이러한 면모를 감안할 때, 맥루언을 커뮤니케이션 사상가 또는 미디어 이론가로 분류하는 것은 납득하기 어려운 일이다. 물론 '커뮤니케이션'이나 '미디어'라는 말을 확장하면 가능할 수도 있겠지만, 커뮤니케이션을 사회과학 분야의 한 영역으로서 정의하는 관행을 고려한다면 맥루언을 커뮤니케이션 사상가나 미디어 이론가로 규정하는 것은 잘못이다. 그렇게 보기에는 맥루언이 다루고 탐구하는 대상의 외연이 지나치게 넓으며, 그가 얘기하고 있는 내용의 깊이 또한 사회과학적 논의의 차원을 초월한다. 그는 테크놀로지 일반이 지닌 특성을 철학적인 차원에서 접근하고 있으며 이를 토대로 인류의 전 문명을 포괄하는 거대한 문명사적 흐름에 대해 논하고 있다. 굳이 그의 논의를 학문의 범주로 분류해야 한다면, 그는 아마도 기술철학자나 문명사가로 여겨져야 할 것이다.

아무튼 맥루언의 얘기가 인류문명과 테크놀로지의 관계와 그 역사적 전개를 다루고 있는 만큼 그의 논지에 대한 평가도 그에 준하는 차원에서 이루어져야 마땅하다. 같은 역사라도 임진왜란의 원인을 논하는 것과 당시의 조세제도에 대해 논하는 것은 엄연히 구체성과 실증도 면에서 서로 다른 차원의 경험적 증거를 요구하기 때문이다. 맥루언에 대해 단지 그의 얘기가 입증하기 어려운 주장이라고 비판하는 것은 적절치 않다. 논의하는 차원이 추상적이고 다루는 대상의 외연이 포괄적인 만큼 당연히 반례라고 생각할 수 있는 사례도 적지 않을 것이며, 그가 제시한 논거와 양립 가능한 다른 해석도 충분히 있을 수 있다. 그러나 이 같은 '결함'이 치명적인 단점일 수는 없다. 누구나 공히 지니는 결함은 단점이라기보다는 논의가 이루어지고 있는 층위가 지니는 한계이기 때문이다. 맥루언을 제대로 평가하기 위해서는 그를 그가 했던 것과 마찬가지로 포괄적이고 거시적인 역사를 서술한 다른 학자의 견해와 비교 평가하는 것이 필요하다. 예컨대 헤겔, 마르크스, 토인비 등 인류문명의 전개와 발전과정에 대해 '큰 그림'을 그린 사변적인 역사가들과 그 우월과 장단을 다투어야 제대로 된 평가가 가능하다. 그러나 이러한 고려에도 불구하고 맥루언에 대한 근본적인 의문은 여전히 해소되지 않은 채 남아 있다. 맥루언은 토인비는 물론이고 마르크스나 헤겔과 비교해도 반사회과학적이고, 비역사학적인 방식으로 논의를 개진했기 때문이다.

맥루언은 역사적인 흐름을 좇는 연구를 하면서도 과학적 사실이나 역사적 증거에 충분한 주의를 기울이지 않았다. 여타의 사회과학자나 역사가와 달리 맥루언은 객관적으로 입증된 사실, 일반적으로 받아들여지는 상식, 각종 문서나 서신 등의 사료에 입각한 논증을 전개하지 않았다. 맥루언은 한마디로 '사실'(fact)에 대해 무심했다.[1]

분명 어떤 이론이든지 그것이 지식의 한 부분으로 편입되기 위해서는 그것이 주장하고자 하는 바가 명백히 상술되어야 하는 동시에, 그 주장을 검증할 있는 구체적이고도 확실한 방법이 있어야 한다. 그러나 맥루언은 그 자신 무엇을 주장하는지 상세하게 설명하지 않았을 뿐만 아니라, 다른 사회과학자나 역사가가 자신의 주장을 검증할 수 있는 근거를 제시하지도 않았다. 어쩌면 다른 이들과 논지의 타당성이나 합리성을 평가하는 기준조차 공유하지 않았다고 말하는 것이 옳을지도 모른다. 그가 기존의 학계로부터 학문적으로 인정받지 못한 것은 너무도 당연한 일이다. 그의 주장이 옳든 그르든, 그가 얘기를 전개하는 방식은 기존의 학계에서 볼 때는 같은 직종에 속하는 사람의 것이라고는 볼 수 없는, 다시 말해 전혀 '학문적'인 것이 아니었던 것이다.[2]

그렇다면 왜 맥루언은 자신의 주장을 일반적으로 받아들여지는 학술적인 증거에 기초하여 타당한 논증을 전개함으로써 입증하려 하지 않은 것일까? 한 가지 가능성은 자신의 주장이 기존의 학계가 받아들이기에는 너무나 새로운 것이어서 어떤 증거를 제시해도 소용없을 것이라고 판단했을 수 있다. 일례로 맥루언은 당시에 콘텐츠가 아니라 매체가, 어떻게 사용하는가가 아니라 테크놀로지 그 자체가 심리적으로나 사회적으로나 더 큰 영향력을 갖는다고 줄기차게 역설했었다. 그러나 반신반의하는 사람은 물론이고 그의 얘기에 일리가 있다고 인정하는 사람들조차 그러한 관점에서 현상을 이해하고 접근하지 않았다. 오늘날에도 사정은 크게 나아지지 않았다. 거의 아무도 테크놀로지나 매체 자체가 끼친 영향에 대해 경험 과학적인 방식으로 연구하지 않는다.[3] 따라서 맥루언이 기존의 학계가 자신의 이론을 학문적 논의를 통해 받아들일 가능성이 거의 없다고 판단했다고 해도 충분히 납득할 수 있다.

사실 좀더 큰 맥락에서 생각해보면, 어떤 근거(증거, 논거)도 기존의 학문 패러다임으로부터 자유로울 수 없다. 모든 증거가 이미 주어진 담론의 틀을 전제할 때에만 의미를 갖는다. 어떤 것이 법정에서, 학계에서, 심지어는 신문에서 증거력을 갖기 위해서는 그것이 사실과 무관해서도 곤란하지만 사실 여부만으로 충분한 것도 아니다. 한 조각의 도기 파편으로부터 고대사회의 사회적 위계와 가족관계를 추정해내는 고고학적 사유에서도 짐작할 수 있듯이 어떤 것도 문화에 고유한 전통과 상식과 의례로부터 독립적으로 '사실'일 수 없다. 맥루언 역시 자신의 주장이 기존의 학설과 너무 동떨어진 것이라 인식했을 경우, 그것을 입증하기보다는 기존의 관점과 학적 패러다임 자체를 바꿀 수 있는 보다 전향적인 방법에 대해 고심했을 수 있다.

여기에서 우리는 맥루언의 태생적 배경에 대해 생각해볼 필요가 있다. 그는 캐나다에서도 변방에 속하는 온타리오 주의 마니토바 출신이다. 더구나 북미에서는 소수종교에 속하는 가톨릭교 신자였다. 1950, 60년대만 해도 이 같은 사실은 맥루언을 북미문화권에서 '비주류'로 만들기에 충분하였다. 비록 맥루언이 케임브리지 대학교에서 박사학위를 취득했지만 주류 학계에서 보자면 그는 전통적인 학통과는 거리가 먼 캐나다 시골 대학 출신의 '촌놈'이었다. 더구나 그가 신봉했던 가톨릭은 보수적이고 목가적인 남부 정서를 대변하는 것이어서 상업적 진보주의가 지배했던 주류 학계와 어울리지 않았다. 따라서 누구도 이름도 없는 캐나다의 보수적인 영문학자가 학계의 대가조차 시도하기 힘든 거대담론의 기본 틀을 '정상적인' 절차와 과정을 거쳐 송두리째 흔들 수 있으리라고 생각하지 않을 것이다. 맥루언이 정상적인 경로를 통해 학계에서 두각을 나타내거나, 학문적 논쟁을 통해 문제를 제기하기보다 대중적 인기를 등에 업고 학계에 '간접적인' 압력을 행사하는 전략을 취했다 하더라도 충분히 납득할 수 있는 것도 이 같은 배경 때문이다.

그러나 맥루언이 단지 자신의 태생적 한계를 인식했기 때문에 정통적인 학문적 논의를 회피했다고 보기에는 석연치 않은 점이 있다. 비록 그가 대중적 인기를 누렸지만 그저 감각적이거나 선동적인 주장만을 일삼은 것은 아니다. 오히려 그의 애기는 대중이 이해하기에는 턱없이 난해하고 어지러운 것이었다. 맥루언은 사회과학적 증거를 포기하는 대신 시대를 초월하는 거대한 역사적 조류를 읽어낼 수 있는 증거로 예술가와 그의 작품을 들었다. 그러나 엘리엇과 에즈라 파운드, 뒤샹과 지그프리드 기디온, 윈덤 루이스 등 그가 종종 인용했던 대표적인 예술가들은 일반적인 대중이 감당하기에는 지나치게 심오하고 난해했던 것이 사실이다.

물론 그의 저작에는 광고, 만화, 신문기사, 잡지표지 등에 대한 분석과 같이 대중의 호기심을 자극할 수 있는 요소도 많이 있다. 그러나 만약 우리가 맥루언의 글을 보다 꼼꼼하게 살펴본다면, 그의 관심과 논의는 음악, 미술은 물론 영화와 종합예술을 아우르는 인문학적 통찰에 더해, 교육, 커뮤니케이션, 수사학, 테크놀로지의 역사를 넘나드는 광범위한 사회과학적 지식을 포괄하고 있음을 알 수 있다. 더구나 그는 이들을 때로는 경험적 증거의 형태로, 때로는 인용문의 형태로 그리고 때로는 시적인 경구의 형태로 사용함으로써 그와 관심을 공유하는 사람들조차 당황하게 만들기 십상이었다. 따라서 맥루언이 단지 유명세를 등에 업고 학계에 두각을 나타내기 위해 비정상적인 스타일을 고수했다 하더라도, 그것이 애초부터 계획된 것이라고 보기는 어렵다.

맥루언이 선형적이고 논리적이며 체계적인 논증방식을 사용하지 않은 이유로 생각할 수 있는 두 번째 가능성은 그가 아예 자신의 애기를 기존의 학설에 대한 대안으로 여기지 않았다고 보는 것이다. 물론 대안으로 생각하지 않은 이유를 어떻게 이해하는가에 따라 그의 입장에 대한 평가는 크게 달라진다. 자신의 주장이 기존의 이론을 대체할 만큼 학문적 경쟁력을 갖추지 못했기 때문에 대안이 될 수 없다고 생각했을 수도 있고, 아예 이론이나 학설과 같은 담론적 체계 자체를 부정했기 때문에 대안으로 생각하지 않았다고 볼 수도 있다. 맥루언을 폄하하는 사람들은 첫 번째가 답이라고 생각한다. 그를 일종의 사기꾼이라고 보는 것도 이 때문이다. 그러나 맥루언의 언행이나 행적을 감안할 때, 그리고 그의 전력을 고려할 때 후자가 더 설득력을 갖는다.

만약 맥루언이 무엇인가를 '설명'하려고 시도했다면, 그것은 매우 이례적인 의미에서의 설명이 아닐 수 없다. 그의 애기는 논리적이거나 치밀하지 않음은 물론이고, 종종 두서없고 체계적이지 않아서 이것저것을 짜깁기해 놓았다는 인상을 떨치기 어렵다. 그의 표현에 따르면, 그가 채택한 '설명' 방식은 그가 흔히 TV와 같은 전자매체의 특성을 비유적으로 말할 때 사용한 '모자이크적' 재현을 원용한 것이다. 그러나 모자이크적이든 그렇지 않든 맥루언의 설명방식이 일반적인 학자들의 설명방식이 아닌 것은 분명하다. 그것은 오히려 시인이나 예언자가 얘기하는 방식에 가깝다. 물론 맥루언은 전자시대에는 자신의 '설명방식'이 논리적이거나 체계적인 설명방식보다 더 효과적이라고 강변한다. 다양한 인문, 과학, 예술의 전 영역으로부터 추출한 데이터와 시적인 통찰과 경구를 모자이크적인 방식으로 제공할 경우에만 현대문명의 전체적인 윤곽과 지형을 순간적으로 포착해낼 수 있기 때문이다.

어떤 면에서는 맥루언 자신이 이 같은 설명방식의 위력을 입증했다고 볼 수도 있다. 그 어떤 예술가나 학자도 그와 같이 60년대에 그리고 다시 90년대에 미래를 상징하는 문화적 아이콘으로 자리잡지 못했기 때문이다. 그러나 그의 대중적 명성은 그를 극도로 혐오하고 폄하했던 사람들에게는 오히려 그의 지적인 사기성과 천박함을 확신케 하는 증거로 여겨졌다. 결국 문제를 궁극적으로 해결하기 위해서는 왜 '모자이크적인' 설명방식이, 즉 시적인 설명방식이 맥루언에게 필수불가결한지 설명하고 설득할 수 있어야 한다.

맥루언은 늘 "나는 설명하지 않는다. 단지 탐색할 뿐이다"고 주장했다.[4] 마치 대중문화를 시제(詩題)로 삼은 대중시인처럼 세상을 보고 느끼는 대로 전달할 뿐이라고 말한다.[5] 맥루언이 대중문화현상을 시에 대한 분석법을 가지고 파악했고 자신의 아이디어를 시처럼 표현하려 했다고 볼 만한 이유는 충분하다. 그는 광고, 신문기사, 만화 등의 대중문화현상을 한 편의 시를 분석하듯이 연구했으며 자신의 생각을 시인과 같이 한 줄짜리 경구와 재담과 아이러니로 표현했다. 맥루언은 자신이 시학적 분석법이나 시적 표현을 원용하는 이유를 에드가 앨런 포가 묘사한 '선원'의 상황에 빗대어서 설명한다. 포에 따르면, 소용돌이 속에 갇힌 선원이 위기로부터 벗어나기 위해서는 당황하지 않고 소용돌이의 움직임을 전체적으로 관찰하여 전반적인 패턴을 파악해야 한다. 맥루언은 현대기계문명이 자아내는 혼돈도 마치 선원을 위기에 몰아넣은 소용돌이와 같기 때문에 이를 극복하기 위해서는 전체적인 흐름을 읽어낼 수 있는 기지, 즉 예술적인 통찰력이 필요하다고 보았다.[6] 선원처럼 자신이 처한 상황에 함몰되지 않은 채 대상에 대한 '합리적인 거리두기'를 하기 위해서는 시인과 같이 전체적으로 조망할 수 있어야 하기 때문이다.

합리적인 거리두기는 생각보다 쉽지 않아서 오직 특정한 관점이나 목전의 과업으로부터 자유로울 수 있는 사람들의 몫이다. 대부분의 학자가 시대가 요구하는 시적인 통찰을 할 수 없는 이유도 여기에 있다. 대부분의 학자는 전문가이다. 그렇기에 큰 흐름을 읽을 수 없다. 학자는 대체로 이미 패러다임이 정상과학으로 확립된 상태에서, 즉 이미 문제의 성격과 유형이 주어진 상태에서 정해진 규칙에 따라 구체적이고 지엽적인 과제를 수행한다. 그렇기에 기존의 학문 패러다임에서 문제로 인식되지 않고 있는 것을 전문가인 학자가 연구과제로 삼는 것은 현실적으로 거의 일어날 가능성이 없는 일이다.

맥루언은 일종의 '시적인 분석(poetic analysis)'이나 '시적인 과학(poetic science)'을 통해 문화나 테크놀로지가 우리의 지각이나 사회변화에 미치는 영향을 연구하고자 했다. 테크놀로지의 '문법과 보편적인 언어'를 분석함으로써 현대문명의 특징과 한계를 파악할 수 있다고 본 것이다. 따라서 어떤 의미에서는 맥루언이 일종의 이론을 전개했다고 볼 수도 있다. 더구나 그는 자신이 발견한 테크놀로지의 문법과 일반적인 속성을 세상에 알리기 위해 거의 수단과 방법을 가리지 않았을 정도로 열심이었다. 그러나 결국 그를 일반적인 사상가나 이론가와 구분할 수밖에 없는 이유는 그 자신이 스스로 모색하고 탐구하는 것에 의의를 두었을 뿐만 아니라, 그가 수행한 작업의 성격역시 크게 보았을 때는 관점의 제시나 문제의 제기에 가깝지, 해법의 제시는 아니기 때문이다. 맥루언은 자신만이 문제를 해결할 수 있다고 보거나 모든 의문을 다 해소할 수 있다고 보지 않았다. 맥루언은 평생 수없이 많은 '동업자'와 온갖 형태의 협업을 시도했다. 더구나 자신이 발견하거나 착안한 아이디어라 할지라도 굳이 전유하려고 하지 않았다. 그는 가급적 많은 사람들이 자신과 같은 관점에서 세상을 보고 연구하기를 원했다. 맥루언은 기존의 문제를 해결하기보다는 새로운 문제를 제기하고, 연구를 수행하기보다는 연구 프로젝트를 기획하는 데 관심을 가졌다. 맥루언은 노벨상 수상자인 폴라니(John Polanyi)에게 보낸 편지에서 이렇게 말한다.

나는 항상 해답보다는 질문이, 연구결과보다는 탐침이 흥미롭습니다. 내가 지금까지 수행해온 작업들 역시 모두 원인보다는 결과에 대한 연구이고, 개념보다는 직접 지각한 것에 대한 연구였다는 점에서 실험적인 것들이었습니다.[7]

맥루언이 채택한 시적인 표현방식이 지닌 또 다른 특징은 그것이 독자의 참여를 유도한다는 점에서 찾을 수 있다. 맥루언이 이론가나 사상가를 넘어 '구루(guru)', '수호천사', '예언자' 등으로 불리는 것도 그가 일종의 '맥루언 현상'을 야기하고 그러한 움직임에 추종하는 집단을 규합하여 일종의 컬트를 창출해낼 수 있었기 때문이다. 사실 그는 늘 대중과 얘기하고 대중과 교감함으로써 대중을 그가 바라보는 방식으로 인도하고자 애썼다. 마치 시인이 남다른 관점에서 세상을 보고 그가 발견한 '새로운 세계'에 모두가 동참하여 즐기기를 원하는 것처럼 맥루언 역시 관념이나 논증, 이론이나 비평이 아니라 직관과 직각 그리고 때로는 풍자를 통해 시적 감흥을 불러일으키려 노력했다.

> 맥루언은 그 자신이 밝히고 있듯이, 철학자도 이론가도 전통적인 의미에서의 과학자도 아니다. 그는 개념이나 기능 혹은 법칙에 관심을 갖지 않았다. 그는 오히려 테크놀로지와 인공물, 그 중에서도 특히 미디어나 그 영향으로부터 직접 지각한 것을 이리저리 가지고 놀았던 예술가라고 할 수 있다.[8]

스스로 시인의 역할을 자임했기 때문에 맥루언은 기꺼이 난삽하거나 애매모호할 수 있었다. 때로는 어리둥절하게 만들고 때로는 뭐가 뭔지 모르게 만드는 글쓰기가 시인에게는 덕목일 수 있기 때문이다. 그가 좋아하던 보들레르나 말라르메와 같은 프랑스 상징주의 시인들이 그랬던 것처럼, 스스로를 '인류의 안테나'로서 인식하고 자신의 임무를 현실에 대한 '조기경보 시스템'이라고 보았기 때문에 맥루언은 과장과 풍자를 마다하지 않을 수 있었던 것이다. 맥루언은 전자시대의 지식인에 부여된 일차적인 소임은 예술가의 역할을 자임하는 것이라고 생각했다. 현대 지식인의 임무는 가르치거나 타이르는 것이 아니라 함께 탐구하고 함께 교감하는 계기를 제공하는 데 있다고 보았기 때문이다.

지식인은 더 이상 개인적인 지각과 판단이 아닌 집단적 인간의 거대한 무의식을 탐구하고 커뮤니케이트하는 것이다.[9]

만약 맥루언이 이론을 전개할 의도가 애초부터 없었다면, 자신의 역할이 새로운 관점을 제시하고 사람들을 이에 동참시키는 것이라고 보았다면, 그가 항상 암호나 수수께끼처럼 보이는 문구를 즐겨 쓰며 불분명한 방식으로 묘사한 이유를 쉽게 이해할 수 있다. 또한 그가 고전적인 문학작품에서 현대영화로, 교육의 역사에서 테크놀로지와 기계의 역사로, 셰익스피어에서 조이스나 말라르메로 넘나들며 탐침하지 않을 수 없었던 이유도 이해할 수 있다. 그러나 한 가지 의문은 여전히 남는다. 그는 왜 자신이 예언자의 운명을 짊어져야 한다고 생각하게 되었는가? 바로 이 물음에 대한 답이 맥루언의 뿌리를 밝히는 궁극적인 단초를 제공할 것이다.

맥루언 매체존재론과 문화사관에 뿌리가 있다면 그것은 분명 그가 1940년대와 50년대에 습득한 것이다. 이때 그는 트리비움과 같은 고중세의 교육제도와 커뮤니케이션 역사를 공부했으며 예이츠, 파운드, 엘리엇, 조이스와 같은 현대 영미작가들과 보들레르, 랭보, 말라르메, 발레리와 같은 프랑스 상징즈의자에 심취했었다. 또한 윈덤 루이스를 만나 교제했고, 틀리언스 브룩스나 월리엄 윔서트 같은 미국의 신비평주의자와 어울렸다. 이들 중 특히 그가 박사학위논문을 집필하면서 갖게 된 트리비움에 대한 문화사적 이해와 당시 케임브리지 영문학과를 지배했던 리처즈의 '실천비평(practical criticism)'과 미국의 신비평주의는 테크늘로지와 매체에 대한 그의 존재론적 · 역사학적 이해와 표현양식의 근간을 이루었다.

2 맥루언의 뿌리 I – 트리비움

트리비움(Trivium)은 쿼드리비움(Quadrivium)과 함께 중세에 수도사가 되기를 희망했던 학생들이 밟아야 했던 인문학 교육과정을 말한다. 트리비움은 사람들로 하여금 로고스, 즉 진리를 이해하고 표현할 수 있도록 문법과 변증술(논리학)과 수사학으로 편성되었다. 한편 쿼드리비움은 산술, 기하, 음악 그리고 천문학 등 고대로부터 자연의 이해에 필수불가결하다고 생각해왔던 교양영역에 대한 탐구를 포괄한다. 인문학 교육을 마친 학생들은 철학을 공부할 수 있었는데 당시 철학은 이론적인 분야, 실천적인 분야, 논리학 분야와 기술적인 분야로 나뉘었다. 그리고 다시 이론적인 분야는 신학, 물리학, 수학으로, 실천 분야는 도덕과 윤리학, 정치학과 경제학 등으로, 논리학 분야는 트리비움의 심화과정으로, 끝으로 기술 분야는 직조술, 항해술, 농사

법, 의학 등으로 구성되었다. 학생들은 자신의 취향이나 선생을 따라 이들 중 하나를 택해 전공했다. 중세의 고등교육과정은 오늘날의 대학체제와 마찬가지로 매우 다양한 영역에 걸쳐 체계적인 교육을 가능하게 했던 것이다.

그러나 트리비움을 구성하는 논리학, 수사학, 문법이 모두 대등한 지위를 누렸던 것은 아니다. 이들 중 서양의 지성사를 주도했던 것은 논리학이었다. 예를 들어, 트리비움을 정규교육과정으로 채택한 중세의 경우 보에티우스가 아리스토텔레스의 『분석학 후서(Posterior Analytics)』를 번역해 내놓은 11세기 이래 성서와 교부들의 저작에 대한 연구가 활발해지면서 논리적인 사고에 대한 중요성이 부각되었다. 14세기 이후에는 플라톤의 저작들이 라틴어로 번역됨에 따라 플라톤 철학을 기독교화하기 위한 작업이 활발하게 진행되었고 이 또한 비판적이고 논리적인 사고를 강조하는 경향을 나았다.

맥루언이 트리비움에 대해 관심을 갖게 된 것은 엘리자베스 여왕 시대에 살았던 내시(Thomas Nash)에 대해 연구하면서부터이다. 맥루언이 케임브리지에서 수학할 당시 내시는 누구나 관심을 가질 법한 작가였다. 그는 풍자가이자, 저널리스트이며, 논객이었고 누구보다도 다양하고 화려한 화법과 작법을 구사했다. 맥루언은 내시를 연구하면서 그가 논적 가브리엘 하비(Gabriel Harvey)와 벌인 치열한 논쟁을 접했으며, 이들이 논쟁을 벌인 이유와 이들의 논쟁이 지닌 성격에 대해 연구하는 가운데 트리비움에 주목하게 되었다.

맥루언의 박사학위 논문제목은 「당대 지성계에서 토마스 내시가 차지하는 지위(The Place of Thomas Nash in the Learning of His

Time)」이다.[10] 그러나 제목이 시사하는 것과 달리 이 논문의 증추적인 내용은 정작 내시에 대한 연구가 아니었다. 오히려 이 논문은 내시를 논의의 단초로 삼아 재구성한 지성사적 저술로 보아야 옳다. 학위논문의 구성 또한 이 같은 사실을 반영한다. 맥루언의 학위논문은 네 개의 장으로 구성되어 있다. 첫장은 성 아우구스티누스 이전까지의 트리비움에 대한 논의이며, 두 번째 장은 성 아우구스티누스에서 아벨라르까지의 트리비움, 세 번째는 아벨라르에서 에라스무스까지의 트리비움에 대해 다루고 있다. 마지막 장만이 토마스 내시를 위해 할애되어 있다. 더구나 맥루언은 각각의 장을 트리비움을 구성하는 세 분야 즉 문법, 변증술과 수사학으로 나누고 이들 각 분야 중 어떤 것이 시대별로 우월한 지위를 점했는지 구체적인 사례를 통해 고찰한다. 그는 소크라테스 이전부터 베이컨과 에라스무스에 이르는 대표적인 사상가들을 트리비움이라는 교육과정의 틀을 통해 분석함으로써 고대로부터 근대까지 이르는 서구지성사의 지적 흐름을 재구성한 셈이다.

맥루언에 따르면, 소크라테스와 소피스트 간에 벌어졌던 분쟁뿐만 아니라, 근대에 들어와 철학과 과학 등의 제 영역에서 일어났던 지성사적 논쟁이 그 본질에 있어 트리비움의 세 분야가 상징하는 지적인 경향, 말하자면 논리를 중시하는 변증술 전통과 묘사와 표현에 역점을 둔 수사학적 전통 그리고 언어의 본질과 구조에 관심을 가졌던 문법적 전통을 각각 계승해온 학자들 사이에서 벌어진 총성 없는 전투였다. 예를 들어, 근대적인 문예가 나아갈 방향과 성격을 규정한 에라스무스, 베이컨, 내시 등의 친(親)키케로 계열과 마키아벨리, 몽

테뉴, 라무스(Peter Ramus) 등의 반(反)키케로 계열이 벌인 논쟁도
결국은 어떤 방식으로 글을 써야 하는가에 대한 변증술적 입장과 문
학적 입장의 차이에서 비롯된 갈등에 다름 아니다. 맥루언에 따르면,
고대 그리스의 3대 철학자인 소크라테스, 플라톤, 아리스토텔레스는
모두 중세 이후 라무스로 이어지는 논리 중심적 전통을 계승해온 사
람들이며, 소피스트와 키케로로부터 성 아우구스티누스를 거쳐 토마
스 내시로 이어지는 전통은 수사학적 가계를 구성한다. 후자는 우화
와 과장과 패러독스와 두운법과 재담과 수수께끼와 풍자와 독설 등을
마다하지 않는 전통이다.

　도대체 왜 상호 보완적이어야 마땅한 트리비움의 세 분야가, 즉
해석의 기술(문법), 논리의 기술(변증술)과 설득의 기술(수사학)이
서로 갈등관계를 빚게 되었는가? 그리고 왜 문법과 수사학은 논리보
다 중요하지 않게 여겨졌는가? 한 가지 가능한 답은 후에 맥루언이
그랬듯이 표음문자와 인쇄술 등의 커뮤니케이션 매체를 가지고 설명
하는 것이다. 그러나 이것은 맥루언이 해럴드 이니스와 루이스 멈포
드 그리고 월터 옹 등의 학설과 접하면서 갖게 된 결론이었다. 학위
논문을 집필할 당시만 해도 맥루언은 트리비움의 세 분야가 서로 다
른 사고방식을 계승한다는 사실에 대해서만 알고 있었을 뿐, 어떻게
논리적인 사고방식이 서양의 지성사를 주도했는지 궁극적인 이유를
설명할 수 없었다. 학위논문에서는 트리비움의 관점에서 서양의 지성
사가 걸어온 대강의 궤적을 추적하는 데 만족할 수밖에 없었던 것이
다. 그러나 그 정도만 해도 학위논문으로서는 손색이 없었다. 적어도
그는 서양의 지성사를 그 이전에는 누구도 생각하지 않았던 방식으로

재구성해서 내놓았기 때문이다.

맥루언에 따르면, 태초에는 모든 지식이 조화를 이루었다. 다시 말해, 과학적이고 인문학적인 것 사이에 구분이 없었을 뿐만 아니라 논리와 문법과 수사가 함께 공존했다. 특히 말을 잘하는 것과 지혜로운 것은 서로 상보적인 것이었다. 맥루언은 지혜와 웅변을 두루 갖춘 대표적인 인물로 이소크라테스와 키케로를 꼽는다. 이소크라테스와 키케로는 백과사전적 지식과 현상을 뛰어넘는 통찰력 그리고 우아한 화술 모두를 고루 갖춘 지식인이었다. 그들은 또한 생각과 행동이 일치하는 사람들이었다. 즉 시민으로서 살아가면서 봉착하는 주요한 사회적 이슈에 대해 나름대로 소신을 가졌고 자신의 생각을 남들에게 잘 표현할 수 있었던 사람들이다. 그러나 이소크라테스와 키케로가 대변하는 행동하는 지식인, 생각과 말이 일치하는 지식인상은 이성과 논리를 강조하는 소크라테스, 플라톤, 아리스토텔레스 등의 철학자들이 득세함에 따라 쇠락의 길을 걷게 된다.

맥루언에 따르면 서양 지성사에서 트리비움이 조화를 이룬 시기, 즉 수사와 논리와 문법을 어느 한쪽에 치우침 없이 대등하게 취급했던 때가 두 번 있었다. 그 첫 번째 시기는 소크라테스가 태어나기 이전이었다. 소크라테스 이전의 철학자들에게 지식은 삶을 위한 것이었다. 따라서 사물을 묘사하거나 자신을 표현하거나 남을 설득하는 것과 무관하게 별도로 존재하는 지식이 있을 거라고는 상상조차 하지 않았다. 그러나 이러한 생각은 곧 소크라테스에서 아리스토텔레스로 이어지는 고대 그리스의 위대한 철학자들에 의해 붕괴되었다. 이들의 논리에 따르면, 만약 수사와 논리가 같은 위상을 갖는다면, 궁극적으로는 설득력이 있는 것과 참인 것, 즉 말과 진리가 동일해야 한다. 그러나 우리는 종종 정작 우리에게 솔깃한 것이 참이 아님을 안다. 따라서 우리는 설득력이 있는 것과 참된 것을 구분하고 이들 양자가 상충할 경우 무엇을 선택할지 정해야 한다. 물론 말과 진리 중 우위를 차지해야 하는 것은 진리이다. 이들이 진리를 발견하는 방법인 변증술이 수사학보다 우월하며, 더 나아가 수사학이 종종 진리의 발견에 장애가 된다고 보았던 것도 이 때문이다.

수사학이 다시 존중받기 시작한 두 번째 시기는 키케로와 성 아우구스티누스가 활약한 중세 초기였다. 특히 깨달음보다는 계시를 중시하는 신비주의적 신학이 널리 퍼짐에 따라 논리나 이성의 능력에 대한 믿음보다는 하나님의 신묘한 섭리를 저마다 경험을 통해 직접 체험하고 서로 나누는 것을 중시했다. 그러나 이 시기 역시 곧 스콜라철학이 등장하고 르네상스 운동이 일어남에 따라 급속하게 마감한다. 르네상스 정신의 계승자인 서양의 현대문명 역시 논리와 변증술에 경도되어 있음은 데카르트 이후 현대철학을 주도해온 대표적인 철학자들이 칸트와 헤겔과 실증주의자들이었다는 사실을 통해서도 확인할 수 있다.

맥루언의 학위논문은 그가 일찍부터 서양의 지성사에 내재하는 큰 흐름을 거시적으로 규명하는 데 관심이 있었음을 보여준다. 이 같은 관심은 예나 지금이나 흔한 것이 아니다. 중세의 교육과정인 트리비움에 착안하여 고대와 근대를 이어주는 지적 전통의 계보를 추적해서 발굴하는 작업은 매우 특별한 학문적 취향과 재능을 요구하는 일이다. 맥루언이 후일 테크놀로지, 특히 표음문자, 인쇄술, TV 등의 매체에 기초하여 문명의 큰 흐름을 구획하려 시도한 것도 그가 젊은 시절부터 가져온 지적 관심의 자연스러운 연장임을 추측할 수 있다. 그러나 트리비움 연구와 맥루언의 매체 연구가 지닌 공통점이 단지 문제의식의 공유에 그치는 것은 아니다. 오히려 맥루언의 매체철학은 트리비움 연구를 보완하고 확장한 것이라고 이해할 수 있다.

트리비움 연구를 통해 맥루언은 이미 서양의 지성사를 추동해온 힘의 원천을 크게 논리적 사유를 중시하는 경향, 표현기법과 수사를 중시하는 경향, 언어의 특성과 구조를 중시하는 경향의 세 전통으로 파악했다. 더구나 고대에서 현대로 이어지는 긴 세월 속에서 누구에 의해 어떤 전통이 어떤 경로를 통해 발전하였는지도 이해했다. 말하자면 연구하고자 하는 '현상' 을 야기하는 기본적인 요인과 전반적으로 드러난 패턴에 대해 나름대로 설명할 수 있었던 것이다. 따라서 맥루언에게 남은 연구과제는 어떻게 그 요인들이 그러한 패턴을 보이게 되었는지 그 메커니즘을 밝히는 일뿐이었다. 예를 들어, 이소크라테스로 상징되던 수사와 논리와 문법이 조화를 이루던 시기가 무엇 때문에 소크라테스 등의 철학자로 대표되는 시기로 이행되게 되었는가를 밝히는 일이 과제로 남았던 것이다.

맥루언은 후에 테크놀로지, 특히 커뮤니케이션 매체를 트리비움의 역학관계를 변화시키는 핵심적인 요인으로 제시한다. 예컨대 그는 소크라테스와 플라톤 그리고 아리스토텔레스가 소크라테스 이전의 지적 전통을 붕괴시킬 수 있었던 것은 표음문자가 발명되었기 때문이라고 설명한다. 키케로와 아우구스티누스로 대표되던 중세의 청각 중심적 문화 역시 필사가 인쇄술에 의해 대체됨에 따라 와해되었다고 설명한다. 물론 구체적이고 개별적인 사건의 중요성이나 원인에 대해서는 트리비움 연구와 매체연구 사이에 약간의 차이를 보이는 것도 사실이나 맥루언이 트리비움을 연구하면서 제기한 문제가 매체에 대한 연구로 이어졌으며 그의 매체사관에서 논하고 있는 지평이나 내용이 트리비움 연구와 불가분의 관계에 있다는 사실은 의심할 여지가 없다.

맥루언을 정보테크놀로지 문화의 총아로 만들었던 전자시대에 대한 맥루언의 찬사 역시 트리비움 연구에서 단초를 찾을 수 있다. 맥루언은 학위논문에서 이미 수사와 문법과 논리가 조화를 이룬 상태, 즉 후에 그가 구어적·청각적·부족적 문화라 부른 상태를 이상적인 문화환경이라고 주장했다. 그렇기에 대다수의 문명사가와 달리 고대 그리스의 폴리스나 중세의 스콜라 철학 그리고 르네상스 이후의 근대문명에 대해 비판적일 수 있었다. 그에 따르면, 근대는 표음문자의 발명 이래 지속된 논리 중심의 변증술이 인쇄술의 발명으로 확대 재생산된 시기이다. 즉 선형적인 논리와 분절적인 전문화가 가속화한 시기이다. 이는 트리비움의 맥락에서 보면, 그 어느 때보다도 변증술이 문법과 수사학을 강하게 제압하고 득세한 시기라 할 수 있다. 상호 보완적이어야 하는 트리비움의 세 분야 중 하나가 지나치게 강해지면 인식과 지각이 왜곡되고 결과적으로 시각 편향적인 사고를 하게 되기 때문에 바람직하지 않다. 맥루언이 보기에, 현대문명의 본질적인 문제는 바로 이 같은 편향성으로부터 기인한다. 그러나 맥루언은 이제 전자시대가 도래함에 따라 상황이 역전되기 시작했다고 보았다. 전기매체의 등장으로 동시적이면서도 총체적인 지각이 가능해지자 이제 사람들은 선형적이고 분절적이며 순차적인 논리적 사고가 지닌 한계를 인식하기 시작했다는 것이다. 그 결과 전자시대에는 유추와 은유와 거시적인 유형 지각에 기초한 사유가 단선적이고 전문적인 사유를 대체할 것이라고 전망한다.

맥루언은 유추적 사유와 논리적 사유의 차이를 이렇게 설명한다. 유추적 사유를 하는 사람은 상상력을 통해 정신과 대상 사이의 비율을 다르게 책정하는 사람이다. 반면 논리적인 사유를 하는 사람은 단지 대상과 대상의 관계를 기계적인 도식에 따라 파악한다. 따라서 유추하는 사람에게 세계는 스스로 발명해내는 것, 즉 지각(percept)인 반면 논리적으로 추론하는 사람에게 세계는 개념(concept)의 조합이다. 유추는 수사가 논리와 조화를 이룬 사유에서만 가능하다. 즉 지혜를 가지고 있을 뿐만 아니라 그것을 표현하는 방식에 있어서도 통달한 현자에게서 볼 수 있는 것이 유추이자 은유이다. 맥루언이 전자시대에 적합한 인간상으로 이소크라테스나 키케로와 같이 백과사전적인 지식을 가졌으면서도 논리에만 편향적이거나 전문적인 지식에 함몰되지 않는 사람을 제시한 것도 이 때문이다. 이들은 모두 양자역학 이후의 물리학, 입체파의 미술품, 신문의 레이아웃, 프랑스 상징주의 시인 말라르메의 작품 등이 서로 매우 다른 영역에 속한 것처럼 보여도 사실은 거의 구분 없이 사용할 수 있을 만큼 유사함을 직시할 수 있는 사람을 상징한다.

트리비움 연구와 매체 연구 사이에 존재하는 이 같은 내용적 연관성이나 유사성에 더해 트리비움 연구는 맥루언의 저술방식을 이해하는 데에도 결정적인 단서를 제공한다. 이미 언급했듯이 논증은 같은 학적 체계 내에서 같은 합리성을 준거로 삼을 수 있을 때 가능하다. 그러나 만약 맥루언의 주장처럼, 현재 논리 중심적인 변증술이 학계를 주도하고 있어 수사학적인 요소나 문법적인 관점이 받아들여질 수 없다면, 이들간의 조화와 총체적인 지각을 지향하는 그의 설명방식이 받아들여질리 만무하다. 특히 은유와 비유, 재담과 경구 등을 시적이고 극적인 방식으로 구사하는 맥루언의 스타일이 정확한 의미와 엄격한 추론을 학문적 규준으로 삼고 있는 학계에서 통할 수 없다는 것도 자명하다. 더 나아가 언어 자체의 특징과 구조를 고찰하고 이를 토대로 합리성이나 정당성 등의 개념을 비교언어-문화적으로 고찰할 수 있는 메타적이고 초월적인 '문법적' 관점 역시 매우 특별한 경우가 아니면 허용되지 않는다.

맥루언이 처한 당시의 상황을 잘 보여주는 에피소드가 있다. 누군가 맥루언에게 "어떤 문학작품이 가장 평가 절하되었다고 생각합니까?"라고 물었다고 한다. 이에 그는 '광고'라고 대답했다. 물론 질문한 사람은 당황했을 것이다. 그러나 '문학작품'에 대한 고정관념을 버리면, 그렇게 이상하게 생각할 것도 없다. 광고는 분명 기존의 문학작품과 차이가 있지만 또한 적지 않은 부분에서 공통점이 있다. 문제는 무엇을 중요하다고 혹은 관련이 있다고 생각하는 것이다. 이 점에 있어 맥루언은 기존의 학계에서 통용되어왔던 틀과는 다른 틀을 제안한 것이다. 그러나 그가 기존의 틀을 완전히 무시한 것은 아니다. 다만 기존의 틀이 그저 가능한 많은 개념체계 중 하나에 불과하다는 인식을 주기 원했던 것이다.

물론 이 같은 소망이 쉽게 이루어질 수는 없다. 이는 이미 트리비움에 대한 논의에서 볼 수 있었듯이 수천 년 동안 반목과 갈등을 거듭하며 이어져 내려온 뿌리 깊은 문제이다. 철학과 문학 등에서의 절대주의와 상대주의, 보편주의와 다원주의, 실재론과 반실재론 논쟁이 모두 올바른 하나의 개념체계의 존재 가능성에 대해 서로 다른 견해를 가진 사람들에 의해 일어났다. 고래로 서양의 지성사를 주도해온 변증술의 관점에서 보면 모든 언술이 발화되기 이전 이미 그 진리치가 결정되어 있다. 플라톤 이래 철학사에서 주도적인 지위를 점해왔던 보편주의와 절대주의 그리고 실재론이 모두 이와 유사한 입장에 기초하고 있다. 그러나 수사학적 전통에서 보면, 진리가 미리 결정되어 있다는 생각은 지나치게 낙관적이며 인간 중심적이며 근시안적이다.

수사학의 가장 첫 번째 전제는 진리가 미리 결정되어 있지 않다는 생각, 즉 수사를 통해 진리를 창조한다는 믿음이라 보아도 무방하다. 문법에 토대를 둔 비교언어학적 전통 역시 수사학과 마찬가지로 서로 다른 '언어게임'의 가능성을 인정한다. 여기에서 누가 옳고 그른지는 중요하지 않다. 오히려 트리비움 연구를 통해 친키케로적 전통과 반키케로적 전통 사이의 갈등에 대해 잘 알고 있었던 맥루언으로서는 논리 중심적인 기존 학계가 자신의 견해를 받아들이지 않을 것을 충분히 예견할 수 있었다는 사실이 중요하다. 그의 입장에서 보자면, 자신의 생각을 논리적으로 입증하라고 강요하는 것은 마치 한의학자에게 한의학의 체계와 효용성을 서양의 신경생리학이나 생물학의 용어로 번역하고 입증하라는 요구와 마찬가지였던 것이다.

정리하면 트리비움에 대한 맥루언의 학위논문은 서양의 지적 전통을 일거에 파악할 수 있게 함으로써 그가 후에 전개한 사변적인 문명사관의 토대를 제공했다. 더구나 전기 테크놀로지가 수사와 논리 중 어느 한쪽으로 치우치지 않는 조화를 가능하게 만들 것이라고 전망함으로써 앞으로는 온전한 인격체가 하나의 공동체를 이루는 '지구촌'이 도래할 것이라는 낙관론을 가능하게 했던 것도 트리비움에 뿌리를 두고 있다. 끝으로 맥루언이 전통적인 학문적 논지를 전개하기보다는 은유와 유추에 의존한 것 역시 트리비움의 이해에서 그 단초를 찾을 수 있다.

3 맥루언의 뿌리 II – 신비평주의

만약 트리비움 연구가 맥루언의 매체 중심적 역사관과 현대문명비판의 기본 틀을 제공했다면, 매체존재론의 성격과 형태에 단초를 제공한 것은 그가 케임브리지 유학 시절, 그리고 그 직후 배우고 익힌 영문학 비평론이다. 특히 그가 가장 존경했던 시인 엘리엇과 그의 선생이었던 리처즈와 리비스 그리고 윌리엄 엠프슨이 대표하는 영국의 '실천비평'과 그가 귀국 직후 활동했던 비평지 《스와니 리뷰(Sewanee Review)》의 필진이 대변하는 미국의 신비평주의는 맥루언이 트리비움 연구를 통해 가졌던 생각을 확대하고 보완하는 계기를 제공한다. 현재 넓은 의미에서 신비평은 영국의 리처즈, 엠프슨, 리비스와 미국의 랜섬, 윔서트(W. K. Wimsatt), 클리언스 브룩스(Cleanth Brooks), 앨런 테이트(Allen Tate), 비어즐리(Monroe Beardsley) 등을 포함한다.[11] 여기에서는 신비평이 가진 특징을 크게, 이데올로기적 성격, 비평철학 및 시의 역할과 기능에 대한 입장으로 나누어 살피고 이들 각각이 맥루언의 매체연구에 어떤 영향을 미쳤는지 알아보고자 한다. 우선 신비평이 지녔던 이데올로기적 색깔을 들여다보자.

신비평주의자들은 대체로 과학과 기술을 싫어하거나 두려워했다. 현대 과학기술문명은 산업화를 통해 예전부터 내려오던 유기적 생활공동체를 파괴하고 무신론적 풍조를 팽배하게 함으로써 인간성의 상실과 소외를 가져왔다는 것이다. 특히 과학기술의 발달을 진보나 발전과 동일시함으로써 도덕성과 경외심에 뿌리를 두고 있는 인성의 본질적 성격을 왜곡했다고 비판했다. 신비평주의자들은 또한 과학기술의 발달에 수반하는 신비와 가치에 대한 허무주의적이고 회의주의적인 태도, 즉 해체주의적 경향의 위협에 저항했다. 엘리엇은 근대과학과 그 토대를 이루는 회의주의적 인식론이 지성으로부터 '감수성을 분리' 시킴으로써 인간의 소외를 가져왔다고 지적하고, 세속적 산업화를 극복하기 위해서는 다시 지성과 감성을 결합시켜 '통합적인 감수성'을 회복해야 한다고 제안했다. 맥루언의 선생이자 신비평주의의 태두인 리처즈 역시 근대 이후 급속도로 발전해온 과학으로 인해 사람들의 삶을 지탱해왔던 전통적인 '신화의 세계'가 소멸되었다고 진단한다. 그리고 그 결과 사회 전체가 일종의 정체성 위기를 맞게 되었다고 보았다. 온전한 삶을 영위하기 위해서는 미묘한 균형이 필수적인데 급격한 과학기술의 발전이 이를 흐트러졌다는 것이다.

리처즈는 현재 그 어느 때보다도 시의 역할이 중요해지고 있다고 주장한다. 현대과학이 지식의 전범이 되었지만, 정서적인 측면에서는 부족한 점이 많기 때문이다. 과학은 단지 '어떻게' 라는 문제에 대해 답할 뿐, '무엇'과 '왜'라는 문제에 대해서는 답하지 못한다. 어쩌면 답이 없을 수도 있다. 그러나 중요한 사실은 사람들이 이러한 문제에 대한 답을 요구하며 그것에 대한 답을 갖지 못하면 사회가 안정을 찾을 수 없다는 데에 있다. 예전에는 종교가 '왜'와 '무엇'에 대한 답을 제공해왔다. 그러나 더 이상 그럴 수 없다. 리처즈는 시와 같은 문학작품이 예전에 종교가 수행해왔던 기능을 떠맡아야 한다고 생각했다. 우리는 시를 통해 무엇을 해야 하는지 그리고 왜 해야 하는지 알수 있다. 리처즈는 문학이 사회질서를 재편하기 위한 의식적인 이데올로기의 하나로서 기능할 수 있다고 믿었다.

많은 신비평주의자들이 문학이 인류를 암흑과 미몽으로부터 구해낼 수 있다고 믿었다. 만약 그렇지 않다면, 종교가 권위를 상실하고, 형이상학이 웃음거리가 되고, 우주와 생명의 신비가 실종된 상태가 영구히 지속될 수밖에 없다고 보았기 때문이다. 이들에게 문학은 휴머니스트들이 종교를 대신하여 우주와 생명의 신비를 담보할 수 있는 유일무이한 대안이었다. 종교적 색채가 다분한 신비평주의의 문학관은 분명 20세기 초 지성계를 강타한 절박한 실존적 상황에 대한 자구책 중 하나였다. 유기적인 공동체적 삶의 상실과 감성과 지성의 분열이라는 비극적 인간관을 극복하고자 했던 당대 지식인의 몸부림이었다. 특히 미국의 신비평주의는 자신들이 현실 속에서 이룰 수 없는 것을, 문학 속에 재건하려 했던 뿌리 뽑힌 지식인들의 이데올로기였다. 이들에게 시는 새로운 종교였으며 산업자본주의의 소외로부터 벗어날 수 있는 향수 어린 피난처였다.

분명 통합적인 감수성, 인간 존재의 온전함, 종교적이고 신비적인 질서 등을 강조하는 신비평주의는 미국 남부와 캐나다의 농본주의나 종교적인 보수주의와 무관하지 않다. 가톨릭으로 개종하고 G. K. 체스터튼을 평생 귀감으로 삼았던 맥루언 역시 신비평주의가 표방하는 종교적이고 목가적인 보수주의를 옹호했다. 특히 종말론을 신봉하고 매일 미사를 드릴 정도로 독실한 가톨릭 신자였던 맥루언에게 문학의 사회적 기능에 대한 신비평주의적 평가는 이후 스스로 자신의 작업에 일종의 종교적 의미를 부여할 수 있는 계기를 마련해주었다. 스스로에게 다가올 미래문명에 대한 예언자적 역할과 이미지를 부여할 수 있었던 것도 역시 같은 맥락에서 설명할 수 있다.

그러나 맥루언의 보수주의적 성향은 그의 매체론 곳곳에서 예기치 않은 갈등을 일으킨다. 예를 들어, 미래를 전망함에 있어 맥루언은 전기 테크놀로지의 자동화로 노동이 사라지고 재부족화가 일어나 세계가 하나되는 지구촌이 금방이라도 등장할 것처럼 말한다. 그러나 그와 동시에 맥루언은 TV의 폐허를 걱정하여 아이들의 시청시간을 제한하도록 권하는 한편, 다가오는 전자시대가 반드시 이전의 문자시대보다 더 나을 것이라고 예단할 수 없다고 주장한다. 물론『기계신부』이후의 저작에서는 가급적 도덕적 평가를 자제한 것도 사실이나 맥루언의 저술 곳곳에서 의도적이었든 그렇지 않았든 그의 보수적이고 종교적인 성향을 드러내는 흔적을 쉽게 찾을 수 있다. 아무튼 신비평이 설사 그의 보수적인 성향의 원인은 아니라고 하더라도 그의 성향을 더욱 공고히 하는 터전이 되었음은 분명하다.

한편 신비평의 비평철학은 흔히 형식주의로 분류된다. 신비평은 텍스트 자체를 중시하는 비평이다. 그래서 신비평은 텍스트에 대한

'정독'을 그 무엇보다 강조한다. 그 결과 텍스트에 대한 역사적 · 심리적 그리고 사회적인 배경은 텍스트 연구에서 기껏해야 부차적일 수밖에 없다는 입장을 취했다. 특히 작가의 생애, 직업적인 환경, 문학에 대한 생각, 작품의 기원 등과 같은 것은 대부분 비평 영역에서 제외되어야 한다고 보았다. 작가의 경험이나 의도에 초점을 맞추게 되면 작품이 지닌 의미, 효과 또는 기능을 제대로 파악할 수 없다고 보았기 때문이다. 만약 비평가가 익혀야 할 역사적 사실이 있다면 그것은 기껏해야 작품에서 사용된 낱말의 역사이다. 마찬가지로 텍스트에 대한 독자의 반응 역시 텍스트 비평에서 크게 중요하지 않다고 보았다. 이와 같은 형식주의적 경향은 작품을 만든 작가나 그것을 읽는 독자와는 다른, 독립적으로 존재하는 '의미복합체'가 작품의 실체라는 입장을 배태했다.

신비평주의자에 따르면, 작품을 구성하는 모든 낱말들은 서로 유기적인 관계를 맺고 있으며 그 어떤 낱말도 작품성과 무관한 것이 없다. 따라서 비평가가 할 일은 작품을 면밀히 정독한 후, 작품이 지닌 전체적이고 통일적인 의미를 파악하기 위해 낱말의 뉘앙스, 수사적인 비유, 의미의 결 등을 꼼꼼하게 살펴보는 것이다. 말하자면 작품의 내용이나 형식 따위를 분리해서 살피는 것이 아니라 하나의 통일적인 유기체로서 작품이 제대로 기능하고 있는가를 보아야 한다. 신비평주의자들은 이전의 비평가와 달리 작품의 내용이나 주제가 아니라 작품의 전체적인 구조에 관심을 갖는다. 예를 들어, 시를 평가할 때 그 내용을 추출해내고 그것을 요약하거나 풀이하는 일은 시가 가진 의미를 왜곡하고 축소하는 일이기 때문에 지양해야 한다. 따라서 신비평주의자들에게 통상적으로 작품과 동일시되었던 작품의 '내용'은 전체적인 구조를 이루는 하나의 요소에 불과한 것으로 인식된다.[12] 시는 그형식과 내용을 분리하지 않고 그 모두를 포함하는 전체적인 구조를파악함으로써 제대로 이해할 수 있다는 것이다. 물론 이때 전체적인구조는 언어적이고 수사적인 측면뿐만 아니라 시가 지닌 철학적·심리적·사회적 요인 모두를 포함하는 통합적 의미체를 지칭한다. 윔서트의 비유를 따르면, 비평가는 과연 작품이 다른 물건이나 기계처럼 제대로 '작동'하고 있는가를 살펴야 한다.[13]

　신비평주의자들에게 있어 작품이 지닌 의미는 말로 형용할 수 없는 어떤 것이었다. 작품이 묘사하고 있는 경험 자체가 해결할 방법이없는 일종의 패러독스이기 때문이다. 우리는 기껏해야 작품을 통해한시적으로 긴장이 조화를 이룬 상태를 접할 수 있을 뿐이다. 이렇게볼 때, 문학은 역사적이거나 과학적인 지식이 아니라 경험에 기초한특별한 형태의 지식을 제공한다. 즉 구체적이면서도 극적이고 계시적인 성격을 갖는 경험적 지식이기 때문에 문학적 지식은 한편으로는교화적 기능을 수행하면서도 다른 한편으로는 다른 어떤 방식으로도해석하거나 전달할 수 없는 것이다. 특히 신비평주의자에게 시는 자기 폐쇄적인 객체로서 그 특유의 존재가 신비하게도 고스란한 채로존재했다. 시는 전능한 신만큼이나 합리적인 탐구가 뚫고 들어갈 수없는 어떤 것이다. 시는 다른 말로 풀이될 수 없고 자신 이외의 다른언어로 표현될 수 없는 것이다. 그 각 부분들은 복합적인 유기적 통일성 속에서 다른 부분들과 결합되었으며 그 통일성을 깨는 것은 일종의 신성모독이다. 이렇듯 신비평에 있어서의 시는 낭만주의의 '상징'

처럼 어떤 합리적 논의도 허용하지 않는 신비한 절대적 권위를 부여
받고 있었다. 그러나 정치적인 방식으로도, 과학적인 방식으로도, 역
사적인 방식으로도, 철학적인 방식으로도, 사회학적인 방식으로도,
그리고 전기적인 방식으로도 설명할 수 없는 의미체를 가정하는 신비
평은 문학을 종교적인 계시나 은총과 동일시한다는 비판에 노출되어
있다. 흔히 '신비평' 하면 다분히 금욕주의적이며 신비주의적이고 보
수주의적인 경향을 연상하는 것도 이 때문이다.[14]

신비평의 비평철학을 접하면, 맥루언이 테크놀로지와 매체를 연
구함에 있어 콘텐츠가 아니라 메시지에 관심을 갖게 된 것이 우연이
아님을 알 수 있다. 한편의 시와 마찬가지로 하나의 테크놀로지는 그
자체로 통합적인 의미체이다. 따라서 테크놀로지를 제대로 이해하기
위해서는 마치 시의 내용에 현혹되지 말아야 하는 것과 마찬가지로
콘텐츠에 유혹당하지 않고 실재로 테크놀로지가 어떻게 '작동' 하고
있는지 파악할 수 있어야 한다. 특히 그것을 누가 어떤 목적을 위해
만들었는지, 사람들이 그 테크놀로지를 어떻게 받아들이는지는, 발
생학적인 설명이나 독자의 반응에 기초한 설명이 시의 이해에 있어
부차적인 것과 같은 이유로 테크놀로지의 실체를 파악하는 데 부차적
일 수밖에 없다. 맥루언이 거의 전 저작을 통해 끊임없이 강조해온
'원인 대 효과' 의 기본적인 대비가 신비평의 비평철학에 뿌리를 두고
있는 것이다. 더구나 테크놀로지에 대한 연구도 시에 대한 연구와 마
찬가지로 궁극적으로는 구체적이고 극적인 경험에 대한 개별적인 지
식일 뿐, 그것을 다른 방식으로 해설하거나 풀이할 수 없다고 본 것
역시 맥루언이 신비평으로부터 받아들인 입장이다. 이미 앞절에서 언

급했듯이 맥루언이 거듭해서 결코 자신은 이론을 전개하거나 설명하고 있지 않다고 말한 것이나, 자신의 탐구를 굳이 '탐침'이나 '탐색'이라는 말로 표현한 이유도 같은 맥락에서 이해할 수 있다.

신비평주의자들은 문학작품, 특히 시에 특별한 위상을 부여했다. 그들에게 시로 대표되는 문학작품은 의미의 복합체일 뿐만 아니라 가장 탁월한 형태의 의미복합체이다. 시는 실재와 경험에 기초한 모방이면서도 대상과 경험 전체에 대한 지식을 제공하기 때문이다. 특히 시적인 은유는 과학과 철학이 대표하는 보편성과 신문이나 재판기록 등이 상징하는 구체성을 적절하게 융합한 가장 이상적인 표현방식이다.[15] 시적인 은유는 이렇게 이해할 때, 구체적이고 역사적인 것과 추상적이고 보편적인 것을 연결시킬 수 있는 통합적 기제이며 진리에로 나아갈 수 있는 유일무이한 수단이다. 시는 단순히 장식이나 수식의 방편이 아니라 세계와 인간에 대한 궁극적인 통찰을 가능하게 하는 신성한 열쇠인 것이다.

시, 특히 시적 은유에 대한 신비평주의자들의 평가는 리처즈의 비판이론에 힘입은 바 크다. 리처즈는 먼저 시의 기능을 과학으로부터 구분한다. 과학은 실재를 표상하기 위해 지시적인 언어를 사용하지만 시는 정서를 환기시키기 위해 정서적 언어를 사용한다. 과학자는 낱말로부터 감정적 요소를 가급적이면 배제시킴으로써 독자가 전적으로 사물에만 집중할 수 있도록 노력한다. 반면 정서적 언어를 사용하는 시인은 흔히 낱말에 수반하는 연상작용에 의거하여 주관적 감정이나 태도를 환기시키려는 의도도 낱말을 사용한다. 그렇기에 시인과 독자는 낱말과 사물 사이에 존재하는 어떤 객관적·사실적 관계에도 주의를 기울이지 않으며, 또 기울여서도 곤란하다. 시에서 사용되는 진술은 일종의 의사진술(pseudo statement)로 보아야 한다.

시는 세계에 존재하는 사물의 질서를 경험적으로 입증하기보다는 세계에 대한 인간의 경험을 정돈하는 데 필요하다. 그렇기에 시에서 가장 중요한 것은 균형 잡힌 정서나 태도를 야기할 수 있는 일종의 평형감이다. 리처즈는 예술적 체험의 특징은 극도의 긴장상태에 있는 대립적 요소들로부터 미묘한 균형과 평형을 이끌어내는 데 있다고 보았다. 그는 "배제가 아니라 포용을 통해 이루어내는 균형 잡힌 평형이야말로 예술적 체험이 지닌 가장 가치 있는 일반적 특징이다"[16]고 말했다. 그는 시나 예술이 일상적인 정서적 경험과 다른 점은 그것이 서로 갈등하는 욕구를 매우 높은 차원에서 화해시키는 데 있다고 보았다. 시에는 서로 상충하는 욕구를 탁월한 감수성을 통해 조직화하고 질서를 부여함으로써 욕구에 조화로운 통일성을 부여할 수 있는 능력이 있다는 것이다. 보통 사람들은 서로 상충하는 욕구를 갖게 되는 경우 으레 그중 일부를 억누름으로써 문제를 해결하는 반면 시인은 보통 사람들이 보지 못하는 새로운 질서에 토대를 둔 감성적 평형상태를 창조함으로써 문제를 해결한다. 그렇기에 가장 좋은 시는 대립적인 것으로부터 상호보완적 충동을 불러일으키는 아이러니를 사용하는 것이다.

신비평주의자들이 시를 포함한 문학작품을 가장 고양된 형태의 예술적 경험으로 본 이유는 비록 인공물이지만 시는 미적으로나 인식적으로나 매우 온전한 자체적 특성을 지니고 있다고 보았기 때문이다. 신비평주의자들은 심지어 작품이 지닌 내적인 정합성과 예술적인 창조성이 완벽한 조화를 이루게 될 경우, 그것은 신적인 속성까지도 함유할 수 있다고 보았다. 이들이 시에서 북부의 산업주의로부터 남부의 감각적 구체성을 보존할 수 있다고 본 것도 시적인 반응이 대상의 감각적 온전성을 존중한다고 보았기 때문이다. 이들에 따르면, 시는 우리를 '세계의 몸'과 종교적으로 연계시킬 수 있는 능력을 가지고 있다. 그렇기에 일단 소외되었던 세계도 시를 통하면 그것이 지닌 풍부한 다양성을 온전히 복원할 수 있는 것이다. 더구나 시는 본래 그 성질 자체가 명상적이기 때문에 세계를 변화시키도록 하는 것이 아니라, 세계를 있는 그대로 존중하도록 하며, 사심 없는 겸손함을 갖고 세계를 접근하도록 가르친다. 신비평의 예술관이 예술지상론에 근접한 것임을 알 수 있는 대목이다.

시의 역할과 기능에 대한 신비평주의자의 낙관적이고 긍정적인 전망은 맥루언이 매체연구를 전거한 스타일을 이해하는 데 필수적이다. 이미 트리비움 연구를 통해 수사와 문법과 논리가 조화를 이룬 화법의 우수성에 대해 확신하고 있었던 맥루언에게 시적인 은유가 지닌 예술적 우수성에 대한 믿음은 논리에 경도된 이론적 설명을 채택하지 않을 충분한 이유를 제공하고도 남았다. 맥루언에게 은유적인 표현은 작게는 논리와 논증 중심의 편협한 시각을 보정할 수 있는 계기이지만 크게는 더 이상 해법을 찾고 있지 못하는 인류를 구원할 수 있는 구도자의 길이었던 것이다.

4 맥루언 바로 읽기

맥루언은 매우 복잡한 인물임에 틀림없다. 그는 친절하고 재미있고 성실한 사람이었지만 늘 좌중을 압도하려고 했고 문제가 생기면 주로 책임을 남에게 전가했다. 그는 언제나 한꺼번에 대여섯 가지 일을 동시에 수행했으며 일의 우선순위를 정하는 일에 무능했기 때문에 항상 애초에 기획했던 것에 비해 미미한 성과를 가져오곤 했다. 그에 대한 엇갈리는 평가 역시 상당 부분은 그가 자초한 결과인 셈이다. 그러나 맥루언이 평생 하나의 일관된 관점과 취지를 가지고 연구하고 저술했던 것만큼은 분명하다.

맥루언의 세계관, 학문관 그리고 매체관을 관통하는 관점은 바로 그가 트리비움 연구와 신비평주의를 통해 갖게 된 것이다. 트리비움 연구는 그에게 '조화와 균형'이라는 이상을 제공했다. 지나치게 논리만 따지거나, 언어의 규칙에만 매달리거나, 현란한 말장난에 빠지지 않고 이들 사이에서 균형과 조화를 이루어야만 온전한 인식과 실천에 도달할 수 있다는 믿음을 그는 평생토록 준수하며 살았다.

때로는 '조화와 균형'에 대한 강조가 그를 지나치게 보수적으로 보이게 한 것도 사실이다. 맥루언은 실제로 진실한 가톨릭 교도였으며, 농촌 공동체에 향수를 느끼고 있었으며, 첨단기계를 좋아하지 않았던 사람이다. 그러나 그가 대부분의 현대인과 다르다고 해서 그것이 곧 그 자체로 잘못된 것은 아니다. 오히려 그의 말처럼, 그가 최첨단 문명에 대해 그 어떤 현대인보다 정확하게 진단할 수 있었던 이유가 그의 '촌스러움'이 그를 한발짝 떨어진 곳에서 바라볼 수 있도록 해주었기 때문일지도 모른다.

『구텐베르크 은하계』가 발간되었을 때 한 서평자는 맥루언을 중세의 논리학자에 비유했다.[17] 맥루언을 '중세적'이라고 본 점에는 동의하지 않을 수 없다. 분명 그는 중세인, 특히 성 아우구스티누스와 유사한 세계관과 이상을 가진 사람이었다. 그러나 그는 결코 논리학자가 아니었다. 오히려 논리학이 상징하는 과도한 변증술적 사유를 혐오했던 사람이었다. 맥루언에 대한 많은 오해가 바로 맥루언을 논리학자, 즉 전형적인 이론가, 사상가, 학자로 보는 데서 비롯되었다.

사람들은 맥루언의 '이론'이 너무나 모호해서 검증할 수 없거나 경험적 사실과 일치하지 않거나 지나치게 추상적이어서 학술적이지 않다고 비판한다. 그러나 이러한 비판은 모두 그를 일종의 이론가로 보기 때문에 가능한 비판이다. 맥루언은 이론가가 아니다. 그는 비유하자면 탐험가이며 실험가이며 시인이다. 맥루언은 기존의 개념체계 내에서 구체적이고 세부적인 연구를 수행한 사람이 아니라, 그것을 가지고는 이해할 수 없는 전혀 새로운 관점을 통해 세상을 보는 법을 전달하고자 애썼던 사람이다.

때로는 그의 얘기가 혼자서 모든 것을 깨달은 체하는 사람의 말처럼 들릴 수도 있다. 그러나 그가 확신했던 것은 그가 채택한 관점의 타당함이지 그 관점을 통해서 발견할 수 있는 구체적인 내용이 아니다. 그가 평생 다른 학자들과 다양한 영역에서 그가 발의한 관점을 적용한 탐구를 추진했던 것도 이 때문이다. 물론 이제는 분명해졌겠지만 맥루언이 채택한 관점은 신비평주의를 문화연구에 원용한 관점이다.

맥루언은 신비평주의 연구를 통해 원인이 아닌 효과를, 형태가 아닌 배경을 보는 방법을 배웠다. 물론 이는 기존의 패러다임과는 다른 관점을 상징하는 말이지 그것이 구체적으로 어떤 관점인지를 설명하지는 않는다. 만약 맥루언이 자신이 채택한 관점을 논리적으로 명쾌하게 설명할 수 있었다면 아마도 그렇게 했을 것이다. 그러나 그는 새로운 관점에 대한 메타적 이론을 제시하기보다는 대신 그러한 관점을 통해 본 세계상을 우리에게 그려보였다.

맥루언이 우리에게 보여준 세계는 새로운 관점 탓인지 매우 생소하고 당혹스러운 것이었다. "매체가 메시지다"라는 말이나 "매체가 인간의 확장이다"라는 말도 그렇지만 '자동절단(autoamputation)'이나 '서보메커니즘' 등 그가 자신의 생각을 설명하기 위해 사용한 용어들은 대부분 일상적인 용례에서 벗어난 것들이었다. 그의 설명방식 역시 '모자이크적'이어서 기승전결과 논리정연한 설명에 익숙해진 사람들로서는 쉽게 따라갈 수 없는 것이었다. 더구나 그가 애용하는 은유와 경구는 안 그래도 헷갈리는 사람들을 더욱 황당하게 만들었던 것이 사실이다.

맥루언이 특이한 설명방식을 채택한 것은 어쩌면 자신의 생각이 기존의 개념체계와 너무 다르다고 생각했기 때문일지도 모르고, 아니면 그렇게 하는 것이 가장 효과적이라고 보았기 때문일지도 모른다.[18] 분명한 것은 그의 얘기가 그를 비평하는 사람들이 얘기하듯이 대중적인 월간지에나 나올 만한 '그렇고 그런' 얘기를 마치 학문적인 것처럼 포장한 것은 아니라는 사실이다. 분명 맥루언의 설명 스타일은 그의 담론이 가진 학문적 성격과 그 목적을 감안한 상태에서 그에 걸맞는 방식으로 평가되어야 한다.

맥루언 사상의 뿌리를 구성하는 트리비움과 신비평주의에 대한 논의는 맥루언의 얘기가 어떤 계기에서 어떻게 형성되었으며 그 취지와 목적이 무엇인지 비교적 명쾌하게 보여준다. 우리는 이러한 논의를 통해 적어도 테크놀로지와 매체에 대한 맥루언 '이론'을 어떤 지평과 어떤 잣대하에서 평가해야 할지 가늠할 수 있기를 희망한다. 그러나 어쩌면 맥루언을 정당하게 평가할 수 있는 것 자체가 맥루언이 말한 '조화와 균형'의 이상을 받아들이고 '효과'와 '배경'에 초점을 맞추어야 비로소 가능할지도 모른다는 데 근본적인 딜레마가 있다.

맥루언의 생애[1]

1 대초원에서의 유년기(1911-1928)

북아메리카 대륙은 20세기에 이르러 '캐나다의 시대'를 맞게 된다. 미국 서부로의 대이주가 1900년경 일단락되자, 마지막 남은 개척지인 북서 캐나다로 사람들이 몰려들기 시작했다. 당시 18세 이상의 성인은 누구나 10달러만 가지면, 160에이커의 땅을 살 수 있었다. 마셜 맥루언의 외할아버지 헨리 홀(Henry Seldon Hall)도 북서 캐나다로 이주한 사람 중 한 명이었다. 그는 1906년 아내와 두 아들 그리고 딸 엘지를 데리고 캐나다 앨버타 주 에드먼튼 시 근교로 이주했다. 당시 엘지는 방년 18세의 초등학교 선생님이었다.

홀은, 적어도 겉보기에는 모범적인 가장이었다. 그는 영국계 이주민의 자손이었으며 경건한 침례교도였다. 술과 담배를 하지 않았으며, 안식일을 잘 지켰고, 책과 교육에 관심이 많았다. 그러나 그는 강압적이고 다혈질적 면도 가지고 있었다. 고집도 셌고 오만했으겨 어떤 면에서는 자기 모순적이었다. 친지들은 그에게서 어딘지 예측할 수 없는 불안감을 느끼곤 했다.

아버지의 강압적인 성품 때문에 엘지는 어려서부터 고생이 많았다. 아버지 못지않게 다혈질적이고 전투적인 성격을 지녔던 탓에 엘지는 아버지와 심심치 않게 마찰을 일으켰고 그 결과 늘 심리적 불안을 겪어야 했다. 이에 더해 이중적인 남성관을 갖게 되었다. 엘지는 똑똑하고 높은 지위에 있는 남자들, 예를 들어 변호사나 목사에 대해서는 맹목적인 호감과 존경을 표했던 반면, 지적으로나 사회적으로 열등한 남자들에 대해서는 거의 경멸에 가까운 태도를 보였다.

엘지는 매우 똑똑하고 예뻤다. 그녀는 말도 잘했다. 남자들과 함께 있을 때조차 늘 대화를 주도했다. 한마디로 1900년대 초 캐나다 서부에서는 찾아보기 힘든 최고의 신부감이었다. 뭇 남성의 흠모를 받던 엘지로부터 선택받은 행운아가 바로 맥루언의 아버지인 허버트 맥루언(Herbert McLuhan)이었다. 허버트는 키가 크고 잘생긴 남자였다. 친절하고 상냥했을 뿐만 아니라 누구와도 쉽게 어울릴 수 있을 만큼 무난한 성품을 지니고 있었다. 그는 다른 사람의 흉내를 잘 내었고 바이올린도 연주할 줄 아는 그야말로 다재다능한 사람이었다.

허버트 맥루언은 아일랜드 이주민의 후예였다. 허버트 맥루언의 아버지, 제임스 맥루언은 감리교도였으나 독실하지는 않았다. 그는 술을 좋아했으며 정규교육을 받지 못했다. 그러나 그는 책을 좋아했고, 덕분에 상당히 유식했다. 그는 으레 혼자 공부한 사람이 그렇듯이 자신이 유식하다는 것을 자랑하기 위해 다른 사람들과 논쟁하기를 좋아했고, 자기보다 학벌이 좋은 사람을 의도적으로 깎아내리곤 했다.

엘지와 허버트 맥루언은 1909년 결혼했다. 그리고 일년간 초원에서 목축을 하며 살았다. 그러나 앨버타 초원의 겨울은 너무 혹독했다. 겨울 내내 영하 40도를 밑도는 추위가 강풍과 함께 몰아닥쳤고, 먹을 것이라고는 고작해야 가을에 비축한 곡식과 덫에 걸린 토끼가 전부였다. 엘지는 곧 목축을 하며 살 수 없다는 것을 깨닫는다. 초원에서 일 년을 보낸 후 엘지와 허버트 부부는 앨버타 주의 수도인 에드먼튼으로 이사한다.

허버트 맥루언은 에드먼튼에 부동산 중개사무실을 차렸다. 활발한 경기 덕에 사업이 번창했다. 이즈음, 정확하게는 1911년 7월 21일, 엘지와 허버트 맥루언의 첫째 아들 허버트 마셜 맥루언(Herbert Marshall McLuhan)이 태어났다. 맥루언의 유일한 형제인 모리스 맥루언(Maurice Raymond McLuhan)은 그로부터 2년 후인 1913년에 태어났다.

에드먼튼의 자연환경은 맥루언이 후에 도시문명을 객관적으로 관찰하고 비판할 수 있는 토양을 제공했다. 그는 한 인터뷰에서 이렇게 말했다.

나는 하늘과 지평선이 서부에서 볼 수 있는 가장 멋있는 것 중 하나라고 생각한다. 서부에 사는 사람들은 고정된 하나의 관점에서 세상을 바라보지 않는다. 광대한 파노라마를 접하기 때문이다… 그는 항상 그리고 언제라도 총체적인 시야를 가질 수 있기 때문에 목전의 목표에 대해 걱정할 필요가 없다.[2]

맥루언에 따르면, 도시 한가운데서 사는 사람은 도시적인 것에 함
몰되어 정작 그것이 어떤 것인지 제대로 알 수 없다. 캐나다 사람이
미국 사람이나 유럽 사람에 비해 현대문명의 진면목을 파악하는 데
유리한 것도 이 때문이다.

허버트 맥루언은 1914년 부동산 경기가 주춤하고 제1차 세계대전
이 발발하자 잠시 군대에 입대했다 전역한다. 그리고는 캐나다에서
세 번째로 큰 도시이자 캐나다 서부의 금융·행정 수도 위니펙으로
이사한다.

위니펙에서 엘지는 앨리스 리온 미첼 표현학교(the Alice Leone
Mitchell School of Expression)에 입학한다. 이 학교는 당시 웅변으로
는 미국에서 제일 유명했던 보스턴의 에머슨 웅변학교(the Emerson
School of Oratory)의 산하기관이었다. 엘지는 입학하자마자 촉망받기
시작했다. 허버트 맥루언도 보험회사에 취직했다. 맥루언 부부는 1921
년 위니펙의 포트 루지 지역에 비교적 항구적인 거처를 마련한다. 맥
루언이 청소년기의 대부분을 보낸 곳도 이곳이다.

포트 루지는 도시를 가로지르는 두 개의 강이 만나는 지점에 위치
했다. 아이들을 키우기 좋은 곳이었다. 당시의 학교는 지금처럼 각박
하지 않았기 때문에, 아이들은 한가하게 구름을 벗삼아 놀 수 있었다.
맥루언은 종종 동네꼬마들을 데리고 자신이 위니펙에 이사 오기 전에
초원에서 '고생' 한 일을 모험담처럼 들려주었다. 맥루언은 또한 동네
아이들과 하수도 뚜껑과 가로수를 베이스로 삼아 야구놀이를 하기도
했다. 맥루언은 주로 투수를 담당했는데, 이는 그가 골목대장이었음
을 의미한다.

맥루언의 엄마 엘지는 아버지와 달리 매우 활동적인 사람이었다. 엘지는 교회나 학교에서 동화를 구연했고, 과외로 아이들에게 웅변술과 낭송술을 가르쳤다. 당시에는 라디오가 많이 보급되어 있지 않았기 때문에, 아이들에게 시나 연설문을 외우고 동화를 구연하도록 가르치는 것이 당연시되었다. 엘지는 제법 인기 있는 선생이자 배우였다. 실재로 모노드라마를 공연하기 위해 지방에 가는 일도 자주 있었다.

미첼 학교에서 보스턴의 선진문화를 접한 엘지가 온타리오 주의 문화를 하찮게 여긴 것은 당연하다. 온타리오보다도 저급하다고 생각했던 위니펙의 문화에 대해서는 아예 경멸했다. 지역문화에 대한 엘지의 태도는 사람에게도 이어졌다. 엘지는 남편과 달리 항상 세속적인 야망에 불타 있었다. 반면 허버트는 누구나 좋아하는 상냥한 사람이었지만 결코 야망 있는 사람은 아니었다. 그는 자신이 처한 처지나 상황에 쉽게 자족할 수 있는 타입이었다. 그래서 허버트는 세일즈맨으로도 크게 성공할 수 없었다. 실컷 사람들이 호감을 가지도록 만들어 놓고도, 정작 계약체결까지 나아가지는 못했던 것이다.

맥루언은 엄마의 영향으로 어려서부터 많은 시를 외웠고, 대학입학 전에 유명한 영국 시인의 작품 대부분을 접할 수 있었다. 복잡 미묘한 구문구조에 대해서도 나름의 안목과 감각을 가질 수 있었다. 당시의 웅변교습은 교육과정에 시를 낭송하는 방법뿐만 아니라 시를 분석하는 방법도 포함하고 있었다. 예컨대, 웅변술 교과서는 '문학작품에 내재하는 법칙'이라는 항목에서 일체성, 주제성, 일관성, 대조 및 클라이맥스 등을 문화작품을 평가하는 기준으로 제시했다.

엘지가 교회에서 낭송술과 모노드라마를 가르치고 있을 때 자녀

들을 돌본 것은 허버트였다. 그는 요즘 시각에서 보면, 이상적인 아버지였다. 허버트가 아이들과 즐긴 놀이 중 하나는 사전에서 'transubstantiationist'와 같이 알쏭달쏭하고 재미있게 생긴 단어를 찾아보는 것이었다. 맥루언은 이 놀이를 무척이나 좋아했다. 그가 매일 단어 세 개를 암기하는 습관을 들인 것도 이때부터이다. 맥루언은 나이가 들어서도 시간만 나면 옥스퍼드 영어사전에서 단어의 어원을 찾는 것을 낙으로 삼았다. 말하자면 그는 타고난 어문학도였다.

엘지는 야망에 불탔을 뿐만 아니라 그녀의 아버지를 닮아 고약한 면이 없지 않았다. 출장 갔다 오랜만에 집에 돌아와서도 2, 3일 지나지 않아 사소한 문제로 남편과 다투기 일쑤였고 아이들에게도 그리 다정다감하지 않았다. 문제는 막내 모리스는 순종적이었던 반면 맥루언은 단호한 성격을 가지고 있었다는 데 있었다. 그는 엄마와 언쟁하는 것을 두려워하지 않았다. 후에 맥루언이 누구에게도 지지 않을 만큼 탁월한 논쟁가일 수 있었던 것도 따지고 보면 어려서부터 엄마와 자주 논쟁을 벌였기 때문이다. 그러나 엄마와의 잦은 언쟁으로 인해 심정적으로 늘 불안할 수밖에 없었고, 그로 인해 평생 신경성 위장장애로 고생했다. 그를 잘 아는 사람들은 맥루언이 언제나 한꺼번에 많은 일을 벌이고 부산하게 살았던 것도 이 같은 정서적 불안에서 기인했다고 추측했다. 그러나 엘지가 가학적이거나 무책임한 엄마는 아니었다. 그녀는 특히 자신과 비슷한 기질을 타고난 맥루언을 좋아했고, 만약 아동 심리학 이론이 옳다면, 어려서부터 매사에 나서길 좋아했다는 사실만으로도 맥루언이 부모의 사랑을 듬뿍 받고 자란 아이라는 사실을 확인할 수 있다.

강한 엄마와 약한 아버지 때문인지는 몰라도 맥루언은 일찍부터 어른스러웠다. 사춘기가 채 지나지 않아 맥루언은 아버지로부터 더 이상 배울 것이 없다고 생각했다. 그리고 그 후부터는 도리어 아버지에게 조언하는 입장이 되었다. 한번은 아버지가 사회주의를 옹호하는 발언을 한 적이 있었다. 그가 대학에 다닐 때의 일이다. 맥루언은 아버지에게 한 시간 반 동안이나 마르크시즘이 지닌 문제점에 대해 조목조목 설명한 후, 아버지에게 사회주의를 지지해서는 안 된다고 충고했다. 동생 모리스도 문제가 생기면 아버지가 아닌 맥루언을 찾았다. 양순한 학자의 전형처럼 보일지 몰라도, 맥루언은 은근히 보스 기질을 가지고 있었다. 실제로 맥루언은 그에게서 자연스럽게 풍기는 으스댄다는 느낌을 남들에게 주지 않기 위해 상당히 애써야 했다.

학창시절 맥루언은 그런대로 괜찮은 학생이었다. 그는 37명 중 8등으로 졸업했다. 마지막 학기에는 영어, 수학 및 음악에서 A를 받았다. 그러나 그의 진짜 재능은 다른 곳에 있었다. 그는 엄마 덕에 빼어난 언변과 지적인 순발력을 갖출 수 있었으며 이러한 재능을 토대로 엄마는 꿈도 꾸지 못했던 것을 이룰 수 있었다.

2 마니토바 대학 시절(1928-1934)

1928년 맥루언은 캐나다에서 세 번째로 큰 대학인 마니토바 대학에 입학한다. 그러나 맥루언에게 마니토바 대학은 그저 평범한 대학에 지나지 않았다. 맥루언은 후에 "나는 마니토바 대학 시절을 대단하게

생각하지 않는다. 내가 기억하는 한 거의 아무 것도 배울 것이 없었다"고 회고했다.[3]

마니토바 대학 시절 맥루언은 주로 영문학과 역사에 관심을 가졌다. 그러나 영문학과 교수들은 대부분 맥루언의 기대에 미치지 못했다. 그가 존경했던 교수는 옥스퍼드를 졸업한 철학과의 롯지(R. C. Lodge) 교수였다. 맥루언이 한때 철학에 심취했던 것도 롯지 교수 때문이었다. 맥루언에게 감명을 준 또 다른 교수는 역사학을 전공한 필드하우스(Noel Fieldhouse)였다. 그 역시 옥스퍼드 출신이었다. 어떤 이는 맥루언이 미디어를 전통적인 방식으로 연구하지 않은 이유가 그가 철학이나 역사를 몰랐기 때문이라고 말하지만, 학부시절 관심사를 감안하면 옳지 않은 평가이다.

맥루언은 학부시절에 대해 좋게 생각하지 않았지만, 그것이 단지 마니토바 대학이 비교적 작은 학교여서 그렇게 생각한 것은 아니다. 그는 후일 자신이 30년 간 몸담고 있던 토론토대학교가 지나치게 비대해져 일종의 관료양성소로 전락하고 있다고 개탄했다. 맥루언은 대학의 일차적인 기능은 학생과 교수가 마음껏 토론하고 논쟁할 수 있는 장을 제공하는 데 있다고 보았다. 그는 심지어 대학교육의 목적이 학생들로 하여금 '허튼소리'를 할 수 있도록 가르치는 데 있다고 말하기도 했다.[4] '허튼소리'를 할 수 있기 위해서는 고도의 사고가 필요하기 때문이다.

불행히도 마니토바 대학에서 맥루언은 허튼소리를 주고받을 만한 상대를 거의 만나지 못했다. 그는 고독한 사색가보다는 다른 사람과의 대화를 통해 생각을 정리하고 발전시키는 타입이었다. 어찌보면

적당한 대화상대를 발견할 수 없었던 마니토바에 대해 그가 불만을 품은 것은 당연하다.

대학 1, 2학년 때 맥루언은 다양한 기초과목을 공부했다. 그는 영어, 지리학, 역사, 라틴어, 천문학, 경제학, 심리학을 수강했으며, 한때 공학을 전공할 생각도 했었다. 그러나 맥루언은 위대한 인물이 되어야 한다는 콤플렉스를 가지고 있었다. 그래서 그는 우선 자신이 잘하는 분야의 대학교수가 되어야겠다고 결심했고, 3학년이 되자 영문학과 철학을 집중적으로 수학하기 시작한다.

당시 마니토바 대학의 영문학과는 빅토리아식으로 교육하고 있었다. 교수들은 스펜서, 셰익스피어, 밀턴과 같은 위대한 낭만주의 시인의 작품을 읽고 가르쳤으며 찰스 램(Charles Lamb), 윌리엄 헤이즐릿(William Hazlitt), 레이 헌트(Leigh Hunt), 월터 페이터(Walter Pater), 토마스 드 퀸시(Thomas De Quincey)와 같은 문인들을 선호했다. 아름다운 시구 창조에 몰두했던 이들의 작품은 정녕 '미문학(belles lettres)'이라는 별명에 걸맞는 것이었다. 하지만 영국에서는 이미 1930년대에 이러한 전통이 엘리엇의 『성스러운 숲(The Sacred Wood)』과 리처즈의 『실천비판(Practical Criticism)』 및 에즈라 파운드의 가차 없는 비판으로 인해 쇠퇴의 길을 걷고 있었다. 다만 마니토바 대학에서는 누구도 이 같은 변화에 대해 의식하지 못하고 있었을 뿐이다. 사실 마니토바 대학뿐만 아니라 당시 미국과 캐나다에 있는 대부분의 대학이 여전히 연대기적이고 역사적인 문학비평의 수준에서 벗어나지 못하고 있었다.

맥루언 역시 후기 빅토리아 시대의 문필가를 좋아하고 존경했다.

특히 영국의 역사가이자 문필가인 토마스 매컬리(Thomas Babington Macaulay), 헉슬리(T. H. Huxley), 칼라일(Thomas Carlyle) 등을 좋아했으며 마르쿠스 아우렐리우스에 대한 매튜 아널드(Matthew Arnold)의 에세이를 가장 이상적인 문학작품 중 하나라고 생각했다. 1930년 마니토바에서는 제임스 조이스, 엘리엇, 에즈라 파운드의 존재를 발견할 수 없었던 것이다. 사실 도서관은 물론이고 위니펙 어디에서도 그들의 저서를 찾을 수 없었다. 당시 맥루언이 1842년 이후에 발간된 문학작품은 읽을 가치가 없다고 생각한 것도 무리가 아니다.

하지만 맥루언은 그가 읽은 작품에 대해서만큼은 철저히 연구했다. 우선 저명한 작가를 연대순으로 정리하고 작가마다 파일을 만들었다. 이들의 파일에는 저자의 간략한 약력과 주요 작품에 대한 개요가 들어있었다. 그리고 소설의 경우에는 각각의 캐릭터마다 그가 소설 속에서 한 역할이 무엇인지 정리해서 보관했고, 다시 읽어볼 만한 글 뒤에는 별도의 메모지에 간략한 코멘트를 붙여놓았다. 맥루언은 밑줄을 긋기보다는 참고가 될 만한 사항을 책의 끝 표지 안에 붙여놓음으로써 생각이 발전하거나 변하는 것을 방해하지 않으려고 노력했다. 맥루언은 이 같은 정리 습관을 평생토록 유지했다.

맥루언은 졸업 후의 진로에 대해 매우 심각하게 고민했다. 그는 당시 결혼이 공부에 장애가 될까봐 평생 독신으로 지낼 생각을 할 만큼 큰 욕심을 가지고 있어서 며칠만 앓아눕게 되어도 불안해했다.

그러던 중 맥루언은 평생을 좌우할 모종의 계시를 받게 된다. 1930년 4월 어느 날 맥루언은 정신적 · 영적 · 물리적 우주가 이제까지 사람들이 깨닫지 못하는 어떤 법칙에 의해 지배당하고 있을지도 모른다는 생각을 갖는다. 만약 사람들이 이 법칙을 위반하면 난관에 봉착할 것이고, 법칙을 잘 준수하면 죽음과 병과 죄까지도 극복할 수 있을 것이라고 생각했다. 이 같은 생각은 분명 당시 창조과학에 매료되어 있던 엄마의 영향을 받은 것에 틀림없으나, 어쨌든간에 맥루언을 흥분시키기에 충분했다. 맥루언은 이 사건 이후 근본주의적인 기독교를 평생토록 신봉한다.

학부 시절 맥루언은 럭비나 하키와 같은 운동을 좋아했으나 그가 가장 좋아하는 것은 토론이었다. 토론에 있어서만큼은 그를 대적할 사람이 거의 없었다. 그는 이슈가 무엇이든지, 어떤 입장에 서든지, 능수능란하게 논지를 전개했고 자신이 지지하는 입장에 대한 증거가 빈약하면 빈약할수록 더욱 신이 나서 토론에 임했다. 한마디로 그는 토론 자체를 즐겼다.

한번은 캠퍼스에서 기독교 학생들이 진화론을 성토하는 토론을 하고 있었다. 맥루언은 중간에 끼어들어 이신론(Deism)적 견해를 전개했다. 진화가 사실이 아니라고 주장하는 학생들에게 하느님은 진화의 법칙과 같이 인간이 이해할 수 있는 자연법칙을 통해 세상을 다스리신다는 입장을 전개한 것이다. 당시 무려 대여섯 명에 이르는 학생들이 맥루언을 상대로 세 시간 이상 불꽃 튀는 논쟁을 전개했지만 맥루언은 유유히 자신의 입장을 고수할 수 있을 정도로 이미 논쟁에는 통달해 있었다.

그러던 어느 날 맥투언에게도 마침내 필적할 만한 상대가 나타난다. 그는 맥루언과 평생 교분을 나눈 이스터브룩(Tom Easterbrook)이라는 학생이었는데, 두 사람은 틈만 나면 신의 존재 증명과 같이 홍

미진진한 주제에 대해서 밤새도록 토론했다. 맥루언은 "당시 우리는 모든 것에 대해 동의하지 않기로 서로 동의했다"며 그때를 회상했다.[5] 맥루언은 주로 사변적인 철학자의 입장에서 새로운 관점이나 아이디어를 주장한 반면, 이스터브룩은 경험과학자의 입장에 서서 맥루언에게 주장하는 바를 입증하라고 요구했다.

맥루언과 이스터브룩은 1932년 영국으로 여행을 떠난다. 그의 나이 21세 때 일이다. 영국에 도착한 맥루언은 마치 고향에 돌아온 듯했다. 당시에는 북아메리카 전역이, 위니펙을 포함하여, 근대화의 물결에 휩싸여 있었고 맥루언은 이 같은 경향을 혐오했다. 맥루언은 영국의 거리에서 아직 스러지지 않은, 교양 있고 성숙한 문화의 흔적을 느낄 수 있어 마치 옛 고향에 온 것처럼 느꼈다. 그에게 고풍스러운 영국이 상징하는 시와 문학은 기계적이고 상업적이고 천박한 근대 문명에 맞서는 최후의 보루처럼 여겨졌다.

심심하면 헌책방을 찾던 맥루언과 이스터브룩은 어느 날 체스터튼(G. K. Chesterton)이 쓴 『무엇이 문제인가(What's Wrong with the World)』라는 책을 구입한다. 매우 따분하고 교훈적인 내용에도 불구하고, 맥루언은 큰 영향을 받는다. 맥루언은 체스터튼을 읽으며 예전부터 자신이 신봉해왔던 믿음들, 즉 개인의 자유, 가족의 신성함, 기독교적 가치와 사회주의나 극단적인 자본주의의 부적합성 등에 대한 신념을 굳힌다. 특히 체스터튼은 로마 가톨릭교적인 믿음, 즉 세계는 매우 복잡하여 간단히 설명할 수 없지만, 실재할 뿐만 아니라 궁극적으로는 합당하다는 믿음을 확인시켜 주었다. 즉 세계가 비록 어떤 현학적인 법칙이나 수학적인 공식으로 환원할 수 없을지는 몰라도, 신에 의해 창조된 좋은 것이라는 믿음을 공고히 할 수 있었다. 맥루언은 평생 동안 한 번도 만물이 실재한다는 사실, 신이 창조했다는 사실, 그리고 그 때문에 궁극적으로는 아름다우며 질서정연하다는 사실을 의심한 적이 없었다. 그는 유물론이 아니라 신비주의(gnosticism)가 더 이단적이라고 믿었다. 신비주의는 창조의 실재성, 합당함 그리고 선함에 의문을 제기하는 한편, 인간이 알 수 없는 어떤 신비하고 감추어진 실재를 주창하기 때문이다.

맥루언은 체스터튼으로부터 논의를 전개하는 방식에 대해서도 많은 것을 배웠다. 체스터튼은 개념 중심적인 방식이 아니라 맥루언이 후에 '격언(precept)'이라고 부른 것을 토대로 얘기를 풀어나갔다. 특히 체스터튼은 '상투적인 말' 속에 숨어 있는 의미를 찾아내 논평하는 일에 능했다. 예를 들어, "시계(시간)는 되돌릴 수 없다(You can't put the clock back)"라는 격언에 대해 체스터튼은 이렇게 평했다.

간단하고 명백한 답은 '되돌릴 수 있다'이다. 시계 역시 사람이 만든 것이기에 손가락만 움직이면 어떤 숫자나 시간에도 맞출 수 있다. 같은 맥락에서 사회 역시 사람이 만든 것이기에 어떻게 기획하는가에 따라 되돌릴 수 있다.[6]

이 밖에도 체스터튼은 비유적인 표현을 즐겨 썼으며 가끔씩 놀랄 만큼 탁월한 한 줄짜리 경구를 사용했다. 후에 맥루언 역시 그와 같은 짧은 경구를 장기로 삼았다.

비유의 달인 중 하나는 토마스 아퀴나스이다. 아퀴나스는 일례로,

예수와 사제를 양치기 개에 비유한다. 마치 개가 그 자체로 충직한 것처럼 사제와 예수도 그러하다는 것이다. 다시 말해, 개와 사제는 서로 많이 다르지만 그럼에도 불구하고 신의 존재를 분유하고 있다는 점에서는 같다. 아퀴나스에게 비유는 사실과 다르지 않다. 맥루언도 그렇게 생각했다. 예컨대 맥루언이 "우리가 '통화중'이거나, '방송중'일 때 우리는 전기를 통해 빛의 속도로 움직이기 때문에 물리적인 신체와 같다고 보기보다는 정보 혹은 이미지로 변환되었다고 보아야 한다"고 말했을 때, 이 말을 단지 사실과 다르다는 의미에서 '비유적'인 것으로 이해하면 곤란하다. 비록 비유적인 추론이 데카르트와 헤겔 등에 의해 논리적 추론과 변증법적 추론으로 대체되었지만, 맥루언은 비유적 추론이 더 나은 사유 방식이라고 생각했다. 그러나 맥루언의 평가와 달리 대부분의 비평가들은 체스터튼의 글쓰기 스타일이 그를 "진리나 사실과는 무관한 사람"으로 만들었다고 생각했다. 후에 맥루언이 비평가로부터 거의 대동소이한 비판을 들은 것도 우연이 아니다.

체스터튼은 종종 전문가를 비하했다. 그는 "인류를 망친 것은 전문가의 무지"라고 말할 정도로 전문가를 싫어했다.[7] 이 또한 전문가에 대한 맥루언의 견해와 일치한다. 그는 평생 전문가의 권위가 가져올 수 있는 해악에 대해 경고했다. 맥루언에 따르면, 전문가는 가장 중요한 것이 무엇인지 알지 못할 뿐만 아니라 스스로 물을 생각조차 하지 못하는 사람이다. 전문가가 진짜로 중요한 안목을 가질 수 있기 위해서는 자신의 편협함을 깨닫고 스스로 '탈전문화' 해야 한다.

1933년 맥루언은 졸업식에서 문리과대학장상을 받았다. 졸업하자마자 맥루언은 '시인과 희곡작가로서의 조지 메레디스(George Meredith as a Poet and Dramatic Novelist)'라는 주제로 석사학위논문을 쓰기 시작했다. 메레디스는 19세기 문학가로서 당시에는 현자적인 통찰력을 지닌 시인이자 소설가이며 훌륭한 문장을 구사하는 작가로 알려져 있었다. 영문학과 철학을 전공한 맥루언이 메레디스를 논문의 주제로 선택한 것은 자연스러운 일이었다. 학위논문 역시 그가 지닌 재능을 유감없이 보여줄 정도로 완성도가 높았다. 그러나 졸업한 후 맥루언이 메레디스를 언급하는 일은 거의 없었다. 그만큼 메레디스가 그의 사상에서 차지하는 비중은 미미했다.

맥루언은 1934년 대학학보 《마니토바인(The Manitoban)》에 실린 〈내일 그리고 내일(Tomorrow and Tomorrow)〉이라는 글에서 현대문명을 신랄하게 비판한다. 그는 빅토리아 사상가 칼라일, 러스킨(Ruskin), 모리스(William Morris) 등을 인용하면서 현대문명이 구제 불가능할 정도로 타락했으며 20세기는 "인간이 살기에는 모든 면에서 부적절"하다고 평했다. 17년 후에 발간한 『기계신부』에서도 맥루언은 현대문명에 대해 거의 같은 논조로 비판한다. 특히 그는 산업자본주의가 인간의 삶과 성(性)을 왜곡하고 있다고 주장했다. 그러나 그는 마르크시즘이 해결책이라고 생각하지 않았다. 오히려 수준 이하로 생각했다. 젊은 시절 그가 옹호했던 문제해결방법은 오늘날 우리가 파시즘이라고 부르는 것에 가깝다. 그는 파시즘에 문제가 있다는 것을 인정하면서도, 파시스트들의 비판과 대안을 수용한다. 영웅적 자기혁신을 부르짖는 파시즘이 탐욕스러운 자본주의나 무기력한 사회주의에 비하면 훨씬 좋다는 것이다.

맥루언이 학부시절 보여준 태도나 입장만을 가지고 보면 그를 자칫 극단적인 보수주의자나 광신적인 기독교도로 오인할 수도 있다. 그러나 현대문명을 비판하고, 인간과 세계가 하나되고 남녀가 평등하면서도 깊이 있게 교우할 수 있는 이상세계의 원형을 지나간 옛시절로부터 찾으려 했던 사람은 맥루언만이 아니다. 예이츠, 파운드, 엘리엇, 로렌스 등 20세기를 대표하는 사상가 모두가 중세적인 이상을 동경했고 그에 비추어 현대문명의 폐해를 지적했다.

1934년 봄 석사과정을 통과한 맥루언은 케임브리지 대학으로 유학갈 결심을 한다. 맥루언이 옥스퍼드 대신 케임브리지를 선택한 데는 두 가지 이유가 있다. 하나는 옥스퍼드 유학 장학금인 '로드 장학금'을 따지 못한 것이다. 맥루언은 현명치 못하게도 장학금 심사위원이었던 교수와 논쟁을 벌였고 그 결과 비싼 대가를 치를 수밖에 없었다. 그러나 보다 중요한 이유는 그가 존경하는 옥스퍼드 출신의 필드하우스 교수가 옥스퍼드 대신 케임브리지를 권했던 것이다.

3 케임브리지 대학 시절(1934-1936)

맥루언은 케임브리지 대학에 들어가자 영문학을 처음부터 다시 공부해야겠다고 생각한다. 마니토바에서는 가장 뛰어난 학생 중 하나로 명성이 자자했지만, 케임브리지에서는 맥루언도 변방 시골대학 출신의 평범하기 짝이 없는 학생일 뿐이었다. 더구나 케임브리지는 그가 지금까지 마니토바에서 배웠던 영문학은 영문학이라고 부를 만한 가치도 없다는 사실을 확인시켜주었다. 케임브리지는 그가 존경했던 문필가인 맥콜리와 메레디스를 인정하지 않았을 뿐만 아니라, 이제까지 그가 가지고 있던 문학에 대한 생각도 의심하도록 만들었다. 그는 더 이상 사람들과 논쟁을 벌이며 잘난 척하지 않았고, 매사에 앞장서서 의견을 개진하는 일도 삼갔다. 그러나 맥루언이 자신감을 잃고 의기 소침해진 것은 아니었다. 저명한 학자와 고색창연한 건물과 똑똑한 학생들에 둘러싸여 있었으나 맥루언은 케임브리지에서도 여전히 자신의 가능성과 능력을 믿었다.

케임브리지는 탁월한 선택이었다. 당시 그 어느 대학도 문학비평에 있어 케임브리지에 견줄 만한 곳이 없었다. 케임브리지 대학 영문학과는 현대적인 문학비평을 새롭게 일으킨 곳이다. 케임브리지는 옥스퍼드와 달리 영문학의 목적을 문헌고증이 아니라 비판적 분석에 두었다. 옥스퍼드 출신의 노스럽 프라이조차 당시 옥스퍼드 영문학과가 문학작품보다는 언어연구에 주안점을 두는 19세기 문헌학적 전통을 따르고 있었다고 비판했다. 반면 케임브리지는 1910년부터 문학작품에 대한 비판적 분석을 교육과 연구의 목표로 삼음으로써 현대문학 비평의 산실로 자리잡을 수 있었다.

당시 케임브리지의 교수진 중 가장 유명한 사람은 리처즈였다. 리처즈는 시를 분석하기 위해서는 시에서 실제로 사용되고 있는 단어들의 효과에 각별히 신경써야 한다고 주장했다. 모든 단어가 복합적인 의미를 지니고 있기 때문에, 문맥이나 용도를 떠나서 단어의 의미를 따지는 것은 무의미하다고 보았기 때문이다. 시 역시, 물론 그중 가장 훌륭한 것이기는 하지만, 커뮤니케이션 방법의 일종이다. 따라서 리처즈가 보기에, 진리나 아름다움이 시에 내재해 있다고 보고 그것을 찾아내려는 것은 무의미한 일이다. 시는 오히려 그것이 어떻게 의도된 목적을 소화하고 있는지 보아야 제대로 평가할 수 있다.

리처즈는 자신의 시론에 걸맞는 교육방법도 개발해냈다. 리처즈는 시를 평가함에 있어 겉으로 드러난 아름다움을 강조하기보다는, 시가 독자에게 주는 총체적인 효과를 가늠하기 위해 가급적이면 시인의 목소리를 흉내내서 큰소리로 낭송하였다. 그는 또한 수업시간에 학생들에게 익명의 시를 배포하고 학생에게 평가서를 제출하도록 하였다. 그러면 놀랍게도 학생들이 신랄하게 비판한 시 중에는 종종 그 학생들이 숭앙해왔던 시인의 작품이 들어 있었고, 칭찬한 시들 중에는 그때까지 평가 절하해 왔던 시인의 것이 포함되어 있었다.

맥루언은 리처즈로부터 시를 읽는 방법을 새로이 배웠다. 특히 시를 일종의 커뮤니케이션 방식으로 이해하는 견해에 공감했다. 리처즈는 오늘날 '신비평(New Criticism)'이라고 부르는 비평운동의 대부이다. 그러나 오직 맥루언만이 리처즈의 견해를 테크놀로지와 매체를 이해하는 데 응용할 수 있었다. 맥루언은 만약 단어가 그 자체로 애매하여 그 내용(즉 사전적 의미)이 아니라 효과를 가지고 논해야 마땅하다면, 그리고 그 효과가 독자의 마음속에서 잠재적으로 발현된다면, 당연히 다른 인공물에 대해서도, 즉 바퀴나 인쇄술에 대해서도 같은 방식으로 얘기할 수 있다고 보았다. 맥루언이 독자가 곧 시의 내용이라고 말하는 것도, 그리고 이를 응용하여, 사용자가 매체나 기술의 콘텐츠라고 주장한 것도 이 같은 생각을 대변한다.

맥루언에게 영향을 미친 케임브리지의 영문학자 중 손꼽을 수 있는 두 번째 인물은 리비스이다. 맥루언은 리비스의 열렬한 추종자였다. 리비스는 실천적 문학비평을 주변 환경을 의식하는 훈련에 연계할 수 있다고 생각했다. 시나 산문과 마찬가지로 광고와 같은 사회적 제도나 기구도 시학적인 분석의 대상이 될 수 있다고 본 것이다. 맥루언에게 이 아이디어는 특별히 의미 있는 것이었다. 그는 일찍이 1930년도부터 광고에 흥미를 가지고 있었을 뿐만 아니라, 광고가 그 어떤 문학작품보다 더 흥미로운 연구대상일 수 있다고 생각했다. 1951년 발간한 그의 첫 저작 『기계신부』가 거의 전적으로 광고에 대한 분석에 기초하고 있다는 사실도 놀랄 일이 아니다. 또한 그의 마지막 저작인 『교실로서의 도시(City as Classroom)』 역시 광고에 대해 상당한 부분을 할애하고 있다는 사실을 상기할 때, 맥루언이 평생 광고에 대해 가졌던 관심이 어느 정도인지 짐작할 수 있다.

리비스의 부인(Q. D. Leavis) 역시 영문학자였다. 소설과 독자의 관계에 대해 그녀가 가졌던 생각도 맥루언에게 큰 교훈을 주었다. 그녀에 따르면, 소설은 소설가가 아무런 제약이 없는 상태에서 마음 내키는 대로 구상해내는 것이 아니다. 소설은 오히려 독자들의 요구에 대한 반응으로 이해해야 한다. 따라서 독자 역시 창작의 동기가 될 수 있으며, 작품 못지않게 연구해야 하는 대상이다. 이 주장이 시사하는 바는 분명하다. 작품을 이해하기 위해서는 그 작품이 겨냥하고 있는 독자를 보라는 말이다. 만약 문학작품의 의미가 독자에 대한 영향력 혹은 독자가 작품에 미친 결과일 수 있다면, 기술이나 기계의 의미 역시 사용자에 대한 영향력이 아니라고 생각할 이유가 없다. 그렇기에 복사기의 의미를 따질 때, 복사기능에 초점을 맞추기보다는, 그것이

밀실정치를 사라지게 만들고 작가를 출판사로 만들고 있다는 사실에 유념해야 한다. 과장하면, 이제 시가 어떤 내용을 담고 있는지, 기계가 어떤 기능을 수행하는지는 그다지 중요하지 않다. 중요한 것은 과연 그것들이 장기적으로 독자의 머리 속에 어떤 변화를 가져왔는지 추적하는 일이다.

맥루언이 시인들 중 가장 존경한 사람은 단연 엘리엇이었다. 맥루언이 매체철학을 형성하는 데 가장 큰 영향을 끼친 사람도 당연히 엘리엇이다. 엘리엇은 시를 이해하기 위해서는 시를 개념적으로 파악하려 들기보다 시에 대한 지각을 가질 수 있어야 한다고 주장했다. 엘리엇은 시의 의미와 효과에 대해 후에 맥루언이 자주 원용했던 비유를 들어 설명한다.

> 시가 지닌 내용의 주된 용도는 아마도 독자의 습관 중 하나를 만족시키는 데, 즉 그의 주의를 환기시키고 평안하게 하는 데 있다고 볼 수 있다. 그러나 동시에 시는 마치 도둑이 경비견을 맛있는 고깃덩어리로 유혹하는 것과 마찬가지로 암암리에 독자에게 모종의 작용을 가한다.[8]

맥루언은 이 구절을 원용하여 미디어의 콘텐츠는 마음속에 자리 잡고 있는 경비견을 혼란스럽게 하기 위해 도둑이 가지고 다니는 맛있는 고깃덩어리와 같다고 비유했다.

맥루언이 어떤 감관을 주로 사용하는가에 따라 지각의 형식이 변할 수 있다고 생각하게 된 것도 엘리엇에 힘입은 바 크다. 물론 감관과 지각의 관계에 대한 엘리엇의 견해는 당시 많은 시인들이 공유하던 입장이었기 때문에 특별히 엘리엇만의 견해라고 보기는 어렵다. 예이츠는 "나는 평생을 눈을 위해 쓰인 문구를 시에서 제거하는 데 보냈다"고 말했으며, 홉킨스(Hopkins)도 "나의 시를 제대로 감상하기 위해서는 항상 숨을 깊이 들이마시고 귀를 가지고 읽어라"고 말했다. 그러나 맥루언이 특별히 영감을 받은 것은 엘리엇의 '청각적 상상(auditory imagination)'이라는 개념이었으며 이를 통해 맥루언은 감관과 지각의 관계에 대해 눈을 뜨게 된다.

여하튼 엘리엇은 시각적인 지각과 전혀 다른 형태의 청각적인 지각이 존재한다는 사실을 인식하고 있었으며, 시각적 지각은 기껏해야 논리적이고, 선형적이고, 순차적인 사고방식을 대변하는 것에 불과하기 때문에, 시가 반드시 체계적인 줄거리를 가져야 하는 것은 아니라고 주장했다. 리처즈 역시 수업 시간에 엘리엇의 『황무지』를 설명하면서, 시를 논리적이거나 소설적인 방식으로 읽어야 한다는 생각은 더 이상 통용될 수 없다고 강조했다. 『구텐베르크 은하계』가 떠오르는 대목이다.

케임브리지에서도 맥루언은 마니토바에서 그랬던 것처럼 대단히 열심히 공부했다. 그는 럭비와 조정경기 등의 과외활동을 제외하고는 거의 공부하는 데 전념했다. 케임브리지에서는 고질적이었던 위장병에도 시달리지 않았다. 맥루언은 종종 케임브리지 시절이 그의 인생에서 가장 행복했던 시기라고 회상했다. 실제로 맥루언은 케임브리지에서 그가 후에 발표한 거의 모든 저작의 맹아를 키우고 있었다.

4 견습교수 시절(1936–1940)

1936년 맥루언은 케임브리지를 떠나 귀향길에 오른다. 그러나 이때 미국은 대공황을 겪고 있어서 대학에 자리 잡기가 매우 어려웠다. 결국 그는 위스콘신 주립대학 영문학과 조교로 취직할 수밖에 없었다. 당시 위스콘신은 정치적으로 매우 진보적인 캠퍼스였다. 대부분의 교수와 대학원생들이 좌파적인 의식을 가지고 있었고 사회적인 이슈에 적극적으로 개입했다. 미국의 문화를 경멸해왔던 맥루언에게 위스콘신은 미국을 다시 볼 수 있는 계기가 되었다. 그러나 맥루언이 위스콘신의 학풍에 동조한 것은 아니었다.

위스콘신에서 조교인 맥루언이 맡은 임무는 강의 후 학생들을 모아놓고 수업에 대한 보충설명을 하는 것이었다. 즉 교수의 강의내용 중 잘 이해되지 않거나 의문이 있는 사안에 대해 답변하는 것이 그의 역할이었다. 그러나 그는 다른 조교와 달리 강의내용을 복습하지 않고 자기 나름의 수업을 진행했다. 예를 들어, 그는 학생들에게 문학개론을 복습하는 대신 광고, 신문, 소설 등에 나타난 미국의 문화적 특징에 대해 조사하라고 요구했다. 현대와 같이 통속적인 대중문화가 지배하는 사회에서는 대중문화를 직접 맞닥뜨려 탐구하는 것만이 대중문화에 휘몰리지 않고 살아남을 수 있다고 보았기 때문이다. 맥루언에게 그를 압도하는 무엇인가를 초극하는 방법은 그것을 연구의 대상으로 삼아 객관적인 시각에서 바라보는 것이었다.

맥루언은 조교업무를 수행하는 것에 더해 조교들로 이루어진 '토론클럽'을 결성했다. 그 무엇보다 논쟁하기를 즐겼던 맥루언의 성격이 여기에서도 나타났다. 주변 사람들도 그와 토론하는 것을 좋아했으며 그의 토론능력에 대해 감탄했다. 특히 그가 주장하는 내용보다는 그의 언변에 더 깊은 인상을 받았다. 당시 맥루언과 같이 토론클럽에서 활동했던 동료들은 "만약 그의 말을 녹음해서 받아쓰면 거의 완벽한 에세이를 읽게 될 것이다"고 회고했다. 맥루언은 미리 준비하지 않고도 거의 모든 주제에 대해 물 흐르듯 부드럽고, 논리가 정연하고, 문법에 맞는 문장을 구사할 수 있었다.

맥루언은 논쟁에 임하는 방식에 있어서도 남다른 면이 있었다. 그는 자잘한 것에는 관심이 없었다. 사실 여부보다는 관점이나 시각 그리고 아이디어에 관심이 많았다. 만약 새로운 아이디어를 발견했다고 생각하면 한동안 그 아이디어를 이리저리 적용하거나 확장시키는 데 주력했다. 이 같은 경향은 후에 맥루언이 글을 쓰는 방식에도 영향을 미쳤고, 그 자신이 우려했던 것처럼 어딘지 엄밀하지 못하거나 아마 추어적인 것처럼 보이게 되는 문제를 야기한다.

맥루언은 1937년 3월 25일 가톨릭으로 개종했다. 신앙을 그 무엇보다 소중하게 여겼던 맥루언에게 정통성을 상징하는 가톨릭으로의 개종은 그가 사람으로서 살아가면서 이룰 수 있는 가장 큰 위엄이었다. 그에게 신에 대한 믿음은 자아와 존재에 대한 의미를 규정하고, 평범한 인간도 초인으로 만들 수 있는 터전이었다. 맥루언은 매일 묵주기도를 올리고 미사를 드릴 만큼 독실했으며, 때로는 자신이 성모 마리아와 직접 대화했다고 믿을 정도로 독실한 신앙인이었다.

그러나 당시 북아메리카에서 가톨릭교도로 산다는 것은 상당한 어려움을 감내해야 하는 일이었다. 맥루언의 엄마 엘지가 맥루언의 개종을 격렬히 반대했던 것도 그 때문이었다. 그녀가 보기에는, 가톨릭으로의 개종은 곧 미국의 좋은 대학에 자리잡는 것을 포기한다는 선언과 같았다. 그러나 맥루언은 세속적인 실리를 위해 종교를 버리기에는 이미 지나칠 만큼 종교적인 사람이 되어있었다.

맥루언은 1937년 미국예수회재단의 세인트루이스 대학에 강사로 부임한다. 위스콘신은 매우 지적이고 역동적인 곳이었지만 맥루언이 감당하기에는 지나치게 정치적 색깔이 짙었고, 학생들 역시 그를 붙잡아둘 만큼 우수하지는 않았다. 그렇다고 세인트루이스 대학이 하버드나 예일과 같은 미국의 유수 대학에 비할 수 있는 곳은 아니었다. 봉급은 낮았고, 도서관은 형편없었으며, 대학행정도 경험 없는 예수회 신부들에 의해 운영되고 있어 말이 아니었다.

그나마 세인트루이스 대학에서 유명했던 학과는 철학과였다. 철학과는 아퀴나스에서 시작해서 아퀴나스로 끝난다고 보아도 좋을 정도로 중세철학을 집중적으로 연구하고 교육했다. 맥루언이 평생을 두고 영향받은 중세철학자 뮐러-타임(Bernard J. Muller-Thyme)을 만난 것도 이때였다. 뮐러-타임은 천재이자 기인이었다. 하도 사색에 골몰하여 바지를 입는 것도 잊은 채 출근했다는 전설이 있을 정도로 특이한 사람이었다. 그러나 그는 맥루언과 죽이 잘 맞았고, 맥루언에게 중세철학의 대강뿐만 아니라 감각에 대한 아퀴나스의 복잡한 이론을 가르쳐주었다. 또한 뮐러-타임은 중세가 사람들이 생각하는 것처럼 암울한 시기가 아니라 매우 역동적인 문화와 창조적인 학문활동이 전개되었던 시기였음을 일깨워주었다. 맥루언은 뮐러-타임을 통해 중세와 르네상스에 대해 많은 것을 배울 수 있었고, 서구문명사를 보다 넓은 시각에서 바라볼 수 있는 지평을 확보할 수 있게 되었다.

맥루언은 1938년 세인트루이스 대학의 문학잡지 《왕의 문장(Fleur de Lis)》에 〈성 베드로인가? 피터 팬인가?(Peter or Peter Pan)〉라는 제목의 글을 기고했다. 이 글에서 그는 광고, 산업주의, 대기업, 그리고 마르크시즘이 반종교적일 뿐만 아니라 전통적으로 가족이 보유하고 있던 경제적·사회적 토대를 와해시켰다고 비판했다. 그리고 현대인이 선택할 수 있는 삶은 성 베드로가 되든지 아니면 히틀러나 프랑코 총통처럼 유아적 상태에 머물며 환상을 꿈꾸는 피터 팬이 되는 것이라고 전제하고, 그 어느 때보다도 신실한 종교적 삶이 필요한 이유를 역설했다.

세인트루이스 대학에서의 생활은 예전과 크게 다르지 않았다. 그는 여전히 친절하고, 따뜻하고, 유머 감각을 갖춘, 함께 일하기 좋은 사람이었으며, 예전처럼 사람들과 논쟁하기를 즐겼다. 그러나 맥루언은 1939년 박사학위 취득을 위해 다시 케임브리지로 돌아갈 계획을 세운다. 그가 연구제재로 선택한 것은 내시라는 엘리자베스 여왕시대의 작가였다.

맥루언은 내시에 대한 자료 수집차 로스앤젤레스를 방문했을 때 뜻하지 않은 행운을 맞는다. 마침 그곳에서 활동하던 어머니로부터 코린 루이스(Corinne Keller Lewis)라는 텍사스 출신의 여자를 소개받은 것이다. 맥루언은 곧 코린과 사랑에 빠진다. 그러나 가톨릭교도이며 가난한 교수이자 북부 양키 출신인 맥루언이 남부 부유층 출신의 코린과 결혼하기란 결코 쉬운 일이 아니었다. 그럼에도 맥루언은 우여곡절 끝에 그해 8월 4일 코린과 결혼하는 데 성공한다.

맥루언 부부는 결혼하자마자 재차 케임브리지 유학길에 나선다. 케임브리지에서 맥루언은 아내의 도움을 받으며 학위논문을 위한 연구에 열중했다. 이미 언급했듯이 맥루언의 논문은 풍자가이자, 저널리스트였으며, 논객이기도 했던 내시에 대한 것이었다. 그가 내시를 논문제재로 선택한 것은 무엇보다 그의 글쓰기 방식이 케임브리지 신비평주의자들의 주목을 끌었기 때문이다. 내시는 당시 그 유명한 제임스 조이스조차 모델로 삼을 만큼 주목받았던 작가였다.

그러나 맥루언은 내시에 대해 연구하면 할수록 그의 글쓰기 방식이 그 자신만의 것이라기보다는 아주 오랜 전통에 뿌리를 두고 있음을 알게 된다. 특히 맥루언은 내시를 비롯해서 내로라 하는 유명작가들이 모두 트리비움, 즉 문법(그라마티카), 논리학(변증술) 및 수사학의 전통을 제각기 승계한 학파들 사이에서 벌어지는 경쟁과 갈등의 관계 속에서 이해되어야 한다는 사실을 알게 된다.

트리비움은 고대 그리스와 로마를 거치고 중세에 들어와 쿼드리비움, 즉 산술, 기학, 음악, 천문학과 함께 수도사를 위한 인문학 교육과정을 형성했다. 맥루언이 본질적으로 상호 보완적인 어문교육인 문법, 논리학 그리고 수사학이 서로 경합을 벌이는 경쟁관계에 있다고 생각하게 된 것은 이들 중 어느 한 분야를 특별히 강조한 학파나 전통이 다른 분야에 중점을 두었던 학파와 끊임없이 기세 싸움을 벌여왔다는 사실을 알았기 때문이다. 맥루언에 따르면, 이들 간의 싸움은 변증술을 고안해낸 소크라테스가 수사학을 앞세운 소피스트들을 꾸짖으면서 시작되었다. 소크라테스와 소피스트 간의 싸움은 플라톤, 아리스토텔레스를 거치면서 논리를 중시하는 철학자들의 일방적인 승리로 이어졌고, 이후 한두 차례 수사학이나 문법을 중시하는 경향이 되살아나는 듯했으나 오늘 날에도 여전히 학계에서 주류를 차지하는 것은 소크라테스의 후예들이다. 맥루언이 보기에 내시 역시 이러한 거대한 지적 전통의 맥락 속에서만 이해할 수 있다. 맥루언은 내시가 중세의 스콜라 철학자들을 공격하고 화려한 화술과 풍자를 통해 논적 가브리엘 하비와 대적했던 것도 그가 키케로로부터 시작된 우아한 화법을 숭앙하는 수사학적 전통에 속해 있었기 때문이라고 보았다.

맥루언에 따르면, 트리비움을 구성하는 논리학과 수사학과 문법은 각기 세계를 이해하는 나름의 방식을 상징한다. 변증술 또는 논리학은 비판적 이성에 토대를 두고 고도로 추상화된 논증을 통해 실재의 모습을 드러내고자 한다. 반면 수사학은 실재 그 자체보다는 진리를 전파하고 설득하는 방식에 초점을 맞춘다. 사람들은 저마다 나름대로 실재에 대한 이해와 믿음을 가지고 있기 때문에 그것들 중 무엇이 옳은가를 따지기보다는 어떤 것이 사람들로부터 받아들여지는가를 파악하는 것이 중요하다고 보는 입장이다. 끝으로 문법, 즉 그라마티카는 모든 진리는 언어와 불가분의 관계에 있다고 보고, 언어의 구조를 탐구함으로써 진리를 발견할 수 있다고 보는 입장을 대변한다. 예를 들어, 고대 스토아학파는 우주 그 자체가 로고스, 즉 신의 말씀이라고 생각했다. 따라서 언어와 실재는 매우 밀접한 관계를 가질 수밖에 없으며, 언어의 비밀을 푸는 것이 곧 우주의 신비를 밝히는 것이라고 믿었다.

맥루언에 따르면, 서구문화는 그라마티카, 수사학, 그리고 변증술의 관계를 이해하지 않고는 도저히 이해할 수 없다. 예를 들어, 중세는 스콜라철학자들이 강력한 논리학을 개발하여 문법과 수사학을 억눌렀던 변증술의 시대였다. 그러나 르네상스가 도래하자 수사학과 그라마티카가 부활한다. 그리고 17세기가 되면 데카르트가 다시 논리를 강조함으로써 세계를 수학적 등식으로 이해하려는 입장이 주도권을 쥐게 된다. 그러나 20세기가 되어서는 수학과 논리학에 편향적인 학자들의 격렬한 저항에도 불구하고 그라마티카가 다시 정상에 등극한다. 문학작품을 이해하는 데 논리나 개념보다 언어구조의 분석을 강조하는 신비평이 비평계를 석권한 것도 그 증거 중 하나이다. 후에 맥루언은 그라마티카를 청각적 세계와 연계시킨다. 반면 변증술은 표음문자와 인쇄술에 의해 강화된 시각적 세계와 관계가 있다고 보았다. 내시에 대한 학위논문이 발단이 되었지만 결국 두 번째 케임브리지 방문 역시 맥루언의 정신세계에 항구적이며 심오한 영향을 끼쳤다.

5 정착기(1940-1946)

1940년 맥루언은 아내와 함께 세인트루이스 대학으로 돌아온다. 여기에서 그는 자신과 관심을 공유하고 협업할 수 있는 사람을 찾아내고 길러낸다. 그가 처음으로 찾아낸 조력자는 맥루언의 첫 번째 제자이자 예수교 신부인 맥나미(Maurice McNamee)였다. 맥루언은 그에게 베이컨에 대해 연구하도록 한다. 베이컨은 르네상스 시대의 거목 중 한 명이었을 뿐만 아니라 경구의 달인이었다. 베이컨에 의하면, 간결하면서도 사람들의 주의를 끄는 경구는 설명을 제공하지 않기 때문에 오히려 더 유용하다. 뭔가 제시하는 것 같으면서도 그 자체로 불완전하기 때문에 사람들로 하여금 문제에 대해 더 깊이 생각하도록 만들 수 있다는 것이다. 경구의 사용에 있어서는 그 누구에게도 뒤지지 않는 맥루언이 베이컨에게 관심을 갖고 제자에게 그를 연구하라고 권한 것은 당연한 일이다.

그렇지만 맥루언은 결코 친절한 선생이 아니었다. 그는 학생들이 무엇을 어떻게 공부해야 하는지 일일이 지도하거나 점검해주는 타입이 아니었다. 그는 탐구할 만한 논문의 주제나 방향을 제시하는 데 있어서는 누구보다도 탁월했지만, 학생을 개별적으로 불러 앉혀놓고 지도하는 선생은 아니었다. 그는 기껏해야 가끔씩 학생의 기숙사나 공부방에 들러 자신이 현재 관심을 가지고 있는 주제에 대해 혼자 장황하게 얘기하는 것이 고작이었다. 그러나 맥루언의 관점에서 보자면, 논문을 쓰는 데 가장 중요한 것은 아이디어이며, 서로 얘기를 주고받는 것보다 더 나은 탐구방법이 없다고 보았기 때문에, 그리고 구체적인 연구는 학생 본인의 몫이기 때문에, 학생을 자신과 같이 지도하는 것도 나쁘지 않은 방법이었다. 여하튼 맥루언이 얘기하기를 좋아했다는 것은 분명하다. 그는 학생을 지도할 때뿐만 아니라 정작 자신이 글을 쓸 때도 끊임없이 다른 사람과 얘기하고자 했다. 보통 사람들은 생각을 정리한 다음 말하지만, 맥루언은 말하면서 생각을 정리했다.

맥루언이 지도한 두 번째 학생은 다름 아닌 월터 옹이었다. 맥루언은 옹에게 르네상스 신학자인 라무스를 연구하라고 권했다. 라무스는 수사학적 전통을 계승한 내시, 베이컨, 키케로 등과 달리 논리와 변증술의 전통을 이어받은 학자였다. 옹은 라무스에 대해 열심히 연구했고, 그 결과 후에 맥루언이 『구텐베르크 은하계』에서 자주 인용하였던 『라무스, 탐구방법 그리고 대화의 쇠퇴』를 집필한다. 옹은 이 책을 준비하면서 맥루언과 마찬가지로 인쇄술의 발명이 서양의 문화를 르네상스 이래 청각 중심적 이해방식에서 시각 중심적 이해방식으로 변화시켰음을 발견하게 된다.

맥루언의 세인트루이스 대학 시절은 대체적으로 평안했다. 비록 그의 독특한 성격이나 관심을 이해하지 못하거나 싫어하는 동료나 학생이 없는 것은 아니었지만, 반대로 그의 개성에 완전히 매료된 사람도 적지 않았다. 또한 상대적으로 적은 월급과 낮은 사회적 지위에 대한 불만이 없지 않았지만, 학교에서 마련해준 비교적 넓은 집에서 여유롭게 살 수 있었기에 물질에 대한 욕심이 거의 없었던 맥루언은 대체로 만족스러워했다.

1942년 1월 맥루언의 큰아들 에릭이 태어났다. 맥루언은 모범적인 아버지라고 보기 어려웠다. 그는 좋은 아버지가 갖추어야 하는 핵심적인 덕목인 참을성이 없었다. 특히 아이들이 보채는 것을 견디지 못했다. 그러나 그는 본래 성실하고 경건한 사람이었다. 그는 매일 새벽 4시면 일어나 성경을 읽었다. 맥루언의 딸 테리에 의하면 그는 종종 새벽 4시에 아이들을 깨워 앉혀놓고 성경구절을 4개 국어로 읽어주었으며, 아이들에게 잠에서 깨면서 든 생각에 대해 써보라고 권유하곤 했다.

비교적 평온했던 세인트루이스 대학에서의 생활이 위기를 맞은

것은 세계 2차 대전에 미국이 참전하고 세인트루이스 대학 영문과에
새로운 학과장이 부임하면서부터이다. 특히 미국의 참전은 전쟁을 혐
오해왔던 맥루언으로 하여금 위기감을 느끼게 했다. 당시에는 직장을
그만두면, 징집당할 가능성이 컸기 때문이다. 더구나 새로 부임한 학
과장은 맥루언의 교육, 연구관에 대해 일말의 이해심이나 동정심도
없었다. 고심하던 맥루언은 박사학위만이 문제를 해결할 수 있다고
보았고 이에 학위취득을 서두르게 되었던 것이다.

맥루언은 1943년 12월 박사학위를 취득한다. 맥루언은 학위논문
은 「당시 지성계에서 토마스 내시가 차지했던 위상」이라는 평범한 제
목을 가졌지만, 그 내용과 깊이에 있어 괄목할 만한 성과를 이룬 저작
이었다. 이 논문에서 맥루언은 고대 그리스 로마 시대로부터 내시의
시대에 이르기까지 주요 사상가를, 이제까지 누구도 시도한 적이 없
었던 트리비움의 관점에서 개관하고 이를 토대로 새로운 문화사적 이
해를 도모했다. 맥루언의 지도교수였던 윌슨(F. P. Wilson)은 그가
평생 읽었던 그 어떤 글에서보다 456쪽에 이르는 맥루언의 학위논문
에서 더 많은 것을 배울 수 있었다고 격찬했다.

박사학위를 취득한 후 맥루언은 자신의 이름과 아이디어를 세상
에 알리기 위해 본격적으로 뛰기 시작한다. 우선 이곳저곳에 논문을
기고했다. 1944년 1월 맥루언은 잡지 《콜럼비아(Columbia)》에 문화
분석에 기초한 사회비평의 일환으로 〈데그우드의 미국(Dagwood's
America)〉이라는 글을 발표한다. 데그우드는 신문연재만화 〈블론디〉
에 등장하는 남자 주인공으로, 맥루언에 따르면, 현대사회의 거세된
남성상을 상징한다. 즉 데그우드는 아내 블론디와 아이들에 의해 처

참하게 몰락한 현대사회의 가부장을 대변한다. 데그우드는 전형적인 마마보이로 점차 여성화되는 남자의 전형이다. 맥루언이 보기에, 데 그우드는 호모섹스를 아무렇지도 않게 만들고 전통적인 도덕체계를 위협하는, 결코 간과할 수 없는 현상을 상징한다.

〈데그우드〉와 같은 취지에서 맥루언은 《에스콰이어(Esquire)》지 에 〈전후에는 일부다처제가 불가피한가?〉라는 글을 기고한다. 그는 이 글에서 이혼과 혼외정사 및 사생아의 입양이 급증하고 인공수정이 대중화된 현 상황은 일부일처제는 물론 양친을 둔 가족형태 자체를 위협하고 있다고 진단한다. 동시에 산업화되고 상업주의에 물든 사회 에서는 남녀 모두가 임금의 노예로 전락하여 일부일처제를 유지할 수 없게 되고, 그에 따라 남성이 더 이상 가족을 돌볼 수 있는 존재근거 를 잃게 되었다고 우려한다.

그러나 이 당시 맥루언의 글 중 가장 주목을 받은 것은 트리비움 연구에 토대를 둔 문학사회학적 비평이었다. 예를 들어, 1944년 《스 와니 리뷰》에 실린 〈에드가 앨런 포의 전통〉이라는 글에서 맥루언은 미국의 남부가 키케로와 르네상스 인본주의자들이 대변하는 수사학 적 전통을 이어받았다고 지적하고, 코스모폴리탄적이고 귀족적인 세 계관을 가진 에드가 앨런 포가 탁월한 지적 능력과 풍부한 경륜을 갖 춘 남성이 리드하는 사회를 꿈꾼 것도 이 같은 전통하에 있었기 때문 이라고 분석했다. 맥루언은 이후에도 미국의 남부와 북부의 차이를 트리비움 연구에 입각하여 수사학적 전통과 변증술적 전통의 관점에 서 분석한 글을 여러 차례 발표한다. 그에 따르면 남부는 르네상스 인 본주의와 수사학적 전통을 이어받아 농업, 공동체, 귀족주의적 가치관 등과 친밀한 반면, 북부는 변증술에 기초한 공격적인 개인주의와 상업주의 및 산업 중심적인 생활과 연계되어 있다. 말하자면 남부는 그가 후에 '청각적' 이라고 부른 여러 특징을 포함하고 있는 반면, 북부는 그가 '시각적' 이라고 부른 것들과 상통한다는 주장이다. 이 당시 맥루언이 가지고 있었던 사유의 기조는 크게 보아 신비평주의의 옹호, 사라져가는 미국 남부의 농경 중심적 전통에 대한 경외심, 추상적이고 공리주의적인 정서에 기초한 현대문명에 대한 비판으로 정리할 수 있다. 그러나 이때까지만 해도 그가 미디어나 테크놀로지에 대해 관심을 갖고 연구할지는 아무도 짐작하지 못했다.

맥루언이 테크놀로지 문제에 관심을 갖게 된 결정적인 계기는 루이스 멈포드의 1934년 저서 『기술과 문명』를 접하면서부터이다. 멈포드는 이 책에서 산업문명을 크게 양분하고, 첫 단계는 증기엔진과 기계화에 토대를 두고 있는 반면, 두 번째는 전기와 자연적인 유기적 관계에 기초하고 있다고 진단한다. 그는 산업문명의 두 번째 단계가 전신과 전화 그리고 순간적인 전세계적 커뮤니케이션에 의해 가능하게 되었다고 보았다. 즉 전기가 다시 한번 사회를 탈중앙화하여 도가적이고, 공동체 중심적이며 장인적인 삶의 방식을 가능케 할 것이라고 전망했다. 맥루언이 멈포드의 생각에 공감한 것은 물론이다.

이 당시 맥루언에게 영향을 미친 두 번째 인물은 스위스의 건축가인 지그프리드 기디온이다. 그와 맥루언은 전쟁 초 세인트투이스 대학에서 만났다. 그는 먹루언에게 한 편의 광고나 한 가지 제품에서 사회 전체의 구조를 읽을 수 있다는 사실을 일깨워주었다. 특히 기디온은 『기계화가 주도하고 있다(Mechanization Takes Command)』는

저서에서, 19세기의 화장실 부품에서 마르셀 뒤샹(Marcel Duchamp)
의 〈계단을 내려오는 누드(Nude Descending a Staircase)〉와 시카고
의 육류포장 공장에 이르기까지 우리가 일상에서 접하는 거의 모든
것들이 현대가 점점 더 기계화되고 있음을 보여준다고 피력했다. 맥
루언은 이 책을 읽으며 어떻게 테크놀로지의 변화가 다른 것에 영향
을 미칠 수 있는지 깨닫게 되었다. 그는 동시에 아무리 작고 하찮은
인공물일지라도 문화의 패턴을 읽을 수 있는 단서를 제공한다는 점도
배웠다.

그가 세인트루이스 대학에서 보낸 마지막 해인 1943년에서 1944
년 사이 맥루언은 평생토록 친분을 나눈 윈덤 루이스와 만난다. 루이
스는 영국 태생의 화가이자, 소설가이며, 사회비평가였다. 맥루언은
케임브리지에서 수학할 때 루이스의 1927년 작품『시간과 서구인
(Time and Western Man)』을 처음으로 접했고 큰 감명을 받았다. 이
책에서 루이스는 명상의 가치, 명쾌한 문체와 정확한 정의가 지닌 이
점, 개인의 자율성이 중요한 이유 등에 대해 설명했는데, 당시 아리
스토텔레스와 성 토마스 아퀴나스를 흠모하던 맥루언에게 더할 나위
없는 철학적 토양을 제공했다. 후에 맥루언을 유명하게 만든 개념 중
하나인 '지구촌(global village)' 또한 루이스의 1948년 저서『아메리
카와 우주적인 인간(America and Cosmic Man)』에서 힌트를 얻었다.
루이스는 이 책에서 "전화가 한쪽 끝에서 다른 쪽 끝까지 연결되고 신
속하고도 안전한 비행이 가능해져 이제 지구는 하나의 거대한 촌락이
되어간다"고 말했다.

맥루언은 1943년 루이스가 캐나다 윈저에 있는 어섬션 대학에 거

주하고 있다는 소식을 듣고, 직접 찾아가서 만난다. 그리고는 그가 경제적으로 궁핍하다는 사실을 알고, 루이스를 세인트루이스로 불러 강연과 초상화 제작을 통해 돈을 벌 수 있도록 주선했다. 윈덤 루이스는 이 일 이후 그가 1957년 타계할 때까지 맥루언과 평생 동안 우의를 나눈다. 비록 맥루언과 루이스의 관계가 언제나 다정다감했다고 볼 수는 없지만, 루이스의 괴팍한 성격에도 불구하고 맥루언이 그를 매우 사랑하고 존경한 것만큼은 분명하다.

맥루언이 루이스로부터 얻은 가장 큰 교훈은 현대문명 속에 함몰되지 않기 위해서는 항상 깨어 있어야 한다는 것이었다. 루이스에 따르면, 의식이 깨어 있지 못한 사람은 결코 자신의 주변 환경을 환경으로 인식하고 관찰할 수 없다. 기디온과 루이스를 만난 이후 맥루언은 주변에 존재하는 거의 모든 것에 남다른 관심을 갖게 되었다. 특히 루이스의 영향 덕에 맥루언은 문학작품은 물론이고 간판, 건물, 스포츠카 등이 의미하는 것이 무엇인지 끊임없이 자문했다. 더구나 관찰하고 분석하지 않는다면, 루이스가 말한 몽환적인 상태에서 깨어날 수 없다고 보았기 때문에, 맥루언은 '사람을 깨우는 것'을 평생의 과업으로 삼는다. 그러나 루이스가 좋은 영향만 남긴 것은 아니었다. 맥루언은 루이스처럼 자신과 반대되는 입장을 가진 사람들을 자신의 적으로 여기고 어떤 문제가 발생하면 누군가 음모를 꾸몄다고 생각하는 이상한 습성도 가지게 되었다.

여하튼 맥루언은 루이스를 만나러 갔던 것이 계기가 되어 1944년 어섬션 대학 영문학과장으로 부임한다. 당시 어섬션 대학은 재학생이 150명뿐인 소규모 가톨릭 대학이었다. 따라서 겉으로 볼 때, 상황이 세인트루이스 대학교에 비해 나아졌다고 볼 수는 없었다. 그러나 학과장과 싸우지 않아도 되었고, 봉급도 예전만큼 받을 수 있었기에 상황이 크게 나빠진 것도 아니었다. 1년간 연구에 집중할 수 있도록 강의 시간을 줄여준다는 조건도 그가 마음을 정하는 데 한몫을 했다.

맥루언은 통상적인 강의와 연구에 더해 대중강연을 즐겨했다. 이 당시 그가 행한 강연의 주제 중 하나는 라틴아메리카의 문화적 우월성이었고, 다른 하나는 만화분석을 통해 살펴본 북미문화의 문제점이었다. 이 당시의 강연내용을 보면 앞으로 맥루언이 왜 그리고 어떤 방식으로 미디어 연구를 추진할지 예측할 수 있다. 우선 라틴아메리카의 우월성에 대해 맥루언은 이렇게 말했다. 라틴아메리카는 가톨릭을 신봉할 뿐만 아니라 산업적이고 상업적인 발전만을 지향하는 북미와 달리 아직 진리와 아름다움을 숭앙하는 전통을 간직하고 있기 때문에 북미에 비해 우월하다. 라틴아메리카에서는 사업가가 아니라 학자와 예술가와 시인이 존경받는 것도 이 같은 문화적 토양이 풍부하기 때문이다.

더구나 라틴아메리카는 강한 부권에 토대를 둔 온전한 형태의 가족제도를 지켜내고 있다. 이에 비해 북미 문화권은 철학과 종교가 권위를 상실하고, 오직 다윈주의적 적자생존의 원리만이 통하는 사회이다. 이 같이 중상주의적이고 물질주의적인 가치가 만연한 사회에서는 어른들도 유아기적 정서에서 벗어나지 못하는 저급한 문화가 형성될 수밖에 없다. 특히 맥루언은 대중매체가 슈퍼맨과 같은 만화 캐릭터를 통해 감각주의적이고 사도마조히즘적 정서를 촉진함으로써 북미사회의 타락을 재촉하고 있다고 지적했다. 맥루언은 아이들을 대중매체의 악영향으로부터 보호하기 위해서는 선생들이 미디어를 교실 안으로 가져와 그것을 연구의 대상으로 삼아 분석해야 한다고 제안했다.

윈저에서의 생활은 이제까지와 마찬가지로 대체로 평온했다. 아내 코린은 1945년 쌍둥이 자매 매리와 테레사를 낳았다. 맥루언은 지나치게 말이 많다는 점 이외에는 사람들로부터 호감을 얻었다. 그는 항상 사람들과 어울리기를 좋아해서 처음 본 사람이라도 집에 초청하는 것을 마다하지 않았다. 코린 역시 매우 상냥한 사람이어서 맥루언이 갑자기 사람들을 불러와도 따뜻하게 환대했다. 1946년 봄 맥루언은 토론토 대학교의 성 미카엘 대학으로부터 교수 초빙 제안을 받는다. 당시 미카엘 대학에서 상당한 영향력을 지니고 있었던 본디 신부가 영문학과장에게 맥루언을 초빙하도록 설득한 것이다.

본디 신부는 맥루언이 비교적 젊지만, 신앙심이 두터운 가톨릭교도이며, 영국에서 박사학위를 받은 실력 있는 학자이자 현대시와 사회비평 분야의 전문가라고 소개했다. 덧붙여 아마도 온타리오 주에서 그와 같은 재원을 찾기는 힘들 것이라고 말했다. 한편 맥루언의 입장에서는 어섬션 대학의 위상과 학생수준에 대해 못마땅해하던 차라 반가운 제안이 아닐 수 없었다. 결국 토론토 대학은 맥루언의 최종 정착지가 된다. 이후 맥루언은 여생을, 일년 간 뉴욕 포드햄 대학에서 보낸 것을 제외하고는, 모두 토론토 대학교에서 보낸다.

6 기계신부의 시대(1946-1951)

토론토 대학교는 성 미카엘 대학 이외에도 영국성공회재단이 만든 트리니티 대학, 감리교 재단이 만든 빅토리아 대학 그리고 가장 규모가 크고 비종교적인 재단이 만든 유니버시티 대학으로 구성되어 있었다. 각각의 대학은 어느 정도 자율권을 가지고 있었지만, 미국의 주정부처럼 중앙의, 즉 토론토 대학 본부의 통제나 지시를 받아야 했다. 예를 들어 영문학과의 교육과정 중 일부는 대학 차원에서 결정하였으며, 졸업시험이나 학위수여도 대학본부에서 시행하였다. 대학원 역시 대학교에서 공동으로 운영하였다.

맥루언에게 성 미카엘 대학이 토론토 대학교 시스템에 속해 있다는 사실은 좋은 소식이자 나쁜 소식이었다. 상대적으로 열악한 성 미카엘 대학을 벗어나 보다 많은 학자나 학생들과 교류할 수 있다는 장점이 있었다. 특히 유니버시티 대학에 속한 저명한 교수들과 교류할 수 있고, 각 대학에서 뽑힌 우수한 대학원 학생을 지도할 수 있는 기회를 가질 수 있어 좋았다. 그러나 단점도 없지 않았다. 당시 토론토 대학교의 영문학과 교육과정을 주도했던 사람은 유니버시티 대학의 영문학과 교수인 우드하우스(A. S. P. Woodhouse)와 프리스틀리(F. E. L. Priestley)였는데, 이들 모두가 맥루언이 대변하는 케임브리지의 새로운 학풍을 좋아하지 않았다. 특히 우드하우스는 그 시대의 전형적인 영문학자로서 밀턴의 『실낙원』을 제대로 이해하기 위해서는 밀턴의 신학에 대해 알아야 한다고 믿었던 사람이다. 그는 또한 평생을 독신으로 살았으며 항상 같은 자세로 같은 방향을 향해 잘 정도로

기이한 면이 있었다. 그러나 토론토 대학교의 영문학과는 1950년대 우드하우스 덕분에 하버드 대학에 버금가는 명성을 누릴 수 있었다.

우드하우스와 같은 학자에게 맥루언은 일종의 도전이고 위협이었다. 그가 표방하는 전통적이고 권위 있는 교육방식에 반하는 새로운 학풍을 지향하는 것은 물론이고, 캐나다에서 취득한 석사학위가 전부였던 그에게 케임브리지 박사학위를 내세우며 으스대는 맥루언은 그야말로 눈엣가시 같은 존재가 아닐 수 없었다. 프리스틀리 역시 맥루언에 대해 대체로 우드하우스와 같은 반응을 보였다. 프리스틀리는 맥루언이 가톨릭교도라는 자신의 태생적 한계를 극복하고 세속적으로 성공하고 싶은 욕심에 일부러 비정통적인 방식을 표방하는 것이라고 힐난했다.

맥루언은 당시 토론토 대학교의 영문학과를 주도했던 이들의 기세에 눌려 자기 학생을 거의 가질 수 없었다. 맥루언에 대해 호감을 느꼈던 학생들도, 졸업시험이나 논문심사에서 불이익을 당할지도 모른다는 우려 때문에 그를 지도교수로 선택하기 어려웠다. 세계적인 명성을 누렸고 30년이 넘도록 재직하였지만 고작 7명만이 그의 지도 하에 박사학위를 취득했다는 사실만 보더라도 당시의 상황이 어떠했는지 짐작할 수 있다.

맥루언은 다른 교수들과 달리 거의 같은 내용을 반복해서 강의하지 않았다. 그의 강의는 그야말로 예측 불가능했다. 그는 종종 수십 권의 책을 들고 교실에 들어섰다. 그러나 정작 강의시간에는 그것들을 전혀 사용하지 않는 경우도 적지 않았다. 그는 또한 학기 중 다루어야 할 범위를 미리 정해놓고 진도를 맞추려고 노력하지도 않았다.

베이컨을 다루기로 한 시간에 들어와 배트맨에 대해서만 얘기하기 일 쑤였던 것이다.

맥루언은 채점하는 방식도 특이했다. 그는 비록 관련문헌에 대해 체계적으로 정리했더라도 나름대로 독창적인 아이디어를 제시하지 못했을 때에는 점수를 주지 않았다. 더구나 그는 학생들에게 열심히 공부하라고 잔소리하는 경우가 거의 없었다. 공부를 하는 것은 전적 으로 학생들의 몫이며, 선생의 의무는 학생들의 호기심을 자극하고 고무하는 것이라고 생각했기 때문이다.

맥루언은 기본적으로 학생들이 자신으로부터 무엇인가를 답습해 야 하는 열등한 존재가 아니라 같이 탐구하는 동반자라고 생각했다. 맥루언이 시험을 좋아하지 않았던 것도 이 때문이다. 맥루언은 시험 이 학생들에게 틀에 박힌 생각을 강요하기 때문에, 독자적인 사고능 력을 마비시키는 좋지 않은 교육방법이라고 믿었다. 한번은 시카고 대학에서 햄릿에 대해 사지선다형 객관식 시험을 본다는 소리를 듣고 는 시카고 대학이 '소박한 합리주의(naive rationalism)'에 빠져 있다 고 혹독하게 비난했다. 그는 특히 작가가 작품을 통해 얻고자 했던 효 과는 등한시한 채, 작품을 미리 주어진 범주와 개념에 맞추어 환원하 도록 교육하는 현 체제가 학생을 망치고 있다고 비판했다.

맥루언은 한 마디로 논리와 변증술에 경도된 현재의 교육방식을 트리비움의 다른 두 영역, 즉 수사학과 그라마티카의 교육을 통해 보 정하려 했던 것이다. 그러나 그러한 교육방법이 늘 좋은 반응을 얻었 던 것은 아니다. 그의 강의는 학생들이 예전에는 생각하지 못했거나 보지 못했던 점을 일깨워준다는 점에서는 신선한 것이었지만, 학생들에게 어떻게 하면 새로운 아이디어를 더 발전시킬 수 있는지 체계적으로 가르쳐주지는 못했다. 새로운 아이디어도 좋지만 학생들 입장에서는 그것을 적용할 수 있는 능력을 계발하는 것도 중요했다.

토론토에서 맥루언의 첫 번째 제자는 케너(Hugh Kenner)였다. 그는 맥루언으로부터 엘리엇과 신비평과 윈덤 루이스에 대해 배웠다. 그 대신 그는 맥루언으로 하여금 제임스 조이스에 대해 재차 관심을 갖게 만들었다. 1950년부터 맥루언은 조이스의 『피네간의 경야(Finnegans Wake)』를 치밀하게 연구하기 시작했다. 그는 로빈슨과 캠벨이 쓴 『피네간의 경야의 핵심 주제(Skeleton Key to Finnegans Wake)』를 참조하며 매일 서너 쪽을 큰소리로 읽었다. 맥루언은 곧 『피네간의 경야』에 심취했고, 향후 그의 매체철학에서 중추를 이루는 주요 모티브를 발견할 수 있었다.

맥루언은 『피네간의 경야』에서 언어는 '과거와의 단절 없는 의사소통'이라는 조이스의 언어관과 만난다. 조이스는 엘리엇과 마찬가지로 '청각적 상상'에서는 말이 가장 현대적인 것과 가장 원초적인 것을 연계할 때 비로소 의미를 갖는다고 믿었다. 조이스는 또한 세계에 대한 논리적이고 순차적인 접근이 주로 시각적 상상으로부터 비롯되었다는 입장에도 동의하는 듯했다. 조이스 역시 발화는 과거와 현재의 풍부한 역사 모두를 동시에 담아내고 있기 때문에 인류의 역사를 단선적이고 순차적인 과정으로 보는 입장을 비판했던 것이다.

조이스의 언어관이 시각적 문화와 청각적 문화에 대한 맥루언의 구분을 확고히 하는 데 일조한 것은 분명하다. 그러나 과연 맥루언의 조이스 해석이 온갖 형태의 재담이 중첩적으로 얽혀 있는 『피네간의 경야』로부터 이끌어낼 수 있는 유일한 해석인지에 대해서는 논란의 여지가 있을 수 있다. 예를 들어, 과연 조이스가 모든 인공물이 신체의 연장이라는 맥루언의 주장에 동의할지 의문이다. 『미디어의 이해』에서 개진한 이 주장은 오히려 인류학자 에드워드 홀(Edward Hall)의 연구를 연상시킨다. 또한 과연 『피네간의 경야』가 전체적으로 볼 때, 테크놀로지의 기념비적 역사를 주제로 삼은 책인지도 의심스럽다. 물론 그렇게 읽을 수도 있지만 딱히 그렇게 보아야만 한다고 말할 수도 없다. 물론 조이스가 역사 전체를 관통하는 주제를 다루었으며 라디오와 텔레비전을 포함한 다양한 의사소통방식에 대해 언급한 것도 사실이다. 따라서 조이스를 미디어 연구의 선구자로 보는 것은 특별히 문제될 것이 없지만, 그가 구체적으로 무엇에 대해 어떤 입장을 취했는지는 면밀한 검토를 필요로 한다.

조이스가 가졌을 것이라고 확신할 만한 입장 중 하나는 맥루언이 뮬러-타임으로부터 배운 토마스 아퀴나스적인 감각론이다. 즉 감각은 이성적인 작용의 일종이며 우리가 실재의 형상과 운동을 포착해내는 것도 감각을 통해서라는 주장이다. 조이스 역시 어떤 것을 지각할 때 감각 중 일부를 배제하는 것이 적절치 않다고 생각했다. 더 나아가 개인의 성격과 특정 감각에 대한 선호가 무관하지 않다는 생각도 이러한 감각론에 기초한다. 중세의 감각이론에 따르면, 감각은 마음속에서 실재를 재현하기 위해 매우 미묘한 균형을 유지하면서 함께 작동하는 집합체이며, 어떤 매체가 이 균형을 파괴하면 심리적인 동요가 발생한다. 텔레비전이 시각적인 매체가 아니라 촉각적인 매체라는 맥루언의 다소 엉뚱한 주장도, 맥루언의 미디어 연구가 감각에 미친

영향에 초점을 맞추게 된 연유도, 아리스토텔레스적인 중세의 감각이
론을 배경에 깔면 훨씬 납득하기 쉬워진다.

　맥루언의 제자 중 눈에 띄는 두 번째 인물은 마리아나 라이언
(Mariana Ryan)이다. 그녀는 프랑스 상징주의 시인에 대해 연구하고
있었으며 맥루언은 그녀를 통해 말라르메와 같은 상징주의자에 대해
다시 관심을 갖기 시작한다. 물론 케임브리지 시절부터 에즈라 파운
드나 엘리엇을 읽으면서 상징주의자에 대해 듣고 있었지만, 상징주의
자들이 자신의 견해와 일맥상통하는 주장을 했다는 사실을 확신하게
된 것은 라이언을 통해서였다. 특히 예술작품의 실질적인 콘텐츠는
테크닉이라는 주장이나, 아이디어를 연구하기보다는 사물이 인식에
미치는 영향에 주의하라는 기호주의자의 주장은 맥루언의 입장과 일
치한다.

　맥루언의 주변에는 이들 제자들 이외에도 많은 사람들이 있었다.
맥루언은 평생토록 주위 사람들과 집 또는 연구소에서 세미나를 개최
했다. 일례로 1940년대 말에는 희랍어를 공부하는 모임, 『피네간의
경야』를 읽는 모임, 그리고 현대 심리학이나 인류학 책을 연구하는
모임 등이 맥루언을 중심으로 열렸다. 맥루언은 청중이 필요한 사람
이었다. "내가 가는 곳에는 언제나 토론모임이 있다"고 말할 정도로
맥루언은 남들과 토론하기를 즐겼기 때문에, 그의 주변에는 항상 다
양한 세미나가 동시에 열리고 있었다.

　1940년대에 맥루언이 쓴 사회비평 중 눈에 띄는 작품은 저명한 영
국의 문화지 《지평선(Horizon)》에 실린 〈미국의 광고(American
Advertising)〉라는 글이다. 이 글에서 맥루언은 광고 효과와 기법에

대한 엄밀한 연구가 절실하다고 주장했다. 물론 광고를 좋아하거나 광고 효과에 대해 호감을 가졌기 때문은 아니다. 그러나 맥루언은 광고인이 지닌 예술적 수완을 존중해주었다. 그들은 마치 위대한 예술가가 그런 것처럼 자신의 임무가 청중의 마음을 사로잡는 것이라는 것을 잘 알고 있었고, 프랑스 상징주의자처럼 현란한 예술적 기법을 사용하는 데도 능수능란했다. 맥루언이 광고나 광고주의 이익을 대변한다고 오해하는 사람도 있었지만 그것은 잘못된 견해이다. 맥루언은 광고가 지닌 영향력은 소비자가 더 이상 광고를 당연시하지 않고, 광고효과에 주의를 기울일 경우에만 감소할 수 있다고 보았다. 물론 이렇게 할 경우 광고 자체가 학문적 연구의 대상으로 격상되는 셈이지만, 적어도 맥루언이 보기에는, 모든 학문적 연구대상이 도덕적인 가치를 갖는 것은 아니기 때문에 우려할 문제가 아니었다.

광고에 대한 맥루언의 관심은 1951년 『기계신부』의 등장으로 그 정점을 맞는다. 이 책은 맥루언이 그 동안 학교나 대중강연에서 광고 사진을 보여주면서 행한 수많은 강의에 토대를 두고 있다. 물론 책의 중심 주제는 1940년대부터 맥루언이 주창해온 사회비평이론에 뿌리를 두고 있었다. 즉 근대적인 기계 테크놀로지가 현대사회를 지배하고 있으며, 이제는 가족은 물론 자유롭고 인간적인 생각이나 감정까지도 저해한다는 주장이다. 이 책은 애초에 광고나 만화를 보여주고 그것에 대해 짧은 단상을 덧붙이는 형태로 기획되었다. 리비스의 저서 『문화와 환경(Culture and Environment)』으로부터 영감을 얻고, 윈덤 루이스가 『젊음의 종말(The Doom of Youth)』에서 사용한 구성기법을 원용하려 했던 것이다. 그러나 이미 이 책에서부터 맥루언은 리비스나 루이스는 상상도 하지 못했을 만큼 현란한 방식으로 문제를 다루기 시작한다.

『기계신부』는 구상에서 출판까지 약 6년이 걸렸다. 출판하는 데 오랜 시간이 걸린 가장 큰 이유는 이 책의 성격을 제대로 파악하지 못한 출판사와 맥루언이 자주 충돌을 빚었기 때문이다. 출판사는 이 책이 광고계의 비리를 고발하는 폭로물이라고 생각했고, 보다 많은 독자들이 쉽게 이해할 수 있도록 구체적인 설명을 달아달라고 요구했다. 그러나 맥루언에게 이 책은 단지 광고나 광고계에 국한된 책이 아니었다. 서부영화와 냄새탈취제와 자동차 광고가 조성한 환영에 빠져 있는 북미문화 전체에 대한 비퐁이었기 때문이다. 더구나 맥루언은 사례를 달거나 설명을 츠가함으로써 이해를 돕는 일을 싫어했다. 맥루언의 입장에서 보자면, 출판사의 요구는 논지가 명백히 드러날 수 있도록 논리적인 연관관계를 하나하나 설명해야 좋은 글이라는 전형적인 논리-인쇄 중심적 편견에 바탕을 두고 있었다.

천신만고 끝에 1951년 가을 책이 발간되었지만 맥루언은 때늦은 감이 없지 않다고 느꼈다. 텔레비전의 등장으로 이 책에서 그가 제기했던 문제들 대부분이 이미 현실과 무관한 것이 되었기 때문이다. 그의 표현을 빌리면, 『기계신부』는 '전자신부(Electronic Bride)'에 의해 대체되는 바로 그 순간 비로소 세상에 모습을 드러냈다.

맥루언 자신은 실망했는지 몰라도 『기계신부』는 그의 책 중 가장 현란한 책이다. 또한 1940년대의 북미 문화를 과감하면서도 정확하게 파헤친 역작이다. 맥루언은 이 책에서 그 동안 그가 즐겨 얘기하던 소재들, 즉 만화 캐릭터 데그우드가 상징하는 미국의 남자들, 추리소설에 등장하는 탐정들의 기원, 시카고 대학의 〈명저 시리즈〉가 기초하고 있는 소박한 합리주의, 만화에 등장하는 비행 청소년 같은 어른들, 카네기류의 처세술 이면에 숨어 있는 조잡함과 냉소주의 등을 모두 망라하여 기계문명시대를 통렬하게 비판했다. 결국 이 책은 자본주의, 산업주의, 변증술적 사고방식과 자동기계 등이 배태한 문화적 황폐화에 대한 맥루언의 저항을 결산한 것이었다.

맥루언은 『기계신부』를 발간하자마자 '기계인형'이 새로운 형태의 부족주의에 의해 대체되고 있음을 발견하게 된다. 이 새로운 형태의 부족주의에 대한 연구는 그의 글에 잔재했던 도덕적인 진지함을 털어내는 계기를 제공함으로써 그를 진정한 문화탐험가로 거듭나게 만든다.

7 커뮤니케이션의 발견(1951–1958)

『기계신부』를 발간한 이듬해부터 맥루언은 문학비평을 접고 테크놀로지 문제에 집중한다. 당시 테크놀로지에 대한 관심을 유도한 것은 토론토 대학 교수 해럴드 이니스였다. 정치경제학자인 이니스는 주로 캐나다의 경제사에 대해 연구해왔다. 특히 제2차 세계대전 전 발간한 『캐나다의 모피거래(The Fur Trade in Canada)』와 『대구 수산업(Cod Fisheries)』에서 이니스는 모피와 대구처럼 하찮아 보이는 물품도 사회 구조에 큰 영향을 미칠 수 있음을 보여주었다. 이니스는 이어 세계사를 통틀어 가장 영향력이 컸던 물품이 무엇인지 연구하기 시작했고, 그 결과 커뮤니케이션 매체가 가장 영향력 있는 물품이라는 결론에 이르게 된다.

맥루언과 이니스는 1940년대 후반 토론토 대학에서 만났다. 그 후 몇 차례 더 접촉이 있었지만 친구처럼 지내거나 공동작업을 할 정도로 가까워지지는 않았다. 그러나 맥루언은 정치, 경제와 역사에 대한 해박한 지식과 커뮤니케이션 매체의 영향력에 대한 이니스의 심오한 통찰에 깊은 감명을 받았다.

이니스는 『제국과 커뮤니케이션(Empire and Communication)』을 1950년에 발간한다. 이 책에서 이니스는 고대 이집트에서 현재에 이르기까지 거대 제국의 형성에 영향을 미친 커뮤니케이션 방식에 대해 고찰한다. 이니스는 특히 서문에서 하나의 문명이 다른 문명을 이해하는 것이 쉽지 않은 이유를 이렇게 설명한다.

문명의 토대가 되는 매체의 중요성을 평가하는 일은 평가의 수단 자체가 특정한 매체에 경도되어 있기 때문에 제대로 이루어지기 어렵다. 결국 평가는 특정한 매체에 편향적이다.[9]

이니스는 이어서 1951년 『매체의 편향』을 발간한다. 그는 이 책에서 지식의 성격과 커뮤니케이션 매체가 맺고 있는 관계를 밝히고자 노력한다. 그는 우선 모든 매체를 공간의 확장을 지향하는 매체와 시간의 연속성을 지향하는 매체로 나눈다. 예를 들어, 석판은 비교적 항구적이기 때문에 쓰여 있는 내용을 비교적 오랫동안 보존할 수 있다. 그 대신 석판은 멀리까지 옮기거나 쉽게 복사할 수 없는 한계를 지닌다. 이에 비해 파피루스나 종이는 가볍고 관리하기 편하기 때문에 메시지를 멀리까지 전달할 수 있다. 그 대신 즉각적이거나 일회적인 성격을 지닌다. 그 결과 고대 수메르와 같이 석판이나 설상골을 커뮤니케이션 매체로 사용한 문명은 지리적으로 매우 한정된 영역에 머물 수밖에 없었던 반면, 종교적이고 도덕적인 주제에 관심이 많았다. 종교나 도덕은 수백 년이 흘러도 크게 변하지 않기 때문이다. 이에 비해 로마에서 볼 수 있듯이 파피루스는 제국의 확장에 기여했으며, 문서의 내용 역시 보다 세속적인 법, 행정, 정치 등에 관한 것이었다.

이니스가 보기에 가장 시간 편향적인 매체는 말(speech)이다. 말은 물리적인 특성 때문에 멀리까지 옮길 수 없으며, 시나 격언과 같은 형식을 빌어 고대로부터 변치 않고 내려오는 지혜를 외우도록 한다. 시간 편향성과 공간 편향성이 갈등을 일으키기 시작한 것은 문자가 발명되면서부터이다. 글이 만들어지자 사람들은 말이 가지고 있다고 생각했던 주술적인 마력을 믿지 않게 되었으며, 선대로부터 내려와 연장자로 이어지는 관습의 타당성에 대해 의문을 품게 되었다. 종교가 지니고 있는 암묵적인 권위에도 도전하기 시작했다. 말하자면 글을 읽고 쓰는 것으로부터 과학과 세속주의가 탄생했고, 시간보다는 공간을 지배하려는 욕구가 커졌다는 것이다.

이니스의 아이디어는 매우 독창적이었다. 그러나 이니스는 더 깊이 있게 파고들어가지 못했다. 불행히도 이듬해 사망했기 때문이다. 이니스가 미처 연구하지 못했던 것 중 하나는 커뮤니케이션 매체와 감각이 맺고 있는 상관관계이다. 사실 그는 매체가 부지불식간에 어떤 감각을 다른 감각보다 선호함으로써 우리의 지각을 왜곡시킬 수 있다는 점을 분명하게 인식하지 못했다. 그는 단지 문명사적 변화가 서로 다른 매체를 사용하는 문명 간의 충돌에 의해 발생했다는 사실을 밝혔을 뿐이다.

그렇다고 맥루언이 이니스로부터 받은 영향을 평가 절하할 필요는 없다. 맥루언은 이니스로부터 영감을 받은 많은 사람들 중에서 그의 아이디어를 한층 더 발전시킨 가장 유명한 사람이다. 맥루언은 스스로 『구텐베르크 은하계』를 이니스의 '주석' 이라고 평할 만큼 이니스에게 진 빚을 잘 알고 있었다. 사실 맥루언은 이니스로부터 문화를 이제까지와는 전혀 다른 방식으로 탐구할 수 있는 지평을 물려받았다고 볼 수 있다. 이때부터 맥루언은 중세의 트리비움 연구와 리처즈의 신비평주의 연구를 통해 배양해왔던 역사관과 방법론을 커뮤니케이션 매체의 연구에 본격적으로 응용할 수 있는 이론적 틀을 갖추게 된다.

1953년 맥루언은 뜻밖의 행운을 얻게 된다. 포드 재단에 응모했던 2년 기간의 학제간 연구가 선정된 것이다. 맥루언과 인류학과의 에드먼드 카펜터(Edmund Carpenter), 마니토바 대학 동기생이자 토론토 대학 경제학과 교수인 이스터브룩, 심리학과의 칼 윌리엄스(Carl Williams), 건축학과의 재클린 티리트(Jacqueline Tyrwhitt), 그리고 지그프리트 기디온이 '언어와 행태의 변화 패턴과 커뮤니케이션의 새로운 매체' 라는 주제로 44,250달러짜리 연구 프로젝트를 수주한 것이다. 맥루언은 바야흐로 과학적 접근과 미학적 접근을 아우르는 전일적 관점이 통하는 시대가 도래했다고 확신하게 되었고 의욕적으로 프로젝트를 추진해 나간다.

프로젝트의 일환으로 맥루언 그룹은 우선 자신들의 연구성과를 대내외에 알리고 관심을 공유하는 다른 이들과 교류할 수 있는 학술지를 발간하기로 결정한다. 이들은 학술지를 《탐험(Exploration)》이라고 명명하였다. 맥루언 그룹 중 특히 카펜터는 놀라운 열정과 의지로 《탐험》을 훌륭한 학술지로 만들어갔다. 그의 노력 덕에 학술지는 프로젝트 참여자뿐만 아니라 당시를 풍미하던 여러 학자의 글을 실을 수 있었다. 이때 《탐험》에 기고한 사람들 중에는 자크 마리탱, 애슐리 몽테규, 장 피아제뿐만 아니라 맥루언의 논적이라 할 수 있는 노스럽 프라이도 포함되어 있었다.

1953년 12월 《탐험》 창간호가 발간되었다. 맥루언도 〈글 없는 문화(Culture Without Literacy)〉라는 글을 기고했다. 맥루언은 이 글에서 자신이 취한 탐구방식을 '관념을 배제한 관찰'이라고 묘사했다. 가급적이면 어떤 개념적 틀도 전제하지 않고 순수 직관만을 가지고 현상을 바라보고자 하는 그의 학문적 태도를 엿볼 수 있다. 동시에 그가 후기 저작에서 입버릇처럼 말했던 '탐침'이 어디에서 비롯되었는지 알 수 있다.

이 글에 나타난 현저한 특징 중 또 다른 하나는 도덕적 판단의 배제이다. 그는 쓸데없이 분노하기보다는 이해를 통해 드러내는 일이 중요하다고 생각했다. 어쩌면 거의 대자연의 법칙처럼 불가항력적인 테크놀로지의 변화를 인위적으로 차단하려는 시도가 더 이상 가당치 않다고 느꼈는지도 모른다. 여하튼 '글쓰기 없는 문화' 이후 맥루언의 글에서 도덕적인 논조는 더 이상 찾아보기 어렵게 되었다.

맥루언에 따르면, 현대적인 커뮤니케이션 매체가 등장한 후 정합적인 것처럼 보이던 세계가 갑자기 비합리적인 것처럼 느껴지기 시작한다. 기존의 논리나 지식을 가지고는 이해할 수 없는 현상이 마구 몰아닥치기 시작했다는 것이다. 그러나 세계 자체가 변한 것도, 본래 세계가 무질서한 것도 아니다. 다시 한번 세계를 질서 위에 세우기 위해서는 따라서 과학적 지식에 더하여 테크놀로지의 '문법과 보편언어(grammar and general language)'를 익혀야 한다. 물론 새로운 매체의 예술적 양태도 파악해야 한다. 그렇게 한다면, 맥루언이 보기에는, 세계가 다시 이해 가능해질 뿐만 아니라 이제까지와는 차원이 다른 찬란한 문화를 꽃피울 수도 있다.

맥루언은 이 글에서 또한 매체의 관점에서 파악한 세계사를 전개했다. 문어, 특히 표음문자의 발명으로 구어는 의미 없는 소리가 되었고 말 자체가 가지고 있던 주술적인 마력 역시 회복 불가능할 정도로 손상되었다. 단어가 단지 기호나 라벨로 전락하면, 사람들은 감각적 지각으로부터 거리를 두게 마련이다. 표음문자가 논리적 분석과 관료주의와 같은 '근대적인' 현상을 가능하게 했던 것도 이 때문이다. 그러나 중세에는 표음문자의 영향력을 어느 정도 억제할 수 있었다. 수도사들이 주로 필사본을 사용했기 때문이다. 필사본은 얻기도 귀하고 참고하기도 어려워 대다수의 수도사는 그 내용을 통째로 외워야 했다. 그러나 구텐베르크의 발명이 이 상황을 다시 역전시킨다. 맥루언의 비유에 따르면, 만약 표음문자가 대포알이었다면, 인쇄술은 수소폭탄이었다. 인쇄물은 매우 균질적이고 순차적이어서 필사본보다 청각에서 훨씬 더 멀어지게 만들었을 뿐만 아니라 세계 최초로 조립라인을 활용함으로써 대량생산에 성공했다.

1954년 4월 발간된 《탐험》 제2호에서 맥루언은 〈예술품으로서의 매체에 관한 단상(Notes on the Media as Art Forms)〉이라는 글을 실었다. 이 글에서 맥루언은 커뮤니케이션 매체가 경험을 극단적으로 변화시킨다고 주장한다. 그에 따르면, 인쇄된 어떤 것도 인쇄술 그 자체만큼 중요하지 않다. 예를 들어, 역사상 가장 영향력 있는 책 중 하나인 플라톤의 『국가』조차 여러 학생이 한 교실에서 똑같은 지면과 똑같은 줄에 똑같은 단어가 쓰여 있는 『국가』의 사본을 동시에 읽을 수 있게 되었다는 사실보다 중요하지는 않다.

이 글에서 맥루언은 당시로서는 최첨단 커뮤니케이션 매체였던 텔레비전에 대해 처음으로 언급한다. 그는 텔레비전이 영화와는 근본적으로 다른 매체라고 진단한다. TV 스크린의 전자파가 시청자의 머리에 침투하는 방식이 영화나 사진의 영상이미지가 침투하는 방식과 다르다는 것이다. 그래서 그는 어떤 의미에서는 시청자 자신이 TV의 스크린이라고 보았다. 물론 맥루언이 어떤 신경생리학적 근거를 제시할 수 있었던 것은 아니다. 후에 그는 TV 스크린의 낮은 정세도가 시청자의 참여를 촉발한다고 설명했다. (후에 맥루언의 동료들은 그의 TV가 고물이기 때문에 그렇게 생각하게 된 것이 아니냐며 놀려댔다.) 맥루언이 이처럼 엉성한 사이비 과학적 설명을 전개한 이유는 전기가 기계와는 달리 '유기적인' 성질을 가졌다고 보았기 때문이다. 즉 맥루언은 전기매체에 서로 통합하고 연결하는 성질이 있다는 사실을 직감했던 것이다. 사실 어떤 의미에서는 TV만큼 모두를 통합시키고 연결해주는 매체도 없다. 맥루언이 TV가 시청자의 참여를 촉발한다고 말한 것도 같은 맥락에서 이해할 수 있다.

　1955년 2월에는 맥루언 프로젝트의 멤버 중 한 사람인 칼 윌리엄스가 「음향적 공간(Acoustic Space)」이라는 논문을 《탐험》에 게재했다. 이 논문에서 윌리엄스는 우리가 현재 당연시하는 공간개념은 전적으로 시각적인 것에 불과하다고 지적한다. 예컨대 우리는 대상들 사이에서 대상을 구분할 수 있도록 하는 것을 공간이라고 생각한다. 그러나 만약 공간이 소리에 의해 만들어지는 것이라고 생각하면, 시각적인 공간과는 전혀 다른 공간개념도 가능해진다. 예를 들어, 청각적으로 만들어진 공간에는 경계가 없다. 중심도 없으며, 방향도 없다. (우리는 구석을 볼 수는 있어도 들을 수는 없다. 더구나 눈을 가린 상태에서는 소리가 앞, 뒤, 위, 아래 어디에서 나오는지 알 수 없다.) 더구나 청각은 중추신경계와 보다 밀접하게 연결되어 있다는 점에서 더 원초적이다. 사이렌 소리를 듣는 것과 구급차를 보는 것의 차이만큼이나 청각적 공간은 시각적 공간에 비해 친밀하다. 윌리엄스의 아이디어가 상당 부분 맥루언에서 기인한 것이라는 사실을 감안할 때, 이때에 이미 청각적/시각적 개념 쌍이 거의 모습을 갖추었음을 알 수 있다.

　맥루언은 청각적/시각적 공간 개념을 필요에 따라 다양한 방식으로 활용했다. 특히 1955년 이후부터는 거의 모든 것을 그것이 지닌 감각적 편향성에 입각하여 분류한다. 사물은 물론 철학이나 태도까지도 청각적이거나 시각적인 것 중 하나로 나누었다. 사람을 판단함에 있어서도, 맥루언은, 그가 가진 생각이나 철학을 알려고 하지 말고 그가 어떤 감관을 선호하는지 관찰하라고 충고한다. 만약 그의 감각적 편향성을 알게 된다면, 그의 철학은 물론 그와 관련된 중요한 사실을 모두 알 수 있다고 보았기 때문이다. 한마디로 그는 '시각적'이라는 말로 표음문자의 등장 이후 전기 매체가 등장하기 직전까지 일어난 모든 것을 지칭한 반면, '청각적'이라는 말로는 전기매체가 등장한 이후 생겨난 온갖 형태의 바람직한 것들, 특히 유추적이고, 즉각적이고, 총체적인 것을 가리켰다.

맥루언이 《탐험》에 기고한 마지막 논문은 1957년 10월에 발간되었다. 그는 이 글에서 글을 읽고 쓰는 것은 단지 사물을 지각하는 한 가지 양식에 불과하다는 오래된 신념을 거듭 확인한다. 더불어 전통적인 학습방법을 거부하는 학생과 텔레비전의 나쁜 영향에 대해 염려하는 교사들에게 우리는 이제 '초감각적 지각이 통하는' 부족적이고, 원초적인 '청각적 공간'에 살게 되었음으로 새로운 미디어의 영향에 대해 연구할 것을 종용했다.

《탐험》은 비록 몇 편의 기념비적인 논문을 담아내는 데 성공했으나, 오래 지속할 수 있는 성격의 학술지는 아니었다. 무엇보다 서로 다른 전문 분야에 종사하던 학자들이 진정한 의미에서 학제간 연구를 지속하는 것이 말처럼 쉬운 일은 아니었다. 아무튼 《탐험》은 1959년 아홉 번째 이슈를 끝으로 종간되었다. 그러나 맥루언이 그 후 저술한 거의 모든 저작의 시원적 형태가 그가 《탐험》의 첫 8집에 기고한 논문에 들어 있다고 보아도 무방하다. 현상을 보는 맥루언 특유의 관점과 글쓰기 방식이 제자리를 잡고 분명하게 드러나기 시작한 것도 이때부터이다.

포드 재단 프로젝트를 완료한 이후에도 맥루언은 계속해서 다른 분야에 종사하는 학자들과 교류했다. 그는 놀랄 만큼 지적인 호기심으로 가득 찬 사람이었다. 그의 명성이 하늘을 찌를 때에도 누군가 그가 생각하지 못했거나, 듣지 못한 것에 대해 얘기하면 금방 초등학생처럼 호기심을 드러내곤 했다. 그러나 맥루언이 정보를 얻는 주된 원천은 역시 독서였다. 그는 사회학, 역사학, 문학비평 등 온갖 분야의 책을 가리지 않고 읽었다. 맥루언은 통상 한 주에 서른다섯 권의 책을 뒤적거렸다. 우선 책이 읽을 만한지 가늠하기 위해 책의 69쪽을 펼친 후 근접한 지면과 목차를 살펴본다. 만약 69쪽 주변에 눈여겨볼 만한 정보나 아이디어가 들어 있지 않다면, 그 책은 관심대상에서 제외된다. 그러나 만약 69쪽에서 그 책을 계속해서 읽을 만한 어떤 것을 발견하는 경우, 그는 그때부터 그 책의 오른쪽 지면만 읽는다. 원래 책이란 불필요할 정도로 중복이 많기 때문에, 한쪽 면만 읽어도 충분하다고 판단했던 것이다.

그러나 엄청난 독서량에도 불구하고 맥루언은 중요한 사회적 이슈에 대한 입장 표명을 극도로 자제했다. 개인적으로 입장을 표명해봤자 아무 의미가 없다고 생각했을지도 모르지만, 남아프리카 공화국의 인종차별정책이나 미국의 베트남 참전과 같이 이미 도덕적인 면에서 그 의미가 명백한 사건에 대해 굳이 자기까지 나서서 입장을 표명해야 할 이유가 없다고 판단했을지도 모른다. 여하튼 당대의 현안이 그에게는 그리 중요하게 생각되지 않았던 것만큼은 분명하다. 맥루언의 관심은 오로지 매체, 특히 새로 등장한 커뮤니케이션 매체에 쏠려 있었던 것처럼 보인다.

사람들은 흔히 맥루언이 TV와 같은 전기 테크놀로지의 등장에 대해 긍정적으로 생각했다고 본다. 그러나 이는 사실이 아니다. 맥루언은 뉴미디어가 가져올 효과에 대해 단정하기를 주저했다. 특히 후기

로 갈수록 더욱 그러했다. 맥루언이 보기에, TV와 같이 막강한 영향
력을 가진 매체는 우선 위험하다. TV는 사용자를 푹 빠지게 해 TV에
종속되게 한다. TV를 우상화할 경우, TV로 인해 발생하는 긍정적인
효과가 얼마나 클지 몰라도 그 효과는 반감될 수밖에 없다. 사실 맥루
언이 테크놀로지 일반에 대해 취한 태도는 다분히 탈인간 중심적이었
다. 인쇄나 전기 테크놀로지가 지닌 장단점에 대해 말하는 것도 가능
하지만, 자연의 일부로서 인식할 때 테크놀로지는 그 자체로 선한 것
도 악한 것도 아니기 때문이다. 다만 매체의 영향력을 감안할 때, 매
체가 작동하는 방식에 대해 잘 알아야 한다는 입장만큼은 분명하게
유지했다.

맥루언이 미국의 중앙학회에서 처음으로 발표할 기회를 얻은 것
도 이즈음인 1955년 11월이었다. 컬럼비아 대학의 세미나에 연사로
초청받은 것이다. 비교적 무명이었던 맥루언에게 당시로서는 세계에
서 가장 권위 있는 사회학자 중 한 명인 로버트 머튼이 주도하는 세미
나에서 강연한다는 것은 뜻있는 일이 아닐 수 없었다. 그러나 맥루언
은 시작부터 머튼을 당황하게 했다. 그의 첫 마디는 프로이트의 정신
분석과 방사선 사진 사이의 유사성에 대한 것이었다. 그리고 다음으
로 고대 로마의 도로가 세계사에 어떤 영향을 미쳤는지 설명했다. 그
후에도 그는 매체가 사회에 미치는 영향에 대해 인쇄, 전신, 뉴스, 라
디오, TV 등을 예로 들면서 설명했다. 그리고 마지막으로는 학교에
서 받는 문학수업만 가지고는 결코 TV의 나쁜 영향을 통제할 수 없다
고 역설했다.

맥루언이 강연을 마치자 머튼은 이렇게 물었다. "맥루언 교수, 당

신의 주장은 대부분이 엄밀한 검증을 필요로 하는 것이요. 정말 무척이나 헷갈리는 글입니다. 논문의 제목, 아니면 첫 번째 문단? 어디서부터 시작해야 좋을지 모르겠네요. 우선 첫 번째 문단부터 시작하는 것이 좋겠군요". 머튼이 마치 경고장을 든 축구심판처럼 단호하게 내뱉자, 맥루언은 아무렇지도 않은 듯 그냥 한 번 어깨를 으쓱하고는 이렇게 맞받아쳤다. "제 말에 동의하지 않나요? 그럼 다른 것을 들려드리지요."

아마 당시에는 감히 누구도 웃지 못했을 것이다. 머튼과 같은 대가를 웃음거리로 만든다는 것은 생각지도 못할 일이었다. 그러나 지위고하를 떠나 학회에서 맥루언과 같이 말하고 답해서는 안 된다. 학자는 논쟁을 주업으로 하는 사람이며 논쟁을 하기 위해서는 무엇보다 자신이 주장하는 것을 던밀하게 묘사하고 정의할 수 있어야 한다. 또한 자신이 주장한 바를 뒷받침할 만한 근거를 충실히 제시해야 한다. 그러나 맥루언은 그렇게 하지 않았다. 그는 그저 "그것이 제 생각입니다"고 말한 것과 진배없다. 아마도 머튼의 문제제기에 대해 객루언이 의식적으로 그렇게 반응한 것은 아니었을 것이다. 그러나 이 사건이 있고난 후 머튼과 유사한 질문을 하는 사람이 있을 경우, 맥루언은 의도적으로 상대방의 질문을 무시해버렸다. 자신의 아이디어가 경험적으로나 논리적으로 검증받아야 할 종류가 아니라고 생각했던 것이다. 여하튼 이 에피소드로 인해 맥루언은 한동안 토론토 대학은 물론이고 미국의 학계에서도 '저질'이라는 오명을 들어야 했다.

8 일렉트로닉 콜 걸(1958-1964)

1958년 국립교육방송협의회는 맥루언을 컨퍼런스 기조발제자로 초청한다. 국립교육방송협의회는 1940년대와 50년대에 교육계에서 아방가르드 운동을 주도했던 비교적 영향력이 큰 단체였다. 맥루언은 이 컨퍼런스에서 후에 자신의 별명처럼 불리게 된 유명한 경구 "미디어가 메시지"라는 말을 공표한다. 이 경구는 알다시피 언어를 포함한 모든 커뮤니케이션 테크놀로지가 그것이 실어 나르는 콘텐츠와 상관없이 사람의 인식과 행동에 심대한 영향을 미친다는 맥루언의 신념을 함축적으로 표현한 것이다. 맥루언은 또한 IBM과 같은 컴퓨터회사가 GM과 같은 자동차회사를 경제적 지표에서뿐만 아니라 사회적 영향력에서도 크게 앞서게 될 것이라고 전망했다. 앞으로는 정보를 처리하고 저장하는 일이 가장 중요할 것이기 때문이다. 따라서 정보교육은 아이들만의 문제가 아니며 모든 사람이 새로운 정보처리기술을 습득해야 생존할 수 있다. 학자나 예술가와 같이 정보를 처리하고 저장하는 일에 능숙한 사람들이 점차 제도와 정책을 주도하고 입안하는 역할을 하게 될 것으로 전망했던 것도 이 때문이다.

국립교육방송협의회는 이 강연을 계기로 맥루언에게 고등학교 3학년용 미디어 교육 교재의 편찬을 부탁한다. 학생들이 다양한 미디어의 성격과 효과에 대해 이해할 수 있도록 가르치는 데 필요한 교재를 만들어달라는 부탁이었다. 맥루언은 미디어의 콘텐츠가 아니라 미디어가 지닌 사회변형력에 초점을 맞춘 교재를 구상했다. 예를 들어 프로그램의 내용에 상관없이 TV가 일반적으로 시청자에게 미치는 영향을 파악할 수 있도록 저술하려 했다. 그의 표현을 빌리면, TV나 라디오와 같은 새로운 미디어의 '문법'을 설명할 수 있는 방법에 대해 고심했던 것이다.

미디어 교육 교재를 만들기 위해 맥루언은 우선 교육자, 커뮤니케이션 종사자, 경영자, 심리학자. 사회학자 등을 만나 얘기를 나누었다. 그러나 기대와 달리 이들로부터 별반 의미 있는 얘기를 듣지 못한다. 당시만 해도 대다수의 학자가 미디어의 영향력에 대해 나름의 견해를 갖기는커녕 그것이 왜 문제인지조차 이해하지 못하고 있었다. 맥루언은 자신이 마치 세계 최초로 소립자나 박테리아를 발견한 사람과 같은 처지에 있음을 깨닫는다. 그리고 이 상황에서 자신이 할 수 있는 최선은 사람들에게 의견을 구하는 것이 아니라 자신의 아이디어를 설명하고 사람들이 이를 통해 현상을 새롭게 볼 수 있도록 유도하는 것이라고 생각한다.

맥루언은 미디어 교육을 위해 무엇을 가르칠 것인가에 앞서 어떻게 가르칠 것인가를 먼저 생각했다. 그는 전기시대에는 일방적인 강의가 아니라 대화를 통한 교육이 이루어져야 한다고 보았다. 학생들이 시각적 공간에 의해 형성된 고정된 관점에서 벗어나 나름대로 생각할 수 있어야만 미디어를 연구대상으로 인식할 수 있다고 보았기 때문이다. 물론 이와 같은 교육이 기성세대와 기성문화에 대한 불신을 가져올지도 모른다고 우려한 것도 사실이지만 미디어 교육에는 반드시 전제되어야 할 요소라고 판단했다. 이는 4세기 전 르네상스의 교사들이 인쇄된 책을 가지고 들어와 교실을 지식의 대량생산공장으로 만들었던 것에 비견할 수 있을 만큼 가히 혁명적인 아이디어가 아닐 수 없다. 단지 대량생산되던 지식교육을 중세적인 지혜교육으로 되돌리려 했다는 점에서 차이가 있을 뿐이다.

맥루언이 학생의 교육 못지않게 관심을 가졌던 일 중 하나는 회사의 중역들에게 미디어의 영향에 대해 설명하는 것이었다. 1950년대 말부터 맥루언이 뉴욕에 있는 제너럴 일렉트릭 경영센터에서 강연하기 시작한 것도 이러한 취지 때문이었다. 이때 맥루언은 한 가지 중요한 사실을 발견한다. 그것은 특정 감각의 사용이 다른 감각에 직간접적인 영향을 미쳐 그것을 변화시킨다는 사실이었다. 한 미디어가 특정한 감각을 확장하면, 이에 따라 다른 감각도 부지불식간에 영향을 받지 않을 수 없다는 것이다. 일례로 전화를 생각해보자. 사람들은 전화를 하면서 종종 어색함과 불안감을 느낀다. 같은 상대라도 면대면으로 접촉할 때에는 아무렇지도 않았는데, 막상 전화로 대화를 나누면 왠지 어색하거나 불안한 느낌을 갖는다는 것이다. 맥루언의 설명에 따르면, 이러한 현상은 전화가 극도로 청각 중심적인 매체이기 때문에 발생한다. 즉 전화가 청각기능을 지나치게 확장함으로써 다른 감각, 특히 시각을 과도하게 억누르기 때문에 일어나는 현상이다. 따라서 전화로 인해 발생하는 불안감을 누그러뜨리기 위해서는 전화로 인해 저하된 시각적 기능을 증폭시켜야 한다. 예를 들어, 전화통화를 할 때 정도 이상으로 초조해지면, 자신과 통화를 하고 있는 상대방의 얼굴을 떠올림으로써 어색함을 어느 정도 누그러뜨릴 수 있다.

1960년대 초부터 맥루언은 본격적으로 미디어와 인식기제의 역학관계에 대해 연구하기 시작한다. 그는 우선 매체를 통한 감각의 확장을 미디어의 '구조적 영향'이라고 부르고 그것을 감각의 확장으로 인해 발생한 감각의 패턴과 구별한다. 감각패턴은 미디어의 구조적 영향과 그 영향으로 인해 인식기제에 발생한 '주관적 효과'가 결합하여 최종적으로 만들어낸 산물이다.

주관적 효과의 관점에서는 구조적 영향이 높은 정세도를 갖는지 혹은 낮은 정세도를 갖는지가 매우 중요하다. 라디오의 청각적 이미지는, 예를 들면, 높은 정세도를 갖는다. 청취자는 라디오로부터 흘러나오는 청각적 이미지에 크게 참여할 필요를 느끼지 않는다. 즉 내용을 일일이 짜맞추거나 빈곳을 스스로 메워나갈 필요가 없다. 이 경우 청취자의 다른 감각, 특히 시각은 청각적 이미지를 일종의 격리된 방식으로 보충할 수 있다. 라디오를 들을 때 종종 말하는 사람의 모습을 상상할 수 있는 것도 이 때문이다. 그러나 전화가 주는 청각적 이미지의 경우, 화자가 청자의 반응을 요구하기 때문에, 상대적으로 낮은 정세도를 갖는다. 즉 청각 이외의 감각도 전화가 주는 이미지를 마음대로 지각할 여지가 없다. 모든 감각이 전화를 통해 전달된 이미지의 의미를 파악하기 위해 동원될 수밖에 없기 때문이다. 특별히 신경을 곤두세워 화자를 시각화하지 않는 이상, 다른 감각이 전화의 청각적 이미지와 무관하게 작동하는 것은 매우 어려운 일이다. 결국 낮은 정세도의 구조적 영향을 발휘하는 미디어는 사용자에게 인식적으로나 정서적으로나 적극적인 참여를 요구한다. 반면 높은 정세도의 구조적 영향을 지닌 미디어는 낮은 정도의 참여를 요구한다. 후에 맥루언은 이러한 차이를 모든 미디어를 쿨한 것과 핫한 것으로 나눔으로써 설명하게 된다.

맥루언은 자신의 이론이 과학적으로 검증되기를 원했다. 그래서

60년대 초에는 전기공학, 산업공학, 심리학 등을 연구하는 과학자들에게 도움을 요청한다. 이들은 우선 컴퓨터를 이용해서 전화통화나 라디오방송의 이미지가 지닌 촉각적 · 시각적 · 청각적 요소를 측정하려고 시도했다. 만약 이 같은 시도가 성공한다면, 인류 최초로 인간의 감각기제를 구체적으로 밝히는 쾌거를 이룰 수 있다고 맥루언은 기대했다. 그렇게 된다면 자동차, 옷, 가구 등 무엇이든지 사람의 감각기제에 정확하게 합치하는 방식으로 디자인할 수 있을 것이다. 교육방법도 크게 바뀔 것이다. 만약 수학이 매우 높은 청각적 요소를 지녔다면 라디오를 통해 가르치는 것이 합당할 것이고, 외국어도 모국어를 배우는 것처럼 자연스럽고 쉽게 배울 수 있을 것이다. 맥루언은 이러한 연구결과가 공학적으로 실현 가능하게 되면, 인간의 의식이 거의 보편적인 초감각적 지각의 수준에 도달할 수도 있다고 기대했다. 그에게 초감각적 지각은 그저 신기한 현상이 아니라 모든 감각이 조화를 이루어 최고의 능력을 발휘하는 총체적인 지각상태이었기 때문이다. 그러나 불행히도 이 같은 시도는 성공하지 못했으며 성공할 수도 없었다.

텔레비전에 대한 관심이 높아진 것도 이때였다. 맥루언에 따르면, 텔레비전이 시청자의 참여를 유도할 수 있는 것은 텔레비전이 상대적으로 불분명한 이미지를 전송함으로써 정세도가 낮은 구조적 영향을 발휘하기 때문이다. 전화와 마찬가지로 텔레비전은 모든 감각, 즉 촉각적 관여를 요구한다. (맥루언에게 '촉각'은 만지는 감각이라기보다는 총체적인 감각적 상호 작용을 의미한다.) 맥루언은 텔레비전이 촉각적 테크놀로지라는 점에 착안하여 1960년 미국 대통령 선거방송을 분석했다. 맥루언에 따르면, 케네디는 '젊고 수줍은 보안관'의 이미지를 가지고 있다. 반면 닉슨은 '마을 사람들에게 불리한 계약을 강요하는 철도회사 측 변호사'의 이미지를 가지고 있다. 케네디는 닉슨보다 명확하지 않고, 무관심해 보이며, 약간은 애매모호한 이미지를 가지고 있기 때문이다. 다시 말해, 케네디는 '쿨'한 인격을 가지고 있는 것처럼 보여 텔레비전에 적합하다. 텔레비전은 매우 명확하고, 격렬하고, 감정적인 인물과 잘 어울리지 않는다. 예를 들어, 히틀러는 라디오에는 적격이지만 텔레비전과는 상극이다. 라디오는 정서적인 기관인 귀를 자극함으로써 환상을 유발하여 사람을 흥분시키는 반면, 텔레비전은 전기적인 점들로 구성된 화면을 통해 사람들로 하여금 스스로 해석하고 참여하도록 독려한다.

맥루언은 자신의 이론이 많은 사람들에게, 특히 학자들에게 설득력이 없다는 사실을 잘 알고 있었다. 그러나 그는 자신이 마치 파스퇴르처럼 기존의 개념체계로서는 이해할 수 없는 전혀 새로운 사실을 발견했기 때문이라고 자위했다. 그는 심지어 사람들을 '몽유병자'에 비유하기도 했다. 왜냐하면 대부분이 그들이 실재로 수행하는 일의 본질적인 성격이나 그들이 사용하는 미디어의 영향력에 대해 거의 아무것도 모르는 상태에서 목전에 주어진 목표만을 위해 진력하고 있다고 보았기 때문이다. 맥루언은 생산수단이 아니라 커뮤니케이션 수단에 토대를 둔 자신의 사회변화이론이 마르크스의 이론을 대체할 것이라고 자신했다.

1961년 7월 10일 맥루언의 어머니인 엘지가 사망한다. 젊어서부터 바쁘게 지냈던 엘지는 1953년 이후부터 토론토에서 웅변술과 모노

드라마를 가르치며 살았다. 그러나 1956년에 뇌졸중에 걸려 부분적인 마비와 언어장애로 고생하다 급기야 1961년 타계했다. 맥루언은 어머니의 죽음을 매우 슬퍼했다. 비록 이상적인 엄마는 아니었을지 몰라도, 맥루언은 분명 '엄마의 아들'이었다. 아버지가 그에게 자애로운 심성과 남다른 도덕성을 남겨주었다면, 엄마는 진취적인 기상과 독립심을 물려주었다. 물론 어머니로부터 받은 유산 중에는 반드시 바람직하다고 볼 수 없는 것도 있었다. 다른 사람이 어떻게 생각하든지 무시하는 태도를 배운 것도 어머니로부터였고, 거의 통제 불가능한 언어적 공격성의 원천도 따지고 보면 어머니였다.

맥루언은 1961년 여름 그가 지난 십여 년간 준비해왔던 책을 쓰기 시작한다. 맥루언은 집필에 앞서 우선 그간 모아놓은 수백 장의 색인 카드를 정리하기 시작했다. 각각의 카드에는 인용문이 적혀 있었다. 이 카드들은 서구문명의 비밀을 풀기 위해 그가 지난 이십여 년 간 읽고 사색한 결과물이었다. 그는 카드에 쓰인 인용문과 자신의 단상을 이리저리 섞어가며 마치 중세의 수도사처럼 우아한 필체로 간결하면서도 정확하게 집필해 나갔다. 특히 그는 자신이 학위논문을 준비하면서 연구해온 중세의 트리비움과 미디어의 역사를 연계시키려고 애썼다. 이 책은 발간되자 맥루언을 문화 비평의 선도자로 확고히 자리 잡게 했을 뿐만 아니라, 그를 프로이트나 닐스 보어에 견줄 수 있을 만큼 혁신적인 학자로 인정받게 만든다. 이 책의 제목은 『구텐베르크 은하계』이다.

『구텐베르크 은하계』는 책의 절반 이상이 거의 2백 명에 이르는 작가로부터 인용한 문구로 채워져 있으며, 광고와 신문기사 그리고 인용문에 대한 단상으로 구성되어 있다. 인용문 중 어떤 것은 맥루언의 단상과 서로 어울리는 듯이 보였지만 다른 것은 그렇지 않았다. 마치 초현실주의 화가의 그림처럼 서로 전혀 어울리지 않는 듯한 글들이 병치되어 있는 경우도 있었다. 맥루언이 TV 이미지를 지칭할 때 사용한 개념인 '모자이크적'인 형태가 이미 이 책에서 구현되고 있었다. 그러나 기이한 형태와 달리 책의 논지는 분명했다. 『구텐베르크 은하계』는 어떻게 서구세계가 실재에 대해 시각적 편향성을 갖게 되었는지 보여준다. 맥루언에 따르면, 부족적 상태가 자연스러운 상태이다. 그러나 표음문자의 발명으로 인해 서구세계는 더 이상 부족적일 수 없게 되었다. 더구나 인쇄술의 발명은 서구인을 더욱 심각하게 시각 편향적으로 만들었다. 그 결과 합리주의, 근대과학, 산업, 자본주의, 민족주의 등이 발생한다.

『구텐베르크 은하계』는 『기계신부』와 달리 학계와 지성계로부터 주목과 찬사를 받았다. 1963년 영국의 저명한 비평가인 커모드(Frank Kermode)는 《엔카운터》에 이 책에 관해 상당히 길고 합리적이며 균형 있는 서평을 썼다. 그는 맥루언의 책이 "우리에게 설득력 있는 신화적 설명을 통해 현대인의 심리 상태를 신선하고도 정합적으로 설명"했다고 말하고, 학자들은 그의 책에 대해 깊이 생각해보아야 할 것이라고 조언했다. 당시 영어문화권에서 가장 권위있는 서평지인 《타임》의 문학부록조차 같은 해 7월 맥루언이 인쇄술의 영향에 대해 쓴 글을 게재했다. 이 잡지는 1964년에는 맥루언을 세계적인 아방가르드 지식인 중 한 명으로 선정하고 그가 작성한 선언문 비슷한 글을 실어주었다. 캐나다에서도 맥루언은 유명세를 탔다. 1962년 '논픽션

부문 행정부 수장상(Governor-General's Award for Non-Fiction)'을 수상했던 것이다.

그러나 모두가 긍정적으로 평가한 것은 아니었다. 예를 들어, 1962년 알바레즈(Alfred Alvarez)는 『새 정치인(New Statesmen)』에서 맥루언의 책은 "생동감 있고 기발하지만 결국은 신학 대신에 사회학과 현대 광고 기법을 공부한 중세 논리학자가 쓴 빙퉁그러진 종합 선물"이라고 평했다. 이후에도 맥루언을 단순히 보수적인 가톨릭 사상가로 보는 풍조는 쉽게 사라지지 않았다.

1963년 맥루언은 그전부터 가져왔던 또 다른 꿈을 실현한다. 1955년 포드 재단으로부터 받은 연구기금을 밑천으로 난생처음 시도했던 학제간 연구를 다시 시작할 수 있는 전기를 마련한 것이다. 토론토 대학이 이제는 저명인사가 된 맥루언을 붙잡아두기 위해 그가 전부터 원했던 문화와 테크놀로지 연구센터 설립을 제안해왔다. 당시 맥루언은 미국의 유수 대학으로부터 그가 받고 있던 연봉의 5배에 달하는 급여를 제안받고 있었다. 물론 토론토에는 맥루언이 다른 곳으로 가기를 바라는 교수도 많았지만, 맥루언과 가까웠던 토론토 대학의 총장과 성 미카엘 대학의 학장이 맥루언에게 센터의 운영을 부탁했다.

맥루언은 센터를 발족하자 그가 '감각 타이폴로지(sensory typology)'라고 부르는 것, 즉 인구 전체의 감각적 균형 혹은 선호도를 측정할 수 있는 방법에 대해 본격적으로 연구하기 시작한다. 맥루언은 이 연구가 성공한다면, 개인적인 차원에서는 각 개인이 선호하는 감각기관을 밝힐 수 있으며, 사회적인 차원에서는 라디오나 텔레비전이 사회 전체에 미치는 영향을 비교적 정확하게 예측할 수 있다고 보았다. 교육가나 정치가와 같은 이들이 정책을 세울 때 필요한 긴요한 도구를 장만할 수 있다고 보았던 것이다.

맥루언은 심리학자 카폰(Dan Cappon)과 함께 이 연구의 성공적인 추진을 위해 백방으로 노력했다. 만약 성공한다면, 자신의 미디어 이론을 과학적으로 입증할 수 있는 계기가 될 뿐만 아니라, 광고인에게는 상품에 적합한 광고양식을, 교육자에게는 학생의 적성을 정확하게 파악할 수 있는 도구를 제공할 수 있다고 보았기 때문이다. 학습능력이 떨어지는 학생이나 집중력이 산만한 아이들을 치유하고 교육할 수 있는 방법도 고안해낼 수 있으리라 기대했다. 그러나 몇 가지 소규모 테스트를 위한 재원을 마련할 수 있었을 뿐, 맥루언과 카폰은 그들의 주장을 뒷받침할 수 있을 만큼 큰 규모의 실험을 할 수 있는 재원을 마련하지 못했다.

센터에서 수행한 또 다른 과제는 신문이나 잡지에서 사용하는 활자체, 지면배치, 색깔 등이 갖는 효과에 대한 연구였다. 이 연구에는 카폰 이외에도 공학도인 르웰린-토마스(E. Llewllyn-Thomas)가 참여하였는데 미약하나마 작은 성과를 거둘 수 있었다. 카폰은 피연구자가 서로 다른 활자체에 대해 보인 반응을 거짓말 탐지기와 꿈의 분석을 통해 밝혀냈고, 르웰린-토마스는 피사체에 대한 눈의 반응을 측정할 수 있는 카메라를 이용하여 피연구자의 지각상태를 파악했다. 그러나 이 같은 성과에도 불구하고 미디어와 감각의 관계분석에 기초하여 문화의 전반적인 패턴을 파악해내려던 맥루언의 꿈은 끝내 이루어지지 않았다.

1964년에 일어난 가장 중요한 사건은 『미디어의 이해:인간의 확장』의 출간이었다. 이 책은 국립교육방송협의회를 위해 준비했던 미디어 교육을 위한 교재를 수정, 보완한 것이다. 『미디어의 이해』는 서문과 미디어의 일반적 성격에 대한 7개의 장, 그리고 구어, 인쇄, 시계, 돈과 같은 구체적인 미디어에 대한 26개의 장으로 구성되어 있다. 『구텐베르크 은하계』와 달리 장과 절로 나뉘어 있다보니 『미디어의 이해』는 전통적인 학술서와 유사하다는 느낌을 준다. 그러나 자세히 살펴보면 이 책 역시 전형적인 학술서적과는 거리가 멀다는 것을 알 수 있다. 『구텐베르크 은하계』와 마찬가지로 맥루언이 수년간 모아온 노트와 자료를 전기, 라디오 등과 같은 항목에 맞추어 배열한 것이었다.

이 책에서 맥루언이 주장하고자 하는 기본적인 논지는 첫 번째 장인 "미디어는 메시지다"에 적혀 있다. 이 장에서 그는 미디어에 내재해 있는 편향성을 부각시킨다. 모든 미디어가 인간의 감각에 전면적이면서도 무자비한 방식으로 영향을 미침으로써 미디어에 고유한 환경을 만들어 나간다는 것이다. 이에 더해 새로운 미디어는 기존의 미디어 환경에 더해지는 것이 아니라 그 전의 것을 송두리째 변형시킨다. 왜냐하면 미디어는 단지 물리적인 것만을 지칭하는 것이 아니라 그것이 창출해내는 '에너지의 소용돌이'를 의미하기 때문이다. 예를 들어, 자동차는 차체뿐만 아니라 고속도로, 주유소, 네온사인 등 자동차가 등장함으로써 생겨나거나 변화한 무수히 많은 상황과 습관을 통틀어 일컫는다.

새롭게 변화한 미디어 환경은 마치 벌거숭이 임금님의 옷처럼 거의 인식 불가능하다. 상대방의 태도나 표정 변화가 우리의 태도를 부지불식간에 바꾸어놓는 것처럼 미디어도 우리를 어느새 변화시킨다.

만약 사람들이 새로운 환경의 일부분이라도 지각하면, 그들은 대체로 불쾌하게 생각한다. 낭만주의 시인이 증기엔진으로부터 느낀 불쾌감이나 소비자들이 현금출납기에 대해 느끼는 언짢음이 그 예이다. 대신 새로운 미디어 환경은 이전에 있었던 미디어 테크놀로지의 성격을 드러낸다. TV가 등장하자 영화가 예술의 일종으로 변한 것도 이 때문이다. 오래된 공장이나 선박이 관광명소가 되는 것도 같은 맥락에서 이해할 수 있다. 그러나 현재에도 보이지 않는 환경을 볼 수 있는 사람이 있다. 예술가가 그러하다. 그는 현재를 '살아가는' 사람이며 그 자신의 주변에서 일어나는 일을 감지할 수 있는 통찰력을 지닌 사람이다. 그렇기에 예술은 새로운 미디어가 사회에 미치는 영향에 대한 '조기경보 시스템'이라 할 수 있다. 예술과 예술가의 기능에 대한 언급은 『미디어의 이해』 중 〈도전과 붕괴〉라고 명명한 장에 상세히 설명되어 있다.

한편 〈기계장치 애호가〉라는 장에서는 인공물이 사용자를 일종의 〈서보제어장치(servomechanism)〉로 만든다고 경고했고, 〈쿨미디어와 핫미디어〉에서는 미디어의 유형을 차가운 것과 뜨거운 것의 두 가지 종류로 나누고, 뜨거운 것은 배제하고 차가운 것은 포괄하는 성격이 있다고 설명한다. 쿨미디어는 사용자의 참여를 촉발하지만 핫미디어는 그렇게 하지 않는다는 것이다. 이어서 〈혼합 에너지〉에서는 미디어가 서로 짝을 짓고, 후손을 낳고, 서로 공격하며 잡아먹는 양태에 대해 기술하고 있다. 말하자면 미디어의 '일생'에 대한 설명이다.

『미디어의 이해』는 『구텐베르크 은하계』에 비해 말쑥한 느낌을 준다. 무엇보다 흐름을 방해하는 인용문이 훨씬 적어졌다. 그러나 이는 편집자의 공이지 맥루언이 그렇게 의도한 것은 아니다. 맥루언과 달리 편집자들은 저자의 논점을 설명하는 데 유용하지 않으면 인용이 필요없다고 생각했다. 맥루언은 결코 이 같은 견해에 동의하지 않았지만 책을 무난하게 출판하기 위해서는 그들의 요구를 어느 정도 받아들일 수밖에 없었다. 아쉬움이 없지 않았지만, 맥루언에게 『미디어의 이해』는 적어도 한 가지 점에 있어 이전의 책이 갖지 못한 장점을 가지고 있다. 과거가 아니라 현재와 미래를 다루었기 때문이다.

『미디어의 이해』가 나오자 많은 비평가들은 맥루언이 미래를 지나치게 낙관적이고 희망적으로 그리고 있다고 비판했다. 그러나 맥루언을 반드시 낙관주의자라고 생각할 근거는 없다. 분명 맥루언은 새로운 테크놀로지가 우리의 의식을 풍요롭게 만들어 전지구적인 초감각적 지각을 가능하게 할 것이라고 믿었다. 그는 우리 모두가 보청기만한 크기의 컴퓨터를 통해 각자의 사적인 경험을 저 바깥 세계에 있는 위대한 전기두뇌와 조화시킬 수 있는 날이 올 것이라고 전망한 적도 있다. 그러나 그는 동시에 새로운 미디어에 대한 인식이 그것에 대한 혐오감을 불러일으켜야 한다고 말했을 뿐만 아니라, 모든 것을 집어삼키는 부족적 힘을 지닌 TV에 대해서는 인쇄물과 같은 해독제를 가지고 대항해야 한다고 경고했다.

『미디어의 이해』에 대한 학자들의 평가가 어떠했든지, 맥루언은 이제 북미와 영국의 지성계에서 당당히 문화적인 스타가 되었다. 글께나 읽은 사람은 누구도 간과할 수 없는 저자가 된 것이다. 『미디어의 이해』는 10만 부가 팔렸다.

9 캐나다 지성계에 혜성같이 나타난 존재(1964-1967)

1960년대 중반 이후 맥루언의 명성은 하늘을 찌를 듯했다. 그린위치 빌리지의 예술가를 비롯한 많은 이들이 맥루언을 테마로 공연을 기획하는가 하면, 《에스콰이어》, 《네이션》, 《뉴욕 타임스 매거진》, 《샌프란시스코 크로니클》 등과 같이 저명한 신문잡지사의 편집인도 앞다투어 그와 만나기를 원했다. 이들 중 아마도 맥루언을 세계적인 명사로 만드는 데 가장 크게 공헌한 사람은 《뉴욕 타임스 헤럴드 트리뷴》의 일요판 잡지 《뉴욕》의 기자 울프(Tom Wolfe)일 것이다. 그는 1965년 《뉴욕》 11월 호에서 맥루언을 비즈니스가 지배하는 세상을, 마치 가소롭다는 듯이 굽어 내려보는 인물로 묘사한 후, 당시의 맥루언 열풍을 가장 적절하게 대변해주는 한마디를 던진다. "만약 그가 옳다면 어떻게 할 것인가?" 이 말은 이후 맥루언에 대한 글에 단골 메뉴처럼 등장하는 경구가 되었다.

《하퍼스》지도 맥루언에 대해 대체로 우호적인 글을 실었다. 쉬켈(Richard Schickel)은 〈맥루언: 캐나다 지성계에 혜성처럼 나타난 인물〉이라는 제목이 시사하듯이 맥루언을 캐나다에서 당대에 제일 가는 지식인으로 소개했다. 《뉴욕 타임스》 역시 맥루언에 대한 소개를 실었다. 여기에서 맥루언은 "광고에 대한 특이한 이론으로 현업에 있는 광고인들로 하여금 무엇이 창조적이고 어떤 미디어를 선택해야 하는가에 대해 새로운 안목을 제공한 혁신적인 인물"로 그려졌다. 영국에서도 맥루언은 일종의 '현상'이었다. BBC 방송국은 맥루언과의 인터뷰를 1965년 봄 방영했다. 이때 맥루언을 인터뷰했던 BBC의

TV방송국장인 밀러는 맥루언의 연구가 프로이트에 버금가는 것이라고 평했다.

저명인사가 된 맥루언은 기업인들을 위한 강연에도 심심치 않게 초청받았다. 기업인에 대한 강연은 상당한 수입을 보장해주었을 뿐만 아니라, 사회적으로도 의미 있는 일이었다. 적어도 맥루언의 입장에서 볼 때, 세상을 바꿀 수 있는 것은 고집불통인 학자들이 아니라 기업인들이었기 때문이다. 물론 기업인들 대부분은 그가 무슨 말을 하는지 도무지 이해할 수 없었다. 그러나 그들은 대체로 그가 뭔가 중요한 것을 말하고 있다는 막연한 믿음을 가지고 있었다.

맥루언은 통상 재담이나 익살로 강연을 시작한다. 일반적으로 재담과 익살은 연사와 청중 모두가 긴장을 풀고 서로에게 친숙해지는 계기를 제공한다. 하지만 맥루언은 재담과 익살을 정도 이상으로 즐겼다. 그는 만화, 잡지, 신문 등에서 재미나는 재담거리를 수집하여 특별히 보관할 정도로 조크에 관심이 많았다. 재미나는 재담을 들으면 종이에 메모해서 주머니에 보관하고 있다가 언제라도 사용할 수 있도록 했다. 보통 사람들이 별 의미 없는 한담을 주고받을 때, 그는 재담과 익살로 무료하기 쉬운 시간을 대신했던 것이다.

재담이나 익살이 끝나면 맥루언은 의례 황당하거나 모순적인 것처럼 들리는 발언을 한다. 어떤 사람은 그가 30분 동안 28번이나 자기 모순적인 발언을 했다고 지적했다. 그러나 그는 언제나 그렇듯이 그렇게 숫자를 세고 있는 것 자체가 선형적으로 생각하는 습관에 물들어있기 때문이라고 응수했다. 맥루언은 결코 자신의 주장을 합리화하려고 애쓰지 않았다. 누군가 그의 말은 기껏해야 절반의 진리라고 지적하면, 그는 "반쪽짜리 벽돌도 유리창을 깨는 데는 온전한 벽돌 못지않다"고 답했다.

맥루언은 결코 자신이 불변의 진리를 설파한다고 생각하지 않았다. 오히려 사람들이 그렇게 생각하는 것이 짜증스러웠다. 그는 사람들이 자신으로 인해 그들이 불변의 진리처럼 맹신해왔던 것들에 대해 다시 한번 생각해주길 원했을 뿐이다. 그가 사람들을 자극하는 데 도움이 된다고 판단하면, 그것이 무엇이든 수단과 방법을 가리지 않고 사용했던 것도 이 때문이다. 달리 말해, 맥루언의 목적은 청중을 '놀리는 데' 있었다. 그러나 악의를 가지고 조롱했던 것은 아니다. 다만 논리적으로 따져서는 목적을 이룰 수 없기 때문에 그렇게 했던 것이다. 그는 미리 원고를 준비하는 법이 거의 없었다. 오히려 그때그때 사람들이 알고 있다고 확신하는 것을 한 차원 높은 곳에서 '왜곡' 함으로써 그들 스스로 자신이 알고 있다고 생각하는 것에 대해 다시 생각할 수 있도록 유도했다. 그는 특히 청중이 당연시하거나 막연히 가정하는 것을 무참히 조롱함으토써 그들을 각성시켰다. 이 점에 있어 그는 예언자와 같았다.

다른 예언자처럼 맥루언도 인터뷰하기를 좋아했다. 이 경우에도 그는 지나치다 싶을 정도로 과장하거나 모든 것을 단순화해서 말하곤 했다. 경우에 따라서는 상대방의 감정을 상하게 하거나 지나치게 공격적인 것처럼 보일 수도 있었다. 그러나 이 모든 것이 어떤 목적을 이루기 위해 의도된 행동이었다. 1974년 인터뷰에서 그는 이렇게 말했다. "당신이 목사이든 교수이든 사람들에게 다가가는 유일한 방법은 그들에게 상처를 주는 것입니다."

맥루언이 기업인들에게 해주고 싶었던 말 중 가장 중요한 것은 이 것이다. 만약 무엇인가 알고 싶다면, 당신이 하고 있는 일이 어떤 것 인지 스스로 잘 생각해보라. 물론 말처럼 쉬운 주문이 아니다. 예를 들어, IBM은 오랫동안 기업에 사무기기를 납품하고 있다고 생각했 다. 그러나 IBM이 실제로 하는 일은 그것이 어떤 변화를 가져왔는지 파악함으로써만 알 수 있다. 맥루언의 말이 옳다면, IBM은 사무기기 를 만들었던 것이 아니라 정보처리사업을 하고 있었다. 맥루언이 보 기에는 오직 이러한 현실인식이 갖추어진 이후에야 앞으로 어떻게 사 업을 전개해야 하는지 올바르게 판단할 수 있다. 물론 맥루언의 조언 이 당장 회사를 경영하거나 구체적인 사업을 벌이는 데 도움이 될 수 는 없겠지만, 기업을 경영하는 사람들이 향후 전개할 사업의 큰 방향 을 설정하는 데 도움을 줄 수는 있었을 것이다.

맥루언은 기업인 이외에도 기자, 공무원, 교육자 등에게 강연했 다. 또한 수많은 잡지와 신문의 기자들과 인터뷰했다. 텔레비전과 라 디오 토크 쇼에 출연했으며, 많은 대학에 가서 강연을 했다. 심지어 는 정당 대표들에게도 강연했을 정도이다. 동시에 그는 여러 권의 책 을 준비했다. 그중에는 경영에 관한 책도 있었고, 출판에 대한 책도 있었다. 그중 눈에 띄는 것은 광고에 대한 연구서인 『문화가 곧 비즈 니스이다(Culture Is Our Business)』이다. 이 책은 『기계신부』와 마찬 가지로 광고를 연구대상으로 다루고 있지만, 광고에 대해 길게 논평 하는 대신 한 줄짜리 코멘트를 달았다. 맥루언이 이때 기획했던 또 다 른 책으로는 『사라져가는 관점으로부터(Through the Vanishing Point)』가 있다. 이 책은 다양한 회화작품에 대한 한 줄짜리 논평과 경구로 구성되어 있으며 회화에서 청각적 공간과 시각적 공간의 차이가 어떻게 나타나는지 보이고자 했다.

맥루언은 강연 외에도 활발한 저술활동을 전개했다. 그는 굳이 학술지가 아니라도 사양하지 않았다. 1966년과 1967년 사이에는 《TV가이드》, 《글래머》, 《보그》, 《룩》, 《마드모아젤》, 《플레이보이》, 《새터데이 이브닝 포스트》, 《하퍼스 바자》 등과 같이 교수나 학자가 나설 법하지 않은 지면에도 심심치 않게 등장했다. 물론 매번 새로운 아이디어가 있어서 글을 쓰는 것은 아니었다. 사실 다작은 맥루언의 명예를 실추시키고 있었다. 특히 학계에서 그러했다. 그러나 그는 유명세를 타는 동안 조금이라도 더 많은 대중에게 자신의 목소리를 전파하고 싶어했다. 그는 1966년 이후에는 6명이 넘는 비서를 두고 자신의 말을 받아쓰게 하였고, 되도록 다양한 분야의 학자들과 공동 집필함으로써 가능한 한 많은 독자에게 다가가려고 애썼다.

미국의 저널리스트와 출판업계는 1966년 내내 맥루언을 상업적으로 이용했다. 66년 한해만 해도 《뉴스위크》, 《포천》, 《라이프》, 《새터데이 리뷰》, 《에스콰이어》, 《뉴욕 타임스 매거진》과 같은 미국의 유명 잡지들이 맥루언에 대한 특집기사를 실었다. 이제는 교양인뿐만 아니라 영어를 하는 사람이라면 누구나 맥루언에 대해 듣거나 읽지 않을 수 없을 정도였다. 그러나 여전히 학자들 대부분이 맥루언에 대해 곱지 않은 시선을 보냈던 것도 사실이다. 일례로 《실존주의 연구(the Journal of Existentialism)》의 편집인은 "캐나다 촌구석의 무명 영문학과 교수가 엄청난 사기극을 벌리는 데 성공하여 지성계에 극제적인 스캔들을 일으키고 있다"고 비판했다.

맥루언을 비판하는 사람의 논점은 크게 세 가지로 정리할 수 있다. 첫째는 그의 글쓰기 스타일에 대한 비판이다. 그의 글은 도무지 두서가 없고 문맥에도 닿지 않는 알 수 없는 인용문투성이라는 불평이다. 두 번째는 그가 사실에 대해 무지하고 생각나는 대로 쓴다는 것이다. 그의 주장은 경험과학적으로 입증할 수 없는 사변적인 것이 대부분이어서 학술적인 가치가 없다는 지적이다. 그리고 세 번째 비판은 그가 사회문제에 대해 무책임할 정도로 무심하다는 비판이다. 개중에는 아예 맥루언이 수구적인 입장을 기묘한 방법으로 옹호한다고 비난하는 사람도 있었다. 이들 중 세 번째 비판에 대한 맥루언의 답은 간단하다. 미디어에 의해 모든 감각이 마비된 사람은 권리나 의무 따위에 대해서 말할 자격이 없다는 것이다. 첫 번째와 두 번째 비판에 대해서도 나름대로 답할 수 있었다. 그러나 그는 자신에 대해 제기된 비판에 일일이 답하려 하지 않았다. 그렇게 하다 보면, 자신이 진짜로 원하는 일을 할 수 없다고 보았기 때문이다. 더구나 그가 보기에는 대부분의 비판이 그의 글이 아니라 그 자신에 대한 사적인 감정에서 비롯된 것이었다.

1967년 3월 맥루언은 『미디어는 마사지다(The Medium Is the Massage)』를 발간한다. 그러나 이 책은 사실 맥루언이 아니라, 그에 대해 서평을 썼던 에이젤(Jerome Agel)과 책 디자이너인 피오리(Quentin Fiore)가 집필한 것이다. 이들은 맥루언의 글이나 말 중에서 일부를 발췌하여 수정, 보완한 후 그것에다 다양한 형태의 사진을 덧붙였다. 맥루언이 한 일은 단지 제목을 붙이고 전체적인 구성에 대해 몇 마디 조언한 것이 전부였다. 그러나 에이젤과 피오리는 시선을 사로잡는 사진과 희한한 형태의 활자와 지면 배치를 이용해 맥루언의 메시지를 극대화한 탁월한 작품을 만들어냈다. 어떤 지면은 거꾸로 편집되었고, 어떤 면은 한쪽으로 기울었으며, 어떤 것은 다른 면의 거울 이미지를 담았다. 맥루언은 이 책이 자신의 생각을 널리 선전하는데 유용한 소책자라고 생각했다. 누구나 한 시간이면 읽을 수 있는 분량이었을 뿐만 아니라 난해한 『구텐베르크 은하계』나 『미디어의 이해』에 대한 손쉬운 대체물이었기 때문이다. 아무튼 상업적인 면에서 볼 때, 이 책은 대성공이었다. 전 세계에 걸쳐 이 책은 거의 1백만 부나 팔렸다.

『미디어는 마사지다』가 발간되는 것과 거의 동시에 NBC 방송은 맥루언에 대한 한 시간짜리 다큐멘타리를 제작하여 1967년 3월 19일 방송했다. 이 프로그램은 대중예술, 만화, 신문 헤드라인 등에 대한 맥루언의 한 줄짜리 재담을 중심으로 편성되었는데 맥루언 자신은 별로 탐탁하게 생각하지 않았다. 그는 이 프로그램을 '기괴한 쓰레기'라고까지 폄하했다. 맥루언도 점차 자신이 거대한 미국 대중매체의 꼭두각시가 되고 있음을 자각했다. 그러나 이때 벌써 맥루언이란 이름은 퀴즈 문항에 등장할 정도로 유명해졌다.

10 뉴욕 시절(1967-1968)

1966년 맥루언은 컬킨(John Culkin) 교수의 초청으로 포드햄 대학에 1년간 초빙교수로 봉직하게 된다. 컬킨은 포드햄 대학 커뮤니케이션

센터의 소장이었다. 맥루언은 망설였지만 아내 코린이 찬성했고, 거의 세 배에 달하는 급여에 더해 아들 에릭과많은 친구를 연구원으로 동반할 수 있었기 때문에 결국 뉴욕행을 결심하게 된다. 지리적인 편리함 때문에 교외 강연을 언제든지 할 수 있다는 장점도 있었다.

그러나 맥루언은 이때 이미 예전처럼 인기 있는 교수가 아니었다. 학생들의 입장에서 보면, 그의 강의는 매우 산만하고 불성실하기 짝이 없는 것이었다. 강의에 대한 체계적인 계획도 없었고 강의 내용도 반은 알아들을 수 없었다. 수많은 강연과 저술 활동에 영화출연이나 인터뷰까지도 마다하지 않았으니 맥루언이 학생들을 위해 할애할 수 있는 시간은 거의 없었다.

교외에서 행한 강연도 만족스럽지 못한 반응을 불러일으키기는 마찬가지였다. 한번은 뉴욕시립미술관에서 개최한 〈미디어와 미술관(Media and Museum)〉 컨퍼런스에 초청받았다. 이 강연에서 그는 미술관이 왜 관객을 피곤하게 만드는지 물었다. 그리고는 미술관은 본래 청각적 문화공간이기 때문에, 19세기적인 시각을 가진 큐레이터들이 조성한 시각 편향적 전시물과 끊임없이 갈등을 빚을 수밖에 없기 때문이라고 답했다. 이어서 미술관이 세계문화유산에 대한 서구의 편향성을 보여주는 훌륭한 사례라고 지적하고는, 서구인은 예술과 언어를 표상적인(representational) 것으로 인식하는 유일한 사람들이라고 비판했다. 미술관 관계자는 물론이고 청중 가운데 그의 말을 받아들이거나 알아들을 수 있는 사람은 거의 없었다.

직업인들 중 맥루언이 가장 많은 관심을 보인 사람들은 광고인이었다. 광고인들만큼은 그의 얘기를 귀기울여 듣고 있다고 믿었고, 자신도 광고인을 도울 수 있는 만큼 돕고자 노력했다. 그는 광고가 현대 사회를 이해하는 데 가장 요긴한 정보원이라고 생각했다. 심지어는 광고야말로 "인류역사상 가장 위대한 예술형식"이라고까지 말했다.[10] 물론 그가 '위대한'이라는 말을 통상적인 의미로 사용한 것은 아닐 성싶다. 맥루언이 위대한 예술이라고 여긴 것은 인간의 지각을 예리하게 만들고 주변 환경의 본질적 특징을 드러내는 데 도움을 주는 것, 예를 들면, 조이스나 엘리엇의 작품과 같은 것이기 때문이다. 반면 대중오락이나 광고와 같은 것은 매체환경에 대한 인식을 마비시킨다는 점에서 문자 이전 사회의 예술과 유사하다. 따라서 광고는 후자의 의미에서, 즉 환경에 대한 최면상태를 매우 효율적으로 촉진한다는 점에서 '위대'하다고 말할 수 있다.

이즈음 맥루언은 거의 영화배우만큼 유명해졌고 그의 명성을 이용해 영리를 도모하거나 아류로 부상하려는 사람이 우후죽순처럼 나타났다. 맥루언의 얘기를 패션과 미용에 적용하려는 사람이 있었는가하면, 그를 배후에 업고 기업인들에게 일종의 소식지를 제작, 판매하려는 사람도 있었다. 심지어는 맥루언이 중요하다고 생각해온 문학작품의 판권을 사들인 후 그것을 '맥루언 양서'라는 이름으로 팔려는 출판업자도 있었다.

그러나 감당할 수 없을 정도로 바쁜 일정과 과도한 일 욕심으로 건강이 급속도로 나빠졌고, 그 결과 순간적으로 의식을 잃는 상태를 심심치 않게 경험한다. 급기야 1967년 가을, 맥루언은 뇌 수술을 받을 지경에 이른다. 당시 세계에서 가장 유명한 신경외과 의사였던 마운트 박사의 집도로 거행된 시술은 미국 의학사에서 가장 긴 신경외과 수술로 남을 정도로 어렵고 힘든 수술이었다. 수술은 대체로 성공적이었지만 예전과 같을 수는 없었다. 무엇보다 예민한 사람이 더 예민해졌다. 수술 이후 부엌은 거의 화학공장처럼 느껴졌으며 아주 작은 소음에도 견딜 수 없게 했다. 기억력도 현저하게 떨어져서 예전 같으면 통째로 기억할 수 있었던 것들을, 부분적으로 그것도 애써서 기억해야만 되었다. 정서적으로도 매우 불안해져서 사소한 것에도 짜증을 내고 화를 참지 못했다.

맥루언의 둘째 아들 마이클이 학교를 그만두고 친구와 가출한 것도 이때였다. 당시 고등학교 2학년이었던 마이클은 근 일년 동안이나 가출하여 친구들과 함께 마약을 복용하고 구걸하며 살았다. 맥루언은 마이클의 일탈행동이 가톨릭 교육이 타락했기 때문이라며 엉뚱한 곳에 화살을 돌렸다. 그는 특히 바움(Gregory Baum)과 같은 진보적인 가톨릭 신학자를 매우 못마땅하게 생각했다. 바움이 이끌었던 시민 운동인 "억압받는 자들의 연대"를 "제자리를 찾지 못한 영혼들이 제 멋을 못 이겨 보이는 작태"라고 폄하하고, 전통적인 가톨릭적 가치의 복원을 주창했다. 이에 대해 진보적인 가톨릭 지식인들은 맥루언을 프랑스 예수회 신부 샤르댕과 같이 순진한 낙관주의자라고 응수했다.

샤르댕은 진화가 서서히 예수의 재림을 향해 진행하고 있다고 주장했다. 전기 테크놀로지에 대한 맥루언의 낙관적인 전망과 샤르댕의 라마르크적 진화론이 서로 통하는 듯이 보이는 것은 부인할 수 없다. 맥루언도 샤르댕이 전기 테크놀로지가 인간 중추신경의 외재화이며 인류역사의 새로운 전기가 다가오고 있다는 사실을 인식했다고 칭찬했다. 그러나 과연 맥루언이 정말 그렇게 생각했는지는 의문이다. 맥루언이 새로운 전기 테크놀로지 환경을 그리스도의 신비한 체현이라고 생각한 적은 없었기 때문이다. 맥루언에게 전자시대의 주인공은 전자공학자이지 그리스도가 아니다. 맥루언은 사실 샤르댕을 부족한 현실인식 때문에 공상과학소설을 쓴 사람 정도로 간주했다.

다른 유명인사들처럼 맥루언도 온갖 종류의 사회적 이슈에 대해 질문을 받았다. 특히 월남전과 1968년 미국 대통령 선거에 대해서 그러했다. 맥루언은 월남전에 대해서는 아무런 평가도 내리지 않았던 반면 대통령 선거에 대해서는 할 말이 많았다. 그는 당시 대통령 후보로 나왔던 닉슨, 험프리, 월리스 모두가 한결같이 졸리는 인물이라고 평했다. 이들은 누구나 할 것 없이 다 자신의 관점에서만 생각하고, 고집스럽고, 분명한 성격을 가지고 있어 전자시대에는 적합하지 않은 '핫한' 사람들이라는 것이다. 그는 전자시대에는 비전문적인 정치인이 적합할 것이라고 예언했고 그 예언은 8년 후 지미 카터에 의해 실현된다. 반면 당시 캐나다에서 급부상하고 있던 정치인 트루도(Pierre Trudeau)에 대한 맥루언의 평가는 매우 긍정적이었다. 날카로운 비판이나 사적인 문제제기도 어깨를 으쓱하며 무시해버릴 정도로 '쿨한', 어딘지 태평한 사람이었기 때문이다. 맥루언이 보기에, 트루도는 어떤 것에도 집착하지 않는 부족적인 마스크를 지녔다. 그러나 정치인 개개인에 대한 코멘트보다 더 중요한 것은 정치현상 전반을 보는 관점이었다. 맥루언은 앞으로는 정치적인 입장이 아니라 이미지가 모든 것을 결정할 것이라고 내다보았다. 후에 레이건 대통령은 맥루언의 예측이 타당했음을 입증한다.

1968년 북미대륙은 상당히 암울했다. 흑백간의 인종분규가 심화되고, 거리는 방황하는 청소년으로 넘쳤으며, 베트남 전쟁은 어디로 갈지 몰랐다. 맥루언이 피오리 그리고 에이젤과 함께 발간한 『지구촌 시대의 전쟁과 평화(War and Peace in the Global Village)』도 이러한 시대적 상황을 반영한다. 『미디어는 마사지다』를 기획했던 피오리와 에이젤이 디자인했지만, 이 책은 실험적인 지면과 활자 배치를 통한 시각적 효과를 추구하지 않았다. 오히려 제목이 시사하듯이 현재 논란거리가 되고 있는 중요한 사회적 이슈에 대한 맥루언의 견해를 담아내었다.

맥루언의 책이 늘 그렇듯이 이 책 역시 흥미진진하고 곱씹어 볼만한 코멘트로 가득 차 있다. 예를 들어, 맥루언은 "나쁜 뉴스는 일부에게만 영향을 미치지만, 좋은 뉴스는 문화 전체를 전복시킬 수 있다"고 말했고 "1929년의 대공황은 시각적으로 경도된 이전 세대를 거부하는 재즈와 라디오 세대 때문에 발생했다"고 주장했다. 하지만 맥루언이 이 책에서 제일 주안점을 둔 이슈는, 제목이 시사하듯이, 전쟁이다. 맥루언은 사람들이 전쟁을 일으키게 되는 것은 정체성이 흔들리기 때문이라고 진단한다. 사람은 자신의 이미지를 어떤 대가를 치르고라도 보존하려는 본능을 가지고 있기 때문이다. 미국이 전쟁에 뛰어든 것도 새로운 전기 테크놀로지가 오랫동안 소중히 간직해왔던 미국의 자아 정체성을 잠식하기 시작했기 때문이다. 제3세계에서 일어나는 혁명과 전쟁의 원인 역시 같은 방식으로 설명할 수 있다. 교육 현장이 일종의 전장으로 이해될 수 있는 것도 정체성의 문제와 관련이 있기 때문이다. 크게 볼 때, 베트남 전쟁은 동양의 문화를 서양화하려는 시도에서 비롯되었고, 미국교육의 위기는 기성세대가 자신들이 친숙한 사고방식을 젊은이들에게 강요했기 때문에 야기되었다.

맥루언은 1968년 또 한 권의 책 『사라져가는 관점으로부터 (Through the Vanishing Point: Space in Poetry and Painting)』를 발간한다. 이 책은 그가 파커와 함께 50년대부터 준비해 왔던 것이다. 이 책은 각각의 감관에 의해 창출된 공간, 특히 시각적인 공간과 청각적 공간에 초점을 맞추고 있다. 특히 회화에서 청각적 공간과 시각적 공간의 차이가 어떻게 나타나는지 설명하고자 했다. 그러나 상당한 학술적 의미에도 불구하고 이 책은 거의 주목받지 못한 채 사라졌다.

1968년 봄 포드햄에서 지내기로 한 계약기간이 만료되자 맥루언은 토론토로 돌아갈 준비를 한다. 컬킨은 더 머물러주기를 원했지만, 그는 이미 상당히 피로에 젖어 있었고 그가 정말로 쉬고 싶을 때 찾아갈 곳은 토론토밖에 없었다.

11 팔리지 않은 책들(1968-1972)

1968년 새로 이사한 위치우드 파크 저택으로 돌아온 맥루언은 예전과 마찬가지로 매우 바쁜 나날을 보냈다. 그러나 건강이 더 나빠졌다. 종종 무엇인가에 홀린 사람처럼 멍하게 있는 시간이 늘어났으며 어떤 때는 걷다가 벽에 부닥치는 일도 있었다. 집으로 돌아가는 길을 잃어버리는 경우도 왕왕 발생했다.

이 시기에 그가 가장 관심을 가졌던 프로젝트는 앨버타 대학 영문학과 교수인 왓슨(Wilfred Watson)과 1963년부터 준비해온 책을 끝내는 것이었다. 그는 이 책이 『미디어의 이해』 이후 계속 실추해 온 그의 학문적 명성을 복원할 수 있는 저서라고 생각했다. 이 책의 핵심 주제는 한 시대를 풍미했던 테크놀로지가 다음 시대가 되면 일종의 예술적이고 원형적인(archetypal) 형식이 된다는 명제에 기초해 있었다. 맥루언은 현 시대를 주도하는 테크놀로지나 행태를 '진부한 것(cliche)'이라고 불렀다. 문화 속에 너무나 널리 퍼져 있어 사람들이 그 존재를 당연시하기 때문이다. 반면 지나간 테크놀로지는 일종의 골동품이 되어 사람들의 주의를 끈다. 그가 지나간 테크놀로지를 '원형(archetype)'이라고 부르는 것도 이 때문이다.

진부한 것과 원형적인 것에 기초해서 테크놀로지의 전개방식을 설명하기 위해서는 무엇보다 다양하고 구체적인 실질적 사례에 대한 검토가 있어야 했다. 그래서 맥루언은 왓슨에게 도움을 청한다. 왓슨은 매우 재치있고 박식했을 뿐만 아니라, 예술에 상당한 조예가 있었다. 맥루언과 왓슨은 뉴욕과 토론토에서 많은 대화를 나누었다. 예를 들어, 그들은 깃발과 깃대 중 무엇이 진부한 것이고 무엇이 원형적인 것인지에 대해 토론했다. 그러나 누구든지 진정한 의미에서 맥루언과 협업한다는 것은 매우 어려운 일이었다. 결국 맥루언과 왓슨의 대화는 대화가 아닌 두 개의 모놀로그로 변했고, 그 결과 『진부한 것에서 원형적인 것으로(From Cliche to Archetype)』는 거의 읽을 수 없는 책이 되었다.

『진부한 것에서 원형적인 것으로』는 『문화가 곧 비즈니스이다』와 같은 해인 1970년 가을에 출간되었다. 『문화가 곧 비즈니스이다』는 광고에 대한 한 줄짜리 논평으로 구성된 책인데, 비록 깊은 생각과 통

찰의 산물이었지만, 재치도 예전 같지 않았고, 논지도 혼란스럽기만
했다. 『기계신부』와 비교하면, 분경 함량이 떨어지는 책이었다. 맥루
언도 이 책에 대해 자랑스럽게 생각하지 않았다.

1970년이 되면 이제 객루언의 시대가 지나갔다는 사실을 곳곳에
서 느끼게 된다. 신문, 잡지사들은 더 이상 맥루언의 저서에 대해 관
심을 기울이지 않았고, 어쩌다 논평을 싣는다고 해도 비아냥거리기
일쑤였다. 그러나 신문잡지사의 평가가 부당했다고 말할 수도 없다.
맥루언은 이제 강의에서건 세미나에서건 예전부터 늘 말해왔던 아이
디어를 반복하는 데서 크게 벗어나지 못했다. 새로운 정보를 듣거나
읽는다 해도 이미 예전부터 가지고 있던 틀에 짜맞추기 일쑤였다. 예
를 들어, 맥루언은 데리다를 읽은 후에도, 그를 자신에게 친숙한 대
여섯 개의 개념을 토대로 일거에 정리한 후, 이 사람 역시 시각적 공
간과 청각적 공간 사이에서 해매고 있다고 무시해버렸다.

대학의 모습도 70년대 초가 되면 크게 변하기 시작한다. 베이비
붐 세대가 대학에 입학하기 시작하면서 모든 대학이 급속도로 팽창했
다. 토론토 대학교 영문학과의 정원도 예전에 비해 4배 가량 증가했
다. 그러나 단지 규모만 커진 것이 아니었다. 대부분의 대학이 효율
적인 경영을 위해 중앙 집권화, 관료화하는 경향을 보였다. 맥루언은
이 같은 대학의 구조조정을 달갑지 않게 생각했다. 그가 생각하는 이
상적인 대학교는 소수의 연구자가 그 분야에 관심을 가진 학생들과
하나의 팀을 이루는 독립적인 연구집단의 집합체이다. 맥루언이 취직
했을 때만 해도 토론토 대학은 옥스퍼드나 케임브리지와 같이 나름대
로 자율성을 지닌 대학들로 구성되어 있었다. 그러나 70년대에 들어

서면서부터 점차 각 대학은 개성과 독립성을 잃는다. 특히 1974년에
는 각 대학에서 자율적으로 운영하던 인문계통의 커리큘럼을 대학본
부가 일률적으로 관리하게 된다. 맥루언은 토론토 대학교가 '온타리
오 주립 대학교'가 되고 말았다고 개탄했다.

1970년 맥루언은 뜻하지 않던 곳에서 희소식을 듣는다. 제너럴 일
렉트릭의 연구원인 크루그먼(Herbert Krugman)이 TV시청이 인쇄물
과는 다른 영향을 미친다는 사실을 실험을 통해 입증한 것이다. 크루
그먼은 인쇄된 광고물과 TV광고에 대한 사람들의 반응을 뇌파측정을
통해 검사하였다. 뇌파측정은 동공이나 맥박 또는 호흡수에 기초한
검사보다 훨씬 더 정교하다는 장점이 있었다. 예를 들어, 델타 파는
긴장이 완화된 상태 또는 약간 졸린 상태에 있을 때 발생하며, 베타
파는 긴장상태나 흥분상태에 있을 때 발생한다. 크루그먼은 피실험자
의 머리에 작은 전극을 붙인 후 그녀가 잡지에서 광고를 읽을 때와
TV에서 광고를 볼 때 뇌파가 어떻게 다른지 검사했다. 크루그먼은 또
한 매체간의 차이를 부각시키기 위해 다양한 광고물을 보여주었다.
예를 들어, 투수가 유리창을 향해 힘껏 공을 던지는 광고와 아름다운
전원을 배경으로 한 샴푸 광고를 순차적으로 보여주었다. 그러나 다
양한 광고 콘텐츠에도 불구하고 피실험자가 두 개의 미디어에 대해
보인 반응의 차이는 극적이었다. 인쇄물 광고는 빠른 뇌파를 발생시
킨데 비해 TV 광고는 늦은 뇌파를 야기했다. 크루그먼은 인쇄물에 대
한 피실험자의 반응을 '능동적', TV에 대한 반응을 '수동적'이라고
묘사했다. 맥루언의 '쿨/핫' 구분과 크게 다를 바 없어 보이는 구분이
었다. 크루그먼의 보고서를 보고 맥루언이 좋아한 것은 말할 것도 없

다. 드디어 자신의 이론이 과학적으로 입증되었다고 생각한 것이다.

맥루언이 1971년 이후 수년 동안 관심을 가지고 추진했던 사업 중에는 플라톤에서 에즈라 파운드에 이르는 위대한 사상가들을 모두 망라한 커뮤니케이션 개론서를 집필하는 일이 있었다. 맥루언은 이제까지 철학자나 문화사가 혹은 테크놀로지 연구자들이 커뮤니케이션에 대한 보편적인 이론을 개발하지 못했다는 사실에 개탄했다. 그는 이 저서를 통해 조금이나마 이러한 연구를 촉진할 수 있는 계기를 마련하고자 했다. 물론 맥루언이 말하는 '커뮤니케이션 이론'은 커뮤니케이션 테크놀로지의 효과에 대한 이론을 의미한다. 따라서 만약 뉴턴의 이론에 대해 소개한다면 그것은 뉴턴의 물리학 법칙이 아니라, 뉴턴이 그의 글을 통해 이루고자 했던 궁극적인 효과, 즉 수학에 기초한 신의 존재증명을 다룰 것이다. 그러나 이 시도 역시 맥루언이 기획했던 다른 여러 프로젝트처럼 이러저러한 이유에서 제대로 시작하지도 못한 상태에서 접을 수밖에 없었다.

1971년 들어 맥루언의 건강은 점점 악화일로를 걷는다. 특히 뇌졸중 증세가 점점 심해졌다. 그러나 건강 못지않게 그의 명성도 점점 악화되고 있었다. 1971년 토론토의 일간지 《토론토 텔레그램》은 새로 나온 두 권의 신간을 소개했다. 하나는 시얼(Donald Theall)이 쓴 『미디어는 자동차 백미러이다(The Medium Is the Rear View Mirror)』이고 다른 하나는 조너선 밀러가 쓴 『맥루언(McLuhan)』이다. 이 두 권의 책은 두 가지 공통점을 가지고 있었다. 첫 번째 공통점은 두 권 모두가 맥루언에 대한 부정적 평가를 담고 있다는 사실이다. 그리고 두 번째는 저자들이 모두 한때 맥루언에 매료되었던 사람들이었다는 점이다. 특히 시얼은 한때 맥루언 밑에서 수학한 그의 제자였다.

시얼은 맥루언이 현대 심리학과 사회학의 성과를 제대로 이해하지 못했거나 적절히 반영하지 않았다고 비판했다. 만약 맥루언이 심리학과 사회학의 동향에 대해 정확히 이해하고 참고하였다면, 마치 미디어가 모든 사회적 변화의 주요 변인인 것처럼 주장하지는 않았으리라는 게 그의 비판이다. 맥루언과 아주 친한 사제관계였기 때문에 시얼이 맥루언의 취향과 배경 그리고 약점까지 잘 파악하고 있었다는 것은 의심할 여지가 없다. 그런 만큼 그의 비평은 정당한 것이었다. 그러나 시얼의 책은 전문적인 학자를 제외하고는 쉽게 이해하기 어려웠다. 그런 점에서 볼 때 밀러의 책이 더 큰 상처를 남겼다. 시얼처럼 전문적이고 학술적인 비판이 아니었지만, 오히려 그 덕택에 맥루언의 명성을 훼손시키기에 충분할 만큼 대중적인 설득력이 있었다.

맥루언은 마치 명예회복을 해야겠다는 듯이 또 다른 저술을 기획한다. 이번에는 『미디어의 이해』 개정판을 내는 일이었다. 그러나 개정판을 발간하려는 시도는 다른 일 때문에 뒷전으로 밀린다. 그 다른 일은 기업경영에 대한 책을 내는 일이었다. 1972년『오늘을 붙잡아라(Take Today)』라는 제목으로 발간된 이 책은 전자미디어가 등장하면서 기업조직에 발생하게 된 변화에 대해 기술하고 있다. 맥루언과 전자공학도 네빗(Barry Nevitt)이 공동집필한 이 책은 특히 크게 세 가지 변화에 주목한다. 우선 하드웨어의 변화이다. 건물, 관료조직, 문서보관함과 같은 하드웨어가 마이크로 칩과 전기회로 디자인에 의해 대체되었다. 두 번째는 사람의 변화이다. 전문적인 직능인이 다면적인 역할을 수행하는 사람으로 변화하였다. 그리고 끝으로는 조직의 변화이다. 중앙집권적인 체제가 탈중앙집권적인 조직으로 탈바꿈했다. 맥루언과 네빗은 이와 같은 변화가 궁극적으로는 CEO들을 조직과의 직접적인 접촉에서 멀어지게 만들어 기업과 조직으로부터 유리되는 현상을 낳을 것이라고 예견했다.

기업경영에 대한 책이었음에도 불구하고 『오늘을 붙잡아라』는 맥루언의 다른 책과 마찬가지로 독자가 쉽게 읽고 이해할 수 있는 책이 아니었다. 많은 생각을 좁은 지면에 담다 보니 표현이 지나치게 집약적이었을 뿐만 아니라, 사적인 농담과 경구가 여기저기 들어 있어 글의 맥락이나 흐름을 놓치기 십상이었다. 네빗에 따르면, 『오늘을 붙잡아라』는 독자를 위해서라기보다는 그들 자신의 즐거움을 위해 쓴 책이었다. 맥루언도 처음부터 읽기보다는 이곳저곳에서 자신에게 맞는 내용을 찾아 읽으라고 권고했을 정도였다. 그러나 따지고 보면, 이 책에서 불거진 문제는 맥루언이 본래부터 가지고 있었던 문제였다. 그는 자신의 생각을 인쇄된 글의 형태로 표현하는 데 있어 심각한 결함을 가지고 있었다. 『오늘을 붙잡아라』는 약 4,000부가 팔렸으며 의미 있는 어떤 서평을 받지 못했다. 이 책의 실패는 이미 맥루언의 시대가 저물었음을 확인시켜주었다. 이제 기업가들조차 맥루언이 어떤 얘기를 했는지 알지 못해도 뭔가 중요한 것을 놓쳤을지도 모른다는 막연한 두려움을 갖지 않게 되었다.

12 위치우드 파크의 현자(1972-1979)

전자시대에 대한 맥루언의 견해는 후기로 갈수록 점차 종말론적인 색체를 띤다. 그는 후기에 들어 특히 '심신이 분리된 인간(discarnate man)'이라는 개념을 앞세워 전기 테크놀로지가 지배하는 청각적인 세계의 특징에 대해 설명했다. 심신이 분리된 인간은 전자시대의 인간으로서 수백 킬로미터나 떨어진 곳에서도 전화를 이용해 다른 사람들과 얘기를 나누는 것이 아무렇지도 않은 사람이다. 또한 다른 사람이 TV와 같은 미디어를 통해 자신의 집에, 더 나아가 중추신경계에 침투하도록 내버려두는 것에 익숙한 사람이다. 말하자면, 심신이 분리된 사람은 신체가 없어도 전기를 통해 동시에 여러 곳에 있을 수 있는 사람을 말한다. 그렇기에 그의 자아는 더 이상 물리적인 신체가 아니다. 오히려 그것은 일종의 이미지나 정보의 형태로 존재한다.

그러나 심신이 분리된 인간의 개인적인 정체성은 예기치 않던 일로 파괴되기 쉽다. 심신이 분리된 인간의 자아는 자칫 잘못하면 전기 세계의 환영적인 이미지와 정보의 홍수에 묻혀버리기 때문이다. 특히 전자시대에는 사람이 이미지와 정보로 이해되기 때문에, 사람들의 주된 활동 역시 감시하고 정찰하는 것일 수밖에 없다. 그렇기에 전자시대에는 스파이 위성으로부터 닐슨회사의 소비자 조사에 이르기까지, 마케팅을 위한 시장조사에서부터 카드회사의 신분조회에 이르기까지 모든 것이 정보를 모으고, 사람을 추적하는 신드롬의 일부분일 수밖에 없다. 이러한 경향이 보편적으로 지속될 경우, 심신이 분리된 사람이 존재를 데이터 뱅크의 한 항목으로 느끼는 것은 당연할지도 모른다. 심신이 분리된 인간이 지각과 사유가 서로 연계되어 있지 않은 상태에서 의식과 무의식의 세계를 오가며 헤맬 수도 있는 가장 큰 이유이다.

정체성이 붕괴되면, 더 이상 목적을 숙고하거나 수행할 수 없게 된다. TV를 보며 자란 아이들이 목적의식이 없고, 자제력이 없고, 읽고 쓰는 것을 잘 하지 못하는 것도 이 때문이다. 맥루언은 심신이 분리된 인간의 자아상실을 '자연법'을 가지고 설명한다. 가톨릭 신학에 따르면, 자연법은 인간이 이성적으로 이해한 신의 계율이다. 자연법은 가톨릭적 도덕체계를 지탱하는 토대이다. 예를 들어, 자연법은 우리에게 건강에 유의하고, 신체를 잘 보존하고, 가족과 사회의 결속을 소중히 여기라고 가르친다. 맥르언에 따르면, 심신이 분리된 인간은 자연법을 의식하지 못한다. 그렇다면 심신이 분리된 인간은 도덕적으로 살 수 없는가? 두 가지 가능성이 열려 있다. 그 하나는 직접 신의 말씀을 듣는 것이다. 그리고 또 다른 하나는 완전히 실리적이 되는 것이다.

맥루언은 과연 심신이 분리된 인간이 어떤 길을 택할 것인지에 대해 확신할 수 없었다. 때로는 인류가 심신이 분리된 인간을 통해 마침내 신적인 경지에 이를 수 있는 것처럼 말하기도 하고, 때로는 금방 천박한 세속주의에 물들 것처럼 경고하기도 했다. 즉 목적에 대한 의식이 전혀 필요없는 상태에 이를 수도 있고, 목적이 수단과 구분되지 않는 상태에 이를 수도 있다는 것이다. 한 가지 분명한 것은 어느 경우든지 전자시대는 그전보다 종교적인 색체가 강한 시대일 것이라는 점이다. 즉 파괴적이거나 악마적일 수도 있지만, 과학적이거나 합리적이지는 않은 시대로 진입할 것이라는 예견이다.

1973년 맥루언은 미디어의 법칙에 대해 '과학적으로' 연구하기 시작한다. 맥루언이 '과학적인' 법칙에 대해 연구하게 된 결정적인 계기를 제공한 것은 영국의 철학자 카를 포퍼(Karl Popper)의 반증가능성(Theory of Falsifiability) 이론이다. 포퍼에 의하면, 이론이 과학적이기 위해서는, 거짓인 것으로 판명될 가능성을 열어두어야 한다. 반증가능성이 곧 과학성의 징표라는 주장이다. 평생 비과학적이라는 비난을 들어온 맥루언은, 포퍼의 이론을 접하고는, 자신의 미디어 이론도 충분히 반증 가능할 수 있다고 생각했고 이에 미디어에 관한 법칙을 정의하고자 시도한다.

맥루언은 반증 가능한 미디어 이론의 요체로서 네 개의 미디어 법칙을 제시한다. 이들은 다음과 같은 네 개의 질문에 대한 답이다. 미디어는 무엇을 향상시키는가? 무엇을 사라지게 만드는가? 무엇을 되살리는가? 무엇으로 변하는가? 첫 번째 질문에 대한 답은, "모든 미디어가 어떤 특정한 과정이나 사물을 향상시키거나 증폭시킨다"이다. 예를 들어, 화폐는 물물교환과정을 향상시킨다. 두 번째 법칙은 모든 미디어가 다른 과정이나 사물을 쇠락하게 만든다고 말한다. 화폐는 바터제도를 쇠락하게 만든다는 예를 생각할 수 있다. 세 번째 법칙은 그가 『진부한 것에서 원형적인 것으로』를 집필할 당시에 발견한 것으로서, 과거에는 진부한 미디어가 현재에는 원형적인 것이 되는 과정을 해명해 주는 법칙이다. 이 법칙에 따르면, 모든 미디어가 과거에 사라졌던 어떤 과정이나 사물을 추출해낸다. 예를 들어, 화폐제도가 생기면서 포트레치(potlatch)와 같이 이채로운 소득재분배 양식이 나타난다. 네 번째 법칙은 새로운 형태는 과거의 형태가 최고조에 달했을 때 그에 반하는 방식으로 나타난다는 직관에 기초해 있다. 보다 정확하게 네 번째 법칙은 "모든 미디어가 그것이 지닌 가능성이 한계에 다다르면 다른 것으로 변한다"이다. 화폐가 신용카드로 대체되는 현상태를 떠올리면 된다.

한때 맥루언은 미디어의 4대 법칙, 즉 테트라드(tetrad)를 발견한 것이 자신이 이룬 가장 큰 업적이라고 생각했다. 테트라드를 통해 미디어 환경에 대한 총체적인 지각을 구축할 수 있다고 보았기 때문이다. 맥루언의 설명에 의하면, 테트라드는 변증법과 달리 순차적이지 않고 동시적이며, 논리적으로 연결되어 있지 않으면서도 유추적 추론에 의해 서로 연계되어 있다. 맥루언은 또한 테트라드가 귀납적인 추론을 통해 만들어졌으므로 과학적이라고 주장했으나, 누구나 알 수 있듯이 미디어의 4대 법칙들은 그가 이제까지 주장했던 것에 비해 조금도 더 귀납적이거나 과학적이지 않다. 이 법칙들은 입증하거나 반증할 수 있을 만큼 충분히 엄밀하거나 구체적인 사실에 기초해 있지 않다. 물론 이 법칙들이 아무 의미도 없다고 말하는 것은 아니다. 다만 경험과학의 법칙들과는 본질적으로 다른 성격을 가진다고 볼 수밖에 없다. 미디어의 법칙에 대한 맥루언의 이론은 그의 사후인 1988년 그의 아들 에릭 맥루언에 의해 『미디어의 법칙: 새로운 과학(Laws of Media: The New Science)』이라는 제목으로 출간되었다.

70년대가 저물어가면서 맥루언은 자신이 점점 더 인정받지 못하고 있음에 안타까워했다. 가장 중요한 이유는 물론 그 자신의 글쓰기 스타일에 있었다. 그러나 다른 이유도 있었다. 70년대는 60년대와 달

리 변혁의 시대라기보다는 점진적인 변화가 엄연한 현실 속에서 더디
게 지속되는 시기였다. 이러한 시기에는 혁신적인 아이디어보다는 기
존의 체제를 수정, 보완하는 데 유용한 아이디어가 주목받게 마련이
다. 물론 맥루언의 통찰이 그 효용을 다한 것은 아니다. 인쇄나 텔레
비전과 같은 미디어가 콘텐츠와 무관하게 사용자의 의식에 심대한 영
향을 끼친다는 명제는 여전히 귀담아 들을 만했다. 그러나 구체적으
로 어떤 미디어가 어떤 의식에 어떤 방식으로 영향을 끼치는가를 발
견하는 일은 매우 미묘하고 복잡한 논의를 요구하며, 70년대가 맥루
언에게 기대했던 것도 바로 이러한 논의였다. 그러나 어떤 한 요인을
지목하면 그 요인 이외에도 다른 요인이 있을 수 있고, 그 요인이 발
생하게 된 보다 근본적인 요인에 대한 또 다른 논거가 얼마든지 가능
하다는 사실을 감안할 때 그와 같은 요구는 어느 한 사람이 짊어지기
에는 지나치게 버거운 것이었다. 맥루언 역시 에즈라 파운드나 윈덤
루이스와 마찬가지로 이전까지는 사람들이 생각하지 못했던 방식으
로 세상을 바라볼 수 있도록 일깨우는 것으로 만족해야만 했다.

이즈음 맥루언은 토론토 대학에서 또 다른 조력자를 만난다. 그는
물리학을 전공하는 로건(Robert Logan)이었다. 그는 맥루언과 마찬
가지로 학제간 연구에 관심이 많았으며 그가 가르치는 과목 중 하나
인 〈시의 물리학(The Physics of Poetry)〉은 그의 학문적 성향을 대변
했다. 그는 맥루언에게 과학 분야에 대한 조언자 역할을 자임했다.
로건이 맥루언에게 끼친 가장 큰 영향 중 하나는 맥루언으로 하여금
두뇌 해부학에 관심을 갖도록 한 것이었다. 로건은 맥루언에게 두뇌
의 양 반구가 각기 다른 물리적 · 정신적 기능을 수행한다는 이론을

믿도록 만들었다.

맥루언은 이 이론을 근거로 오른쪽 두뇌는 청각적이며 동시적이고 직관적인 것을 관장하기 때문에 전자시대에 적합한 두뇌인 반면, 왼쪽 두뇌는 시각적이고 선형적이며 양적인 것과 밀접한 관련이 있기 때문에 표음문자나 인쇄물에 적합한 두뇌라는 가설을 설정한다. 이론적으로만 보면 오른쪽 두뇌와 왼쪽 두뇌 모두가 필요하며 서로가 서로에게 보완적이다. 따라서 어느 쪽이 더 좋다고 말할 수 없다. 그럼에도 불구하고 맥루언은 자신이 오른쪽 두뇌적인 사람이라는 사실을 자랑스러워할 정도로 청각적인 것을 선호했다. 따라서 '문자에 경도된', '시각적인', '선형적인'이라는 말과 마찬가지로 '왼쪽 두뇌적인'이라는 말도 맥루언의 사전에서는 경멸적인 뉘앙스를 띠고 있다.

맥루언은 두뇌가설이 자신이 평생동안 찾아왔던 과학적 근거를 제공해 줄 수 있을지도 모른다고 믿었다. 그러나 불행하게도 이 가설이 그가 가졌던 기본적인 생각에 더할 수 있는 학문적 의미는 거의 없었다. 단지 시각적이고 청각적인 것 사이의 구분을 신경생리학적 용어를 차용하여 재포장한 것에 불과했기 때문이다. 결국 맥루언의 기대와 달리 두뇌의 기능에 대한 그의 가설은, 과학자는 물론이고 일반인으로부터도, 별달리 긍정적인 반응을 얻지 못한다. 그의 주장을 과학적으로 뒷받침하기에는 지금보다 훨씬 더 체계적인 학설과 풍부한 경험 과학적 증거가 필요했다. 뿐만 아니라 시청각적 공간과 두뇌의 기능을 연계시키는 가설이 그럴듯하기 위해서는 무엇보다 그가 사용하는 '공간' 개념을 물리적으로 정의할 수 있어야 하는데 그렇지도 못했다. 누군가 맥루언의 주장에 반해 그는 오른쪽 두뇌적인 사람이 아니라 왼쪽 두뇌적인 사람이라고 해도 과학적으로 반박할 근거가 없었던 것이다.

한 가지 아이러니는 이 이론이 맥루언으로 하여금 왜 사람들이 자신의 얘기를 그렇게 어려워했는지 스스로 납득할 수 있도록 했다는 것이다. 맥루언은 자신은 오른쪽 두뇌적인 사람인데 비해 대부분의 사람들은 왼쪽 두뇌적인 사람이어서 서로간의 의사 소통이 어려울 수밖에 없다고 자위했다.

두뇌에 대한 가설과 함께 맥루언이 70년대에 도입한 또 다른 개념적 도구는 '형태(figure)'와 '배경(ground)' 사이의 구분이다. 맥루언에 따르면, 그림에서 관람자가 초점을 맞추는 것은 형태이다. 반면 형태의 이면에서 형태가 모습을 갖추도록 조성해주는 것은 배경이다. 형태와 배경의 관계는, 이렇게 보면 램프처럼 보이고 저렇게 보면 두 사람의 옆모습처럼 보이는 게슈탈트 심리학적 그림에서 알 수 있듯이, 관람자가 어디에 초점을 맞추는가에 따라 수시로 변할 수 있다. 만약 관람자가 램프에 초점을 맞추면 사람은 보이지 않으며, 사람에 초점을 맞추면 램프가 사라진다. 결국 형태는 그것이 무엇이든지 관람자가 보는 것이며, 배경은 그것이 무엇이든지 관람자가 보지 않는 것이다.

맥루언은 현대인이 배경을 인식하는 법을 잃어버렸다고 개탄한다. 형태만 볼 수 있을 뿐 배경을 인식하는 능력을 상실했다는 것이다. 그래서 사람들은 자동차를 볼 뿐, 자동차와 관련 있는 주유소, 고속도로, 네온사인, 주차장 그리고 자동차와 유관한 습성과 생각에 대해, 즉 자동차의 배경에 대해 인식하지 못한다. 그러나 온전한 지각은, 맥루언에 따르면, 형태와 배경 모두를 인식함으로써 즉 그들 사이의 역동적이고 공명적인 관계를 파악함으로써만 가능하다.

맥루언은 형태를 시각적 · 개념적 · 인과적인 사고와 연관지우고, 배경을 청각적 · 지각적 · 효과적인 사고와 짝지운다. 맥루언에 따르면, 원시적인 사람들은 본능적으로 배경을 인식할 수 있었으나 문자 문화적인 사람은 온통 형태를 인식하는 데만 몰두해 있다. 맥루언은 이제부터라도 우리가 원초적으로 지니던 종합적인 인식능력을 복원해야 한다고 주장한다.

배경을 인식하는 능력을 계발하는 한 가지 효과적인 방법은 만약 형태가 갑자기 사라지면 어떨지 상상하는 것이다. 아니면 그것을 이제까지와는 다른 배경에 배치해보는 것이다. 예를 들어, 자동차를 교회당 한가운데 있다고 상상해보는 것이다. 맥루언이 고안해낸 다른 모든 용어들과 마찬가지로 형태와 배경이라는 개념 쌍도 74년 이후 그의 모든 저작에서 빈번하게 사용된다.

1977년 맥루언은 점차 쇠약해지면서도 『교실로서의 도시』라는 교과서를 발간한다. 큰아들 에릭과 허치온이라는 교사가 함께 집필에 참여했다. 이 책은 맥루언이 생전에 발간한 마지막 책이다. 『교실로서의 도시』는 대도시 고등학생들로 하여금 자신들이 살고 있는 환경에 대해 객관적으로 고찰할 수 있도록 함으로써 테크놀로지의 영향으로부터 어느 정도 자유로울 수 있도록 하기 위해 기획되었다. 맥루언은 학생들이 가로등과 자동차와 같은 일상적인 것들로부터 그 시대의 특징을 발견할 수 있도록 가르치고 싶었다. 마치 『미디어의 이해』처럼 이 책은 돈, 시계, 텔레비전 등과 같은 개별적인 미디어를 형태/배

경의 구도하에서 고찰할 수 있도록 기획되었다. 또한 이 책은 교과서
가 갖추어야 하는 기본 형태, 즉 다양한 학습문항과 수행과제를 명시
하여 실질적인 연구지침서가 될 수 있도록 고안되었다. 맥루언은 당
연히 이 책이 학생들에게 필요한 지식을 제공할 수 있기를 희망했지
만, 70년대 발간된 다른 책들과 마찬가지로 이 책 역시 당시의 교육에
어떤 영향도 끼치지 못하고 사장되었다.

13 정적(1979–1980)

1979년 9월 26일 맥루언은 연구실에서 뇌졸중으로 쓰러지고 만다. 10
일 후 수술을 받고 2주 후 퇴원했으나 그는 더 이상 읽거나 쓸 수 없는
상태가 된다. 몇 가지 간단한 단어 이외에는 말도 할 수 없게 되었다.
다행히도 의식은 예전과 다름없었다. 그러나 평생을 말하기 위해서,
말하는 즐거움으로 살아온 사람에게, 말할 수 없다는 것은 가장 참기
힘든 고통이었을 것이다.

가족과 친지들은 어떻게든 맥루언이 말하는 능력을 되찾을 수 있
도록 갖은 방법을 다 동원했다. 딸 테리는 유아들에게 발음을 가르치
는 책까지 동원해서 그의 언어능력을 회복시키려 했고, 친구들은 그
에게 재미있는 책을 읽어주면서 위로했다. 그러나 한 번 사라진 맥루
언의 언어능력은 영원히 돌아오지 않았다. 그렇게 1년을 보낸 후
1980년의 마지막 날 맥루언은 가족과 즐겁고 행복한 송년 만찬을 나
누고 잠자리에 든 후 다시 일어나지 못했다.

맥루언의 친구와 학생들은, 설사 그의 책을 읽지 않았다 하더라도, 그를 책을 통해서만 알고 있는 사람보다 운이 좋다고 볼 수 있다. 맥루언의 저서는 상식이 풍부하고 예리한 통찰력을 가진 사람들도 이해하기 어렵다. 더구나 어떤 책들은 이미 절판되어 다시는 읽을 수 없을지도 모른다. 그러나 더 본질적인 이유는 다른 데 있다. 맥루언은 다른 문필가와 달리 글을 통해서만은 그의 자유롭고 역동적인 정신을 완전하게 이해할 수 없는 사람이다. 물론 그럼에도 불구하고 그의 저작은 앞으로도 한동안은 무엇인가 새로운 것을 모색하는 후학들에게 영감의 원천으로 남을 것이다. 특히 맥루언의 글에서 황당한 과장과 성급한 일반화와 문맥에 맞지 않는 직관을 적절히 걸러낼 수 있다면 맥루언은 둘도 없는 보고일 수 있다.

사람들은 대체로 맥루언의 예견에 흥미와 관심을 보인다. 그러나 맥루언이 남긴 진정한 유산은 미래에 대한 예측이 아니다. 맥루언의 가장 큰 업적은 우리가 일상적으로 아무 의심 없이 지나쳐버린 생각과 습성에 대해 새롭게 볼 수 있는 길을 제시한 데서 찾을 수 있다. 우리를 관습과 습성으로부터 일깨우는 능력은 예전에도 그랬지만 앞으로도 쉽게 만날 수 있는 것이 아니기 때문이다.

맥루언을 비판하는 사람들은 맥루언의 얘기가 제멋대로 상상한 것에 불과하다고 비난했다. 그러나 맥루언은 그렇게 보아 넘길 수 있을 정도로 단순하지 않다. 맥루언은 분명 사람보다 더 실질적이고 더 기이한, 테크놀로지의 실체를 보고 듣고 읽어냈다.

맥루언은 나름대로 한 시대를 풍미했고 유명세에 대한 대가도 지불했다. 아마 역사가들은 그가 60년대 젊은이들의 우상이었다고, 그

시대는 그와 같은 인물이 필요했었다고 평가할지도 모르겠다. 그러나 그는 60년대를 풍미했던 다른 스타들, 예를 들어 리어리(Timothy Learly), 카스타네다(Carlos Castaneda), 케시(Ken Kesey) 등과는 질적으로 다른 부류에 속한다. 맥루언과 달리 이들의 유명세는 지적인 역량과 무관했다. 맥루언을 굳이 동시대 인물과 비교한다면, 그는 당연히 마르쿠제(Herbert Marcuse), 브라운(Norman O. Brown), 레잉(R. D. Laing) 등과 같은 부류에 속한다. 그러나 이들 중 누구도 맥루언이 가지고 있던 열정이나 에너지를 가지고 있지 못했다. 맥루언은 그의 신앙을 토대로 누구보다도 긍정적이며 진취적인 삶을 살았다.

I. 주요 개념들: 매체, 콘텐츠, 메시지

1. 일례로 맥루언은 "매체는 메시지다"를 "매체는 마사지와도 같다(the Medium is the massage)"는 물론, 경우에 따라 "매체는 대중의 시대로 유도한다(the medium is the mass age)"나 "매체는 모든 것이 엉망진창인 상태로 이끈다(the medium is the mess age)"로 해석하기도 한다.

2. 스키너 역시 맥루언에 대해 저술하는 데 가장 어려운 일은 그가 정작 어떻게 생각했는가를 설명하는 일이라고 토로한다. Skinner, David. "McLuhan's World - and ours", *The Public Interest* Vol. 138, Win 2000, pp. 52-64.

3. McLuhan, E. and Frank Zingrone, *Essential McLuhan*(eds.), New York: Basic Books, 1995 중 "A McLuhan Sourcebook", p. 285.

4. *Essential McLuhan*, "The Media Fit the Battle of Jericho", p. 301.

5. 같은 책, "A McLuhan Sourcebook", p. 286.

6. 같은 책, "Address at Vision 65", pp. 226-227.

7. 같은 책, "Playboy Interview", p. 258.

8. "All media exist to invest our lives with artificial perception and arbitrary values", *Voices of Literature*, vol. 1. Toronto and Montreal: Holt, Rinehart and Winston of Canada, 1964.

9. Understanding Media 2부의 소제목은 다음과 같다. 구어, 문어, 도로와 종이의 경로, 수, 옷, 집, 돈, 시계, 인쇄, 만화, 인쇄된 글, 바퀴와 자전거와 비행기, 사진, 신문, 자동차, 광고, 게임, 전신, 타이프라이터, 전화, 사진, 영화, 라디오, TV, 무기, 자동화. McLuhan, M. *Understanding Media: The Extension of Man*, Cambridge, Massachusetts: The MIT Press, 1994. v-vi 참조. 이 책에 대한 국

역본은 두 종이 있다. 하나는 박정규가 옮긴 『미디어의 이해: 인간의 확장』(커뮤
니케이션북스, 1997)이고, 다른 하나는 김성기와 이한우가 옮긴 『미디어의 이해:
인간의 확장』(민음사, 2002)이다. 이 책에서는 후자의 번역을 참고하였다.
*Understanding Media*에 대한 참조 역시 김성기와 이한우의 『미디어의 이해』 번
역본의 쪽수를 기입함으로써 명시했다.

10. McLuhan, M. and Eric McLuhan, *Laws of Media: The New Science*,
    Toronto: University of Toronto Press, 1988, p. 3. Laws of Media에서는 이
    외에도 술, 창녀촌, 담배, 냉장고, 입체파, 컴퓨터, 전광, 아리스토텔레스의 인
    과론, 코페르니쿠스의 혁명 등이 인공물 또는 매체로 여겨진다.

11. 여기에서 인공물이란 사람이 만들고 사용하는 모든 것을 의미한다. 그렇기에 나
    무와 돌과 강도 사람들이 사용하면 매체이다.

12. Ryle, G. *The Concept of Mind*, London: Penguine, 1949.

13. 맥루언에게 '테크놀로지'와 '매체'는 동의이음어로 쓰인다. 적어도 테크놀로지
    와 매체의 외연이 동일한 것만큼은 분명하다. 모든 테크놀로지가 매체이고, 모든
    매체가 테크놀로지다. 그렇기에 맥루언은 매체의 영향력을 논하기 위해 종종 테
    크놀로지가 우리의 생각과 행동에 미친 근본적이고 결정적인 영향에 대해 논의한
    다. 물론 이때 '테크놀로지'라는 말은 매체와 마찬가지로 유형, 무형의 온갖 것
    을 모두 포괄한다. 돌이나 막대기와 같은 개물은 물론, 자동화나 연구와 같은 과
    정도 테크놀로지일 수 있다. 또한 테크놀로지는 광고나 게임과 같은 행위이면서
    동시에 관료제나 경영과 같은 제도이기도 하다. 따라서 테크놀로지는 매체와 마
    찬가지로 그것이 우리의 의식과 의미에 미치는 가공할 영향력을 제외한다면, 이
    렇다할 공통점이 없다.

14. Mumford, L. *Technics and Civilization: The Interplay of Artefact and
    Culture*, New York: Harcourt Brace & World, 1934.

15. Innis, H. *Empire and Communications*, Oxford: Oxford University
    Press, 1950; *The Bias of Communication*, Toronto: University of Toronto
    Press, 1964.

16. *Essential McLuhan*, "Playboy Interview", p. 239.

17. 『미디어의 이해』, p. 205.

18. 같은 책, p. 50.

19. 같은 책, p. 50.

20. 맥루언은 Laws of Media에서 형태와 배경의 개념 쌍을 이용해 테트라드를 설명
    한다. 특히 Chapter 5, Media Poetics 참조.

21. 『미디어의 이해』, pp. 36-37.

22. 같은 책, p. 36.

23. 같은 책, p. 423.

24. 같은 책, p. 43.

25. 같은 책, pp. 52-53.

26. 같은 책, pp. 41-42.

27. 같은 책, p. 420.

28. 같은 책, pp. 143-144.

29. 같은 책, p. 178.

30. 같은 책, p. 46.

31. 같은 책, p. 171.

32. McLuhan, M. "Casting My Perils Before Swains", *McLuhan: Hot and
    Cool*, G. Stern(Ed.), New York: Dial, 1967. p. 270.

33. 『미디어의 이해』, pp. 186.

34. 같은 책, p. 49.

35. 같은 책, p. 40.

36. 같은 책, p. 36.

37. 같은 책, p. 42.

38. 같은 책, pp. 42-43.

39. 같은 책, pp. 143-144.

40. 같은 책, p. 39.

41. *Essential McLuhan*, "Playboy Interview", p. 239.

42. 『미디어의 이해』, p. 179.

43. "전통적으로 도시 그 자체는 군사적인 무기이다. 집합체적 방패이자 군함의 장갑판이다. 바로 우리의 피부인 성(城)의 확장이다." 같은 책, p. 476.

44. 같은 책, p. 184.

45. 같은 책, p. 472.

46. 같은 책, p. 476.

47. 같은 책, pp. 199.

48. 같은 책, p. 476.

49. 맥루언은 토마스 아퀴나스의 지각론을 받아들여 감각이 상호 유기적으로 밀접하게 연관되어 있다고 보았으며, 엄밀한 의미에서 모든 감각은 이성적 작용의 일종이라고 보았다. 피부에 대한 그의 설명에서도 이 같은 지각관이 들어난다. "심리학자들은 오랫동안 우리 청각의 상당수가 피부 자체를 통해 일어난다고 가르쳐왔다. … 이제 전자 시대는 우리를, 우리가 모든 표피로 생활하고 숨쉬고 듣는 세계로 몰아넣고 있다." 같은 책. p. 183.

50. *Essential McLuhan*, "Playboy Interview", pp. 237-238.

51. *Essential McLuhan*, "Address at Vision 65", pp. 225-226.

52. *Laws of Media*, p. 3. 이러한 주장을 토대로 맥루언을 기술결정론자로 간주하는 사람이 많다. 그러나 동일한 증거를 가지고도 그를 일종의 '기술결정론자'로 해석하는 것에 이의를 제기하는 사람도 있다. 대표적으로 그로스윌러를 들 수 있다. 그는 맥루언의 사상을 아도르노, 벤야민, 호르크하이머 등의 프랑크푸르트 학파뿐만 아니라 데리다, 푸코, 제임슨 등과 비교한 후 맥루언을 '기술결정론' 자라고 주장하기에는 이 용어 자체가 매우 복잡한 역사적 맥락을 전제한다고 지적했다. Grosswiler, P. *Method is the Message: Rethinking McLuhan Through Critical Theory*, Montreal, Black Rose Books, 1998.

53. *Essential McLuhan*, "Playboy Interview", p. 264.

54. 같은 글, 같은 곳.

55. *Essential McLuhan*, "A McLuhan Sourcebook", p. 273.

56. 『미디어의 이해』, p. 361.

57. 같은 책, p. 363.

58. 같은 책, p. 40.

59. *Essential McLuhan*, "Address at Vision 65", pp. 220-221.

60. *Essential McLuhan*, "Playboy Interview", p. 263.

61. 『미디어의 이해』, pp. 366-367.

62. *Essential McLuhan*, "Playboy Interview", p. 263.

63. 같은 글, p. 236.

64. 같은 글, p. 237.

65. 같은 글, p. 239.

66. 같은 글, p. 236.

67. 같은 글, p. 264.

68. 같은 글, p. 267.

69. McLuhan, M. et al., *City As Classroom: Understanding Language and Media*, Toronto: Book Society of Canada Limited, 1977.

70. *Essential McLuhan*, "Playboy Interview", p. 265.

71. 같은 글, p. 264.

72. 같은 글, p. 266.

II. 매체와 지각

1. 조너선 밀러, 이종인 역,『맥루언』, 시공사, 2001, p. 26.

2. 같은 책, p. 115-116.

3. 같은 책, p. 162.

4. 『구텐베르크 은하계』, p. 77.

5. McLuhan, M. "Communication: McLuhan's Laws of the Media", *Technology and Culture*, Vol. 16, No. 1, 1975, p. 74.

6. *Essential McLuhan*, "Playboy Interview", p. 236.

7.『구텐베르크 은하계』, p. 89.

8. 이 절은 본 연구를 위해 정기적으로 가졌던 세미나에서 동일 주제에 관해 논의되었던 내용을 토대로 씌어졌다. 특히 이 세미나에 참여하여 당시 이 주제에 대한 발제를 맡아주었던 원만희 박사의 의견이 상당 부분 반영되어 있음을 밝힌다.

9. 이 같은 서구의 지적 전통과 맥루언의 관계에 대해서는 Bross, M. "McLuhan's Theory of Sensory Functions: A Critique and Analysis", *Journal of Communication Inquiry*, Vol. 16, No. 1, 1992, pp. 91-93 참조.

10. 인식론적으로 맥루언이 플라톤보다는 아리스토텔레스의 지적 전통을 이어받았다고 평가되는 이유가 바로 여기에 있다. 자세한 내용은 앞에서 인용한 Bross 글 참조.

11. McLuhan. M. et. al. *The Medium is The Massage: An Inventory of Effects*, New York: Bantam Books, 1967, p. 41.

12.『미디어의 이해』, p. 89.

13. 같은 책, p. 36.

14. 같은 책, p. 82.

15. 같은 책, p. 84.

16. 같은 책, pp. 83-84.

17. 같은 책, p. 83.

18. *Essential McLuhan*, "Playboy Interview", p. 237.

19.『미디어의 이해』, pp. 117-118.

20.『구텐베르크 은하계』, pp. 90-94 & pp. 281-282.

21.『미디어의 이해』, pp. 86-87.

22.『구텐베르크 은하계』, pp. 52-53.

23.『미디어의 이해』, pp. 56-57.

24. "텔레비전 영상이 담고 있는 시각적 데이터는 적다. 텔레비전 영상은 '정지된' 사진이 아니다. 그것은 어떠한 의미에서도 사진이 아니라, 주사선에 의하여 끊임

없이 표현되는 사물의 윤곽이다. 마지막에 유연하게 조형되는 형태는 그 위에 비추어진 빛에 의해서가 아니라, 거기를 통과한 빛 때문에 나타나는데, 이렇게 형성된 영상은 사진보다는 조각, 그리고 아이콘(화상)의 성질을 가진다고 볼 수 있다. 텔레비전 영상은 1초 동안 3백만 개의 점을 시청자에게 보낸다. 시청자는 그중 수십 개만 받아들인다. 그것으로 영상을 구성하는 것이다."『미디어의 이해』, p. 434.

25. 같은 책, p. 433.

26. 같은 책, p. 434.

27. 김균, "마셜 맥루한의 커뮤니케이션 사상",《현대사상》 창간호, 1997, pp. 111-112.

28. *Essential McLuhan*, "Address at Vision 65", p. 220.

29. 『미디어의 이해』, p. 435.

30. 같은 책, p. 69.

31. 같은 책, p 67.

32. 같은 책, p. 462.

33. 글쓰기는 비시각적인 단편조각과 감각을 하나의 시각적 구획 안에 넣고 폐쇄해 놓는 것이다. "그렇기 때문에 그것은 통상적인 감각의 상호 작용으로부터 시각을 추출해내는 것이다. 그리고 말한다는 것은, 즉 언술(speech)이란 우리의 5개 감각 모두를 한순간에 밖으로 외화(중얼거리는 것)하는 것인 데 반하여, 글을 쓴다는 것은 이 말로부터 시각적인 것만을 추출하여 외화하는 것이다."『구텐베르크 은하계』, p. 91.

34. 같은 책, p. 94.

35. 이에 대해 맥루언은 다음과 같이 주장한다. "심리학자들은 최면상태를 한 가지 감각에 의해서만 관심의 장이 채워진 상태로 정의한다. 이때 '낙원'은 사망한 것이다. 낙원이란 모든 감각이 무의식적 조화 속에서 상호작용하는 곳이다. 오직 한 가지 감각만이 강조된 속에서 어떤 것이 대한 관심을 갖게 될 때 추상화하고 반복하는 기계적 원리는 명시적인 형식으로 나타난다." 같은 책, p. 43.

36. 같은 책, p. 21.

37. 伊藤俊治, 「본다는 것의 위상기하학」, 『이미지: 시각과 미디어』, 동문선 편집부 역, 동문선, 1990, p. 242.

38. 같은 글, p. 245.

39. 버거, J. 「Ways of Seeing」, 『이미지: 시각과 미디어』, 동문선, 1990. p. 26.

40. 伊藤俊治, 앞의 글, p. 244-245.

41. 버거, 앞의 글, pp. 36-37.

42. 『미디어의 이해』, p. 52.

43. 구텐베르크 은하계에서 맥루언은 비문자권에 사는 사람들이 영화의 이미지를 경험하는 방식은 문자권의 사람들과 그것과 다르다는 점을 말하기 위해 한 경험적 연구를 인용하고 있다. 여기에서 그는 비문자권에 사는 사람들은 비록 눈으로 영화를 보지만 이때의 경험방식은 시각적이기보다는 감정이입적으로 "사물 안으로 들어간다"는 의미에서 촉각적이라고 설명하고 있다. 『구텐베르크 은하계』, pp. 80-82.

44. 같은 책, p. 90.

45. 같은 책, p. 53.

III. 매체와 역사

1. Cutis, J. "McLuhan: The Aesthete as Historian", *Journal of Communication*, Vol. 31, No. 3, 1981, p. 144.

2. Carey, J. "Marshall McLuhan: Genealogy and Legacy", *Canadian* Journal of Communication. Vol. 23, 1998, p. 300.

3. Stamps, J. *Unthinking Modernity: Innis, McLuhan, and the Frankfurt School*, Montreal & Kingston: McGill-Queen's University Press, 1995, p. 130.

4. 『미디어의 이해』, p. 8.

5. Stamps, 같은 책, p. 134.

6. Jones, P. "The technology is not the cultural form?: Raymond Williams's sociological critique of Marshall McLuhan", *Canadian Journal of Communication*, Vol. 23, 1998, p. 428.

7. *Essential McLuhan*, "Playboy Interview", p. 236.

8. Krupnick, M. "Marshall McLuhan Revisited: Media Guru as Catholic Modernist", *MODERNISM/ modernity*, Vol. 5, No. 3, 1998, pp. 112-113.

9. 같은 글, p. 118.

10. 『미디어의 이해』, p. 352.

11. Cutis, J. 같은 글, p. 149.

12. *Essential McLuhan*, "Playboy Interview", p. 237.

13. 맥루언에 대해 지속적인 관심을 보여 온 제임스 캐리 역시 맥루언의 결정론적 입장에 대해서 여러 차례 언급한 바 있다. Carey, J. "Harold Adam Innis and Marshall McLuhan", R. Rosenthal (Ed.), *McLuhan: Pro and Con*, Baltimore: Penguin, 1968; Carey, J. "McLuhan and Mumford: The roots of modern media analysis", *Journal of Communication*, Vol. 31, No. 3, 1981. 그리고 스탬스 역시 초기 맥루언 저작과 달리 후기 맥루언 저작에서 나타나는 결정론적 경향을 지적하고 있다. 특히 그녀는 후기 저작 속에서 나타나는 결정론적 입장은 그의 이론이 전자매체, 특히 텔레비전의 효과에 대한 지나친 집착과 무관하지 않다는 점을 강조하고 있다. Stamps, J. 같은 책.

14. Stamps, 같은 책, p. 142.

15. Jones, P. 같은 글, p. 428.

16. Stamps, 같은 책, p. 135.

17. Curtis, 같은 글, p. 148.

18. 같은 글, pp. 148-149.

19. 닐 포스트먼, 김균 역, 『테크노폴리』 궁리, 2005, p. 32.

20. Mumford, L. *Technics and Civilization*, New York: Harcourt Bracce Jovanovich, 1963.

21.『미디어의 이해』, p. 224.

22. 닐 포스트먼, 같은 책, p. 29.

23. 이와 같은 기술 또는 매체에 의한 구조적 환경 변화를 포착하기 위해 맥루언이
사용한 개념이 형태(figure)와 배경(ground)이다. 형태는 겉으로 들어나 보이
는 현상을 의미한다면 배경은 우리가 경험하는 그 형태를 가능하게 하는 상황적
구조를 일컫는다.

24. 이에 대한 본격적 논의는 Carey, J. "Harold Adams Innis and Marshall
McLuhan", *Antioch Review*, Vol. 27, No. 1, 1967; Patterson, G. *History
and Communication: Harold Innis, Marshall McLuhan, the
Interpretation of History*, Toronto: University of Toronto Press, 1990;
Stamps, 같은 책 참조.

25. 이하의 논의는 이니스에 대한 스탬스의 해석을 중점적으로 정리한 것이고 보다
자세한 내용은 Stamps 같은 책; Innis, H. *The Bias of Communication*,
Toronto: University of Toronto Press, 1964 참조.

26. *Essential McLuhan*, "Playboy Interview", p. 240.

27. 월터 옹, 이기우, 임명진 역,『구술문화와 문자문화』, 문예출판사, 1995, p.
112-116.

28.『구텐베르크 은하계』, pp. 98-100.

29. 같은 책, p. 217.

30. Innis, 같은 글, pp. 105-106.

31. *Essential McLuhan*, "Playboy Interview", p. 240.

32.『구텐베르크 은하계』, pp. 51-63.

33. 같은 책, p. 63.

34. 같은 책, pp. 167-222.

35. *Essential McLuhan*, "Playboy Interview", p. 243.

36.『구텐베르크 은하계』, p. 309.

37. Innis, 같은 책, p. 41.

38.『구텐베르크 은하계』, p. 403.

39. 같은 책, p. 250.

40.『구텐베르크 은하계』, p. 251.

41. 같은 책, p. 252

42. 같은 책, p. 340.

43. 같은 책, p. 448.

44. 같은 책, p. 222.

45. 같은 책, pp. 400-403.

46. 같은 책, p. 250.

47. 같은 책, p. 280.

48. *Essential McLuhan*, "Playboy Interview", p. 259.

49.『구텐베르크 은하계』, p. 419.

50. 같은 책, p. 385; pp. 418-419.

51. Anderson, B. *Imagined Communities: Reflections on the Origin and Spread of Nationalism*, New York & London: Verso, 1991.

52. *Essential McLuhan*, "Playboy Interview", p. 243.

53.『구텐베르크 은하계』, p. 64.

54.『미디어의 이해』, p. 348.

55.『구텐베르크 은하계』, p. 461.

56.『미디어의 이해』, p. 348.

57.『구텐베르크 은하계』, p. 69.

58. McLuhan, M. and E. Carpenter, *Exploration in Communication*, Boston: Beacon, 1960, p. 67.

59. *Essential McLuhan*, "Playboy Interview", p. 240.

60.『구텐베르크 은하계』. p. 70.

61. 같은 책, p. 67.

62. 같은 책, p. 278.

63. *Essential McLuhan*, "Playboy Interview", p. 258.

64. Lapham, L. "영원한 현재", 『미디어의 이해』, 서문, pp. 7-8.

65. 음향적 공간과 사이버공간의 관련성에 대한 논의는 Levinson, P. *Digital McLuhan: A Guide to the Information Millennium*, London and New York: Routledge, pp. 44-54 참조.

66. Levinson, P. "McLuhan's Space", *Journal of Communication*, Vol. 40, No. 2, 1990, pp. 170-171.

67. 이에 대한 본격적인 논의는 Genosko, G. *McLuhan and Baudrillard: The Masters of Implosion*, New York: Routledge, 1999; Merrin, W. "Implosion, simulation and the pseudo-event: a critique of McLuhan", *Economy and Society*, Vol. 31, No. 3, 2002 참조.

68. Baudrillard, J. *For a Critique of the Political Economy of the Sign*, St, Louis: Telos Press, 1981, p. 175.

69. 장 보드리야르, 하태환 역, 『시뮬라시옹』, 민음사, 1992, p. 149.

70. Havers, G. "The right-wing postmodernism of Marshall McLuhan", *Media, Culture & Society*, Vol. 25, 2003, pp. 518-519.

71. Meyrowitz, J. *No Sense of Place: The Impact of Electronic Media on Social Behavior*, New York: Oxford University Press, 1985, p. 17.

72. Carey, J. "McLuhan and Mumford: The roots of modern media analysis", p. 167.

73. 『미디어의 이해』, p. 276.

74. 같은 책, p. 392.

75. Meyrowitz, J. "Taking McLuhan and 'Medium Theory' Seriously: Technological Change and the Evolution of Education", S. Kerr (*Ed.*), *Technology and the Future of Schooling*, Chicago: The University of Chicago Press, 1996, p. 97.

76. Carey, "Marshall McLuhan: Genealogy and Legacy", p. 297.

77. Enzensberger, H. M. *The Conscicus Industry*, New York: The Seabury Press, 1974.

78. Williams, R. "Paradoxically, If the Book Works It To Some Extent Annihilates Itself", G. Stearn (*Ed.*), *McLuhan Hot and Cool*, New York: Dial Press, 1967; Williams, R. *Television: Technology and Cultural Form*, London: Fontana, 1974; Theall, D. *The Medium is the Rear View Mirror: Understanding McLuhan*, Montreal and London: McGill-Queen's University Press, 1971; Carey, "Marshall McLuhan: Genealogy and Legacy".

79. Stamps, 같은 글, p. 4.

80. Grosswiller, P. *Method is the Message: Rethinking McLuhan through Critical Theory*, Montreal, New York, London: Black Rose Books, 1998, pp. 206-207; Grosswiler, P. "The Dialectical Methods of Marshall McLuhan, Marxism, and Critical Theory", *Canadian Journal of Communication*, Vol. 21, 1996.

81. Havers, G. 같은 글, pp. 515-516.

82. Krupnick, M. "Marshall McLuhan Revisited: Media Guru as Catholic Modernist", *MODERNISM/ modernity*, Vol. 5, No. 3, 1998, pp. 116-117.

IV. 맥루언의 뿌리: 트리비움과 신비평

1. Marchand, P. *Marshall McLuhan: The Medium and the Messenger*, MIT Press, 1998. 참조

2. Macdonald, D. "Running it up the Totem Pole", *McLuhan: Pro & Con*, R. Rosenthal, (*Ed.*) Baltimore: Penguin, 1969.

3. 물론 몇 가지 예외적인 연구는 있다. 드리저와 레드캅은 TV의 영향력에 대한 맥루언의 가설을 과학적으로 실험하였다. Driedger, L. and Paul Redekop, "Testing the Innis and McLuhan Theses: Mennonite Media Access and TV

Use", *The Canadian Review of Sociology and Anthropology*, Vol. 35, No. 1, Fall, 1998, pp. 43-64 참조.

4. McLuhan, M. "Casting My Perils Before Swains", *McLuhan: Hot and Cool*, G. Stern (Ed.), New York: Dial, 1967.

5. 맥루언의 저작을 일종의 시작에 비유한 대표적인 해석가는 도널드 시얼이다. 그는 맥루언의 제자였으며 1971년 맥루언에 대한 비판적 주해서 The Medium Is the Rear View Mirror를 저술한 바 있다. Theall, D. F. *The Virtual Marshall McLuhan*, McGill-Queen's University Press, 2001, 참조. 또한 *From forward Through the Rearview Mirror: Reflections On and By Marshall McLuhan*(1967) 중 Patric Watson의 글도 맥루언의 저작을 시에 비유하고 있다.

6. "그들은 자신들이 하는 일이, 사회 전반에서 아직 성숙되지 않은 상황의 산 모델을 만드는 것임을 알고 있다. 예술을 만드는 과정을 통해 그들은 실제로 무엇이 일어나려고 하는지를 발견한다. 그래서 그들은 '시대에 앞서' 있는 것처럼 보인다. 예술가가 아닌 사람들은 언제나 지나간 시대의 안경을 통해 현재를 바라본다." 『미디어의 이해』, pp. 340-341.

7. "HMM to John Polanyi (4 Jan 1974)", *The Letters of Marshall McLuhan*, Ed. Matie Molinaro et al. (Ed.), Toronto: Oxford University Press, 1987.

8. Theall, *The Virtual Marshall McLuhan*, p. 13.

9. 『구텐베르크 은하계』, p. 511.

10. 맥루언의 학위논문은 단행본으로 발간된 적이 없다. 학위논문의 원본은 케임브리지의 트리니티대학 도서관에서 소장하고 있다. 이 글에서는 주로 Bill Kuhns가 학술지 McLuhan Studies에 게재한 맥루언의 학위논문에 대한 논문 "The War Within The Word: McLuhan's History of the Trivium", *McLuhan Studies*, Premiere Issue, www.chass.utoronto.ca/ mcluhan-studies, July 9, 1998.을 참조했다.

11. 신비평의 이론적 특징에 대해서는 다음의 책을 참조했다. Vincent B. Leitch, 김성곤 외 역, 『현대미국문학비평』, 한신문화사, 1996; 테리 이글턴, 김명환 외

역, 『문학이론입문』, 창작사, 1986; Ann Jefferson & David Robey, 차혜숙 역, 『현대문학이론:개론적 비교』, 탐구당, 1986.

12. Brooks, C. *The Well Wrought Urn: Studies in the Structure of Poetry*, New York: Harcourt, 1947, p. 177.

13. Wimsatt, W. K. *The Verbal Icon: Studies in the Meaning of Poetry*, Lexington: University of Kentucky Press, 1954, pp. 4-5.

14. 이글턴은 신비평이 근본적으로 순전한 비합리주의, 농업운동으로서의 우익적인 '피와 토지'의 정치운동 그리고 종교적 교리와 밀접히 연관된 비합리주의였다고 평가한다. 테리 이글턴, 『문학이론입문』, p. 63. 참조.

15. Wimsatt, W. K. and Cleanth Brooks, *Literary Criticism: A Short History*, Chicago: University of Chicago Press, 1978, p. 749.

16. Richards, I. A. *Principles of Literary Criticism*, London: Harcourt, 1924, p. 248.

17. Alvarez, A. "Evils of Literacy", *New Statesman*, December 21, 1962.

18. 예민한 분석을 하는 경우가 아니라 단순히 대중을 설득하는 경우에는 과학적인 '방법(method)'보다 오히려 '아포리즘(aphorism)을 인용하는 방법'이 철학자 아벨라르만큼 베이컨에게도 효과적이었다. 『구텐베르크 은하계』, p. 203.

V. 맥루언의 생애

1. 이 글은 Philip Marchand가 집필한 맥루언의 전기에서 핵심적인 내용을 축약한 후 가필한 것이다. Philip Marchand, *Marshall McLuhan: The Medium and the Messenger*, MIT Press, 1998. 참고.

2. Finkleman, D. "Marshall McLuhan and Tom Easterbrook", *In Speaking of Winnipeg*, John Parr (Ed.), Winnipeg: Queenston House, 1974, p. 23.

3. Cooper, T. W. *Pioneers in Communication: The Lives and Thought of Harold Innis and Marshall McLuhan*, Unpublished Ph. D. thesis, University of Toronto, 1980, p. 93.

4. Interview with Scott Taylor.

5. Finkleman. "Marshall McLuhan and Tom Easterbrook", p. 34.

6. Chesterton, G. K. *What's Wrong with the World*, London: Cassell and Company, 1910, p. 33.

7. Chesterton, G. K. *William Blake*, London: Duckworth, 1910, p. 58.

8. Eliot, T. S. *The Use of Poetry and the Use of Criticism*, London: Faber and Faber, 1933, p. 151.

9. Innis, H. *Empire and Communications*, p. 9.

10. Letter to Richard Kluger, February 25, 1970.

참고문헌 ───────────────────────────────────

· 김균, 「매체와 지각: 마샬 맥루언의 핫기디어/쿨미디어를 중심으로」, 《언론문화연구》, 18, 2002, pp. 31-52

· 김상호, 「엔텔레키를 중심으로 해석한 맥루한의 미디어 개념」, 《언론과 사회》, 12-4, 2004, pp. 79-116

· 김상환 외, 『매체의 철학』, 나남출판, 1998.

· 김성기, 「마셜 맥루한, 어떻게 읽을 것인가: 『구텐베르크 은하계』를 중심으로」, 《비평》, 10, 2002, pp. 212-233

· 김성민, 「매체에 대한 철학적 분석: 맥루한의 매체론과 포스터의 정보양식론」, 《인문콘텐츠》, 3, 2004, pp. 83-99

· 김정탁, 「라스웰과 맥루한을 넘어서: 효과 미디어 패러다임에서 상징적 교환 패러다임으로」, 《한국언론학보》, 43-5, 1999, pp. 113-154

· 김홍규, 「스티븐슨과 맥루한의 커뮤니케이션 이론의 수렴적 특성 연구」, 《한국외국어대학교 논문집》, 29-32, 1996, pp. 51-61

· 리치, V., 김성곤 외 역, 『현대미국문학비평』, 한신문화사, 1996.

· 맥루언, M., 박정규 역, 『미디어의 이해: 인간의 확장』, 커뮤니케이션북스, 1997.

· 맥루언, M., 김성기, 이한우 역, 『미디어의 이해: 인간의 확장』, 민음사, 2002.

· 맥루언, M., 임상원 역, 『구텐베르크 은하계』, 커뮤니케이션북스, 2001.

· 민병훈, 「미디어와 커뮤니케이션 주처의 존재론: 맥루한과 비트겐슈타인을 중심으로」, 《한국동북아논총》, 8-1, 1998, pp. 301-312

· 밀러, J., 이종인 역, 『맥루언』, 시공사, 2001.

· 박성진, 「M. 맥루언의 '매체'와 매체론의 함의」, 《고봉논집》, 32, 2003, pp. 223-

240

· 박영욱, 「매체에 대한 인식론적 고찰: 맥루언의 매체 분류와 칸트의 두 가지 판단」, 《시대와 철학》, 14-1, 2003, pp. 131-150

· 버거, J., 「Ways of Seeing」, 『이미지: 시각과 미디어』, 동문선, 1990.

· 보드리야르, J., 하태환 역, 『시뮬라시옹』, 민음사, 1992.

· 오창호, 「맥루한의 매체철학에 대한 비판적 소고: J. 데리다와의 비교를 중심으로」, 《한국언론학보》, 47-5, 2003, pp. 311-338

· 오창호, 「맥루한과 벤야민: 탈근대적 커뮤니케이션 양식에 대한 탐구」, 《한국언론학보》, 48-3, 2004, pp. 410-436.

· 옹, W., 이기우, 임명진 역, 『구술문화와 문자문화』, 문예출판사, 1995.

· 원만희, 「매체와 세계상: 맥루언과 하이데거의 기술철학 비교」, 《언론문화연구》, 18, 2002, pp. 53-68.

· 원만희, 「매체와 지각: 마샬 맥루언의 매체론에 대한 철학적 논평」, 《철학적 분석》, 5, 2002, pp. 135-155.

· 이글턴, T., 김명환 외 역, 『문학이론입문』, 창작사, 1986.

· 이남호, 「맥루한과의 불편한 대화: 전자시대의 문화와 문학」, 《비평》, 7, 2002, pp. 78-116

· 이동후, 「기술중심적 미디어론에 대한 연구: 맥루한, 옹, 포스트만을 중심으로」, 《언론과 사회》, 24, 1999, pp. 6-44

· 伊藤俊治, 「본다는 것의 위상기하학」, 『이미지: 시각과 미디어』, 동문선 편집부 역, 동문선, 1990.

· 임상원, 이윤진, 「마샬 맥루한의 미디어론: 이론과 사상-〈구텐베르크 은하계〉를 중심으로」, 《한국언론학보》, 46-4, 2002, pp. 277-315.

· 정연교, 「맥루언의 '매체'와 그 메시지」, 《언론문화연구》, 18, 2002, pp. 1-30.

· 정화열, 「Marshall McLuhan's philosophy of communication in the postmodern age of globalization」, 《언론과 사회》, 11, 3 · 4, 2003, pp. 49-77.

· 제퍼슨, A.& D. 로비, 차혜숙 역, 『현대문학이론: 개론적 비교』, 탐구당, 1986.

· 철학연구회 편, 『정보사회의 철학적 진단』, 철학과 현실사, 1999.

· 포스트먼, N., 김균 역,『테크노폴리』, 궁리, 2005.

·《현대사상》, 1997년, 1권, 1호, 마셜 맥루한 기획특집.

· Anderson, B., *Imagined Communities: Reflections on the Origin and Spread of Nationalism*, New York & London: Verso, 1991.

· Alvarez, A., "Evils of Literacy", *New Statesman*, December 21, 1962.

· Baudrillard, J., *For a Critique of the Political Economy of the Sign*, St. Louis: Telos Press, 1981.

· Benedetti, P. and N. Dehart (Eds.), *Forward Through the Rearview Mirror: Reflections On and By Marshall McLuhan*, Toronto: Prentice Hall Canada, 1990.

· Brooks, C., *The Well Wrought Urn: Studies in the Structure of Poetry*, New York: Harcourt, 1947.

· Bross, M., "McLuhan's Theory of Sensory Functions: A Critique and Analysis", *Journal of Communication Inquiry*, Vol. 16, No. 1, 1992.

· Carey, J., "Harold Adam Innis and Marshall McLuhan", R. Rosenthal (Ed.), *McLuhan: Pro and Con*, Baltimore: Penguin, 1968.

· Carey, J., "Marshall McLuhan: Genealogy and Legacy", *Canadian Journal of Communication*, Vol. 23, 1998.

· Carey, J., "McLuhan and Mumford: The roots of modern media analysis", *Journal of Communication*, Vol. 31, No. 3, 1981.

· Cooper, T., "McLuhan and Innis: The Canadian Theme of Boundless Exploration", *Journal of Communication*, Vol. 31, No. 3, 1981.

· Crosby, H. and G. Bond (Eds.), *The McLuhan Exploration: A Casebook on Marshall McLuhan and Understanding Media*, New York: American Book Company, 1968.

· Curtis, J., "McLuhan: The Aesthete as Historian", *Journal of*

Communication, Vol. 31, No. 3, 1981.

· Driederger, L., and P. Redekop, "Testing the Innis and McLuhan Theses: Mennonite Media Access and TV Use", *The Canadian Review of Sociology and Anthropology*, Vol 35, No. 1, Fall, 1998.

· Duffy, D., *Marshall McLuhan*, Toronto: McClelland and Stewart, 1969.

· Enzensberger, H. M., *The Conscious Industry*, New York: The Seabury Press, 1974.

· Ferguson, M., "Marshall McLuhan revisited: 1960s zeitgeist victim or pioneer postmodernist?", *Media, Culture and Society*, Vol. 13, 1991.

· Finkelstein, S., *Sense and Nonsense of McLuhan*, New York: International Publishers, 1968.

· Genosko, G., *McLuhan and Baudrillard: The Masters of Implosion*, New York: Routledge, 1999.

· Gordon, T., *Marshall McLuhan: Escape into Understanding*, Toronto: Stoddart, 1997.

· Gordon, T., *McLuhan For Beginners*, New York and London: Writer & Readers Publishing, 1997.

· Gronbeck, B., "McLuhan as Rhetorical Theorist", *Journal of Communication*, Vol. 31, No. 3, 1981.

· Grosswiler, P., "The Dialectical Methods of Marshall McLuhan, Marxism, and Critical Theory", *Canadian Journal of Communication*, Vol. 21, 1996.

· Grosswiller, P., *Method is the Message: Rethinking McLuhan through Critical Theory*, Montreal, New York, London: Black Rose Books, 1998.

· Havers, G., "The right-wing postmodernism of Marshall McLuhan", *Media, Culture & Society*, Vol. 25, 2003.

· Innis, H., *Empire and Communications*, Oxford: Oxford University Press, 1950.

· Innis, H., *The Bias of Communication*, Toronto: University of Toronto Press, 1964.

· Jones, P., "The technology is not the cultural form?: Raymond Williams's sociological critique of Marshall McLuhan", *Canadian Journal of Communication*, Vol. 23, 1998.

· Kroker, A., *Technology and the Canadian Mind: Innis/McLuhan/Grant*, Montreal: New World Perspectives, 1984.

· Krupnick, M., "Marshall McLuhan Revisited: Media Guru as Catholic Modernist", *MODERNISM/modernity*, Vol. 5, No. 3, 1998.

· Kuhns, B., "The War Within The Word: McLuhan's History of the Trivium", *McLuhan Studies*, Premiere Issue, www. chass, utoronto. ca/mcluhan-studies. July 9, 1998.

· Levinson, P., "McLuhan and Rationality", *Journal of Communication*, Vol. 31, No. 3,1981.

· Levinson, P., "McLuhan's Space", *Journal of Communication*, Vol. 40, No. 2, 1990.

· Levinson, P., *Digital McLuhan: A Guide to the Information Millennium*, London and New York: Routledge, 1999.

· Marchand, P. & N. Postman, *Marshall McLuhan: the Medium and the Messenger*, Toronto: Random House, 1998.

· Marchand, P., *Marshall McLuhan: The Medium and the Messenger*, MIT Press,1998.

· McLuhan, Eric and F. Zingrone (Eds.), *Essential McLuhan*, New York: Basic Books, 1995.

· McLuhan, M., *The Gutenberg Galaxy: The Making of Typographic Man*, Toronto: University of Toronto Press, 1962.

· McLuhan, M., "Casting My Perils Before Swains", *McLuhan: Hot and*

Cool, G. Stern (Ed.), New York: Dial, 1967.

· McLuhan, M., "Communication: McLuhan's Laws of the Media", *Technology and Culture*, Vol. 16, No. 1, 1975.

· McLuhan, M., *Understanding Media: The Extensions of Man*, Cambridge: MIT Press, 1994.

· McLuhan, M and E. Carpenter, *Exploration in Communication*, Boston: Beacon, 1960.

· McLuhan, M. et al., *City As Classroom: Understanding Language and Media*, Toronto: Book Society of Canada Limited, 1977.

· McLuhan, M., and Eric McLuhan, *Laws of Media: The New Science*, Toronto: University of Toronto Press, 1988.

· Merrin, W., "Implosion, simulation and the pseudo-event: a critique of McLuhan", *Economy and Society*, Vol. 31, No. 3, 2002.

· Meyrowitz, J., *No Sense of Place: The Impact of Electronic Media on Social Behavior*, New York: Oxford University Press, 1985.

· Meyrowitz, J., "Taking McLuhan and 'Medium Theory' Seriously: Technological Change and the Evolution of Education", S. Kerr (Ed.), *Technology and the Future of Schooling*, Chicago: The University of Chicago Press, 1996.

· Molinaro, M., C. McLuhan, and W., Toye (Eds.), *Letters of Marshall McLuhan*, Toronto: Oxford University Press, 1987.

· Mumford, L., *Technics and Civilization*, New York: Harcourt Brace Jovanovich, 1963.

· Neill, S., *Clarifying McLuhan: An Assessment of Process and Product*, Westport, CT: Greenwood Press, 1993.

· Nevitt, B., and M. McLuhan (Eds.), *Who Was Marshall McLuhan?: Exploring a Mosaic of Impressions*, Toronto: Stoddart, 1995.

· Olson, D., "McLuhan: Preface to Literacy", *Journal of Communication*, Vol. 31, No.3, 1981.

· Patterson, G., *History and Communication: Harold Innis, Marshall McLuhan, the Interpretation of History*, Toronto: University of Toronto Press, 1990.

· Richards, I. A., *Principles of Literary Criticism*, London: Harcourt, 1924.

· Ryle, G., *The Concept of Mind*, London: Penguine, 1949.

· Saderson, G., and F. Macdonald (Eds.), *Marshall McLuhan: The Man and His Message*, Golden, Co.: Fulcrum, 1989.

· Skinner, D., "McLuhan's World - and ours", *The Public Interest*, Vol. 138, Winter 2000.

· Stamps, J., *Unthinking Modernity: Innis, McLuhan, and the Frankfurt School*, Montreal & Kingston: McGill-Queen's University Press, 1995.

· Stearn, G. E. (Ed.), *McLuhan: Hot & Cool*, New York: Dial, 1967.

· Theall, D., *The Medium is the Rear View Mirror: Understanding McLuhan*, Montreal and London: McGill-Queen's University Press, 1971.

· Theall, D., *The Virtual Marshall McLuhan*, Montreal: McGill-Queen's University Press, 2001.

· Williams, R.,"Paradoxically, If the Tool Works It to Some Extent Annihilates Itself", G. Stearn (Ed.), *McLuhan: Hot and Cool*, New York: Dial Press, 1967.

· Williams, R., *Television: Technology and Cultural Form*, London: Fontana, 1974.

· Willmott, G., *McLuhan, or Modernism in Reverse*, Toronto: University of Toronto Press, 1996.

· Wimsatt, W. K., *The Verbal Icon: Studies in the Meaning of Poetry*, Lexington: University of Kentucky Press, 1954.

· Wimsatt, W. K. and C. Brooks, *Literary Criticism: A Short History*, Chicago:University of Chicago Press, 1978.

· Wolfe, T., "What If He Is Right?", *The Pump House Gang*, New York: Farrar, Straus and Giroux, 1968.

| ㄱ |

맥루언을 읽는다

1판 1쇄 찍음 2006년 3월 28일
1판 1쇄 펴냄 2006년 3월 30일

펴낸곳 궁리출판

지은이 김균, 정연교
펴낸이 이갑수
편집주간 김현숙
편집 이유나, 이미경
영업 백국현, 도진호
관리 김유미

등록 1999. 3. 29. 제300-2004-162호
주소 110-043 서울특별시 종로구 통인동 31-4 우남빌딩 2층
전화 02-734-6591~3
팩스 02-734-6554
E-mail kungree@chol.com
홈페이지 www.kungree.com

ⓒ 김균, 정연교, 2006. Printed in Seoul, Korea.

ISBN 89-5820-054-5　　03300

값 13,000원